品读国学经典

近代国学大师公开课

王国维等◎著

中国华侨出版社

图书在版编目（CIP）数据

近代国学大师公开课：品读国学经典／王国维等著.
—北京：中国华侨出版社，2017.4
ISBN 978-7-5113-6761-7

Ⅰ.①近…　Ⅱ.①王…　Ⅲ.①国学—通俗读物
Ⅳ.①Z126-49

中国版本图书馆 CIP 数据核字（2017）第 068073 号

近代国学大师公开课：品读国学经典

著　　者／	王国维等
策划编辑／	周耿茜
责任编辑／	文　蕾
责任校对／	志　刚
封面设计／	胡椒设计
经　　销／	新华书店
开　　本／	710 毫米×1000 毫米　1/16　印张／18　字数／259 千字
印　　刷／	香河利华文化发展有限公司
版　　次／	2017 年 5 月第 1 版　2018 年 7 月第 2 次印刷
书　　号／	ISBN 978-7-5113-6761-7
定　　价／	39.80 元

中国华侨出版社　北京市朝阳区静安里 26 号通成达大厦 3 层　邮编：100028
法律顾问：陈鹰律师事务所
编辑部：（010）64443056　64443979
发行部：（010）64443051　传真：（010）64439708
网　　址：www.oveaschin.com
E - mail：oveaschin@ sina.com

进入近代社会后，西学东渐，中国人开始了向西方学习。随着西学的深入，一批有志的中国人为了应对西学而励志大兴本国传统学术。于是，在清末民初，国学诞生了，对中国文化的整理和传承，作出了巨大贡献。

由于历史变革的原因，国学一度没落。但是，社会发展到如今，我们重新审视中国的传统时，蓦然发现国学有其独到的社会文化价值，国学与现代学术并不冲突，不仅西学无法替代，而且是中国社会进步的重要推动力量。

我们阅读何种国学读物才能有所进益呢？当然是著名国学大师的经典著作。但是，著名国学大师那么多，经典著作加起来也数不胜数，而如今社会节奏加快，很难有足够时间和足够精力去阅读全部著作。

为了解决读者朋友的这个难题，我们组织广大专家学者对中国近代史上那些著名国学大师以及其作品进行了系统研究，并精选最著名最经典的篇目抽出来，编成《近代国学大师公开课——品读国学经典》一书。

本书收编了章太炎、王国维、吕思勉、蔡元培、梁启超、鲁迅、朱自清国学研究中的精华部分。这些大师将国学深入浅出、化繁为简地讲述出来，不仅彰显了其深厚的学术功底、独到的学术思想，还为广大国学爱好者进入国学大门、领略中华传统文化魅力提供了便利。

在编写过程中，我们充分尊重国学大师的原著，对每位国学大师都做了简要介绍，对其文稿进行了精心编校，并对晦涩难懂之处进行了夹注，其中原注为楷体，编校时加注为仿体，以便读者更好地理解。

此书为国学普及读物，有助于国学入门者迅速掌握国学精髓。如果您阅读此书，内心激起了对国学的热爱，乐意于进一步学习和传承国学，那便是我们莫大的荣幸。当然，由于我们掌握的资料有限，兼之水平有限，本书中可能会存在不足之处，希望读者朋友不吝赐教，共同进步，以便我们再版时改进。

是以为序。

编者

2016 年 12 月

目录

第一章
章太炎讲国学概论

章太炎（1869~1936年），原名学乘，字枚叔，后改名为绛，号太炎，世称"太炎先生"，浙江余杭人。他是清末民初思想家，史学家，小学大师，朴学大师，国学大师，民族、民主主义革命者，著名学者，研究范围涉及小学、历史、哲学、政治、佛学、医学等。

章太炎对国学研究范围广泛，学术成就巨大，影响深远。他对国学做了概括性总述，是国学学习者不可不读的。本书选取章太炎的《国学概论》，帮助大家瞻仰大师风采的同时，对国学有个整体概括性认知。

第一讲
国学概论

我在东京曾经讲演过一次国学，在北京也讲演过一次，现在是第三次讲了。

国学很不容易讲，有的也实在不能讲，必须自己用心去读去看。即如历史，本是不能讲的；古人已说"一部十七史从何处说起"，现在更有二十四史，不止十七史了。即《通鉴》等书似乎稍简要一点，但还是不能讲；如果只像说大书那般铺排些事实，或讲些事实夹些论断，也没甚意义。所以这些书都靠自己用心去看。我讲国学，只能指示些门径和矫正些近人易犯的毛病。

今天先把"国学概论"分作两部研究：甲、国学之本体，包括经史非神话、经典诸子非宗教、历史小说非传奇；乙、治国学的方法，包括辨书籍的真伪、通小学、明地理、知古今人情的变迁、辩文学应用。

国学之本体

一、经史非神话

在古代书籍中，原有些记载是神话；若《山海经》《淮南子》中所载，我们看了，觉得是怪诞极了。但此类神话，在王充《论衡》里已有不少被他看破，没有存在的余地了。而且正经正史中本没有那些话。如盘古开天辟地，天皇、地皇、人皇等，正史都不载。

又如"女娲炼石补天""后羿射日"那种神话，正史里也都没有。经史所载，虽在极小部分中还含神秘的意味，大体并没神奇怪离的论调。并且，这极小部分的神秘记载，也许使我们得有理的解释：

《诗经》记后稷的诞生，颇似可怪。因据《尔雅》所释"履帝武敏"，说是他的母亲，足蹈了上帝的拇指得孕的。但经毛公注释，训帝为皇帝，就等于平常的事实了。

《史记·高帝本纪》说高祖之父太公，雷雨中至大泽，见神龙附其母之身，遂生高祖。这不知是太公捏造这话来骗人，还是高祖自造。即使太公真正看见如此，我想其中也可假托。记得湖北曾有一件奸杀案："一个奸夫和奸妇密议，得一巧法，在雷雨当中，奸夫装成雷公怪形，从屋脊而下，活活地把本夫打杀。"高祖的事，也许是如此。他母亲和人私通，奸夫饰做龙怪的样儿，太公自然不敢进去了。

从前，有人常疑古代圣帝贤王都属假托；即如《尧典》（《尚书·尧典》）所说"钦明文思安安，克明俊德……"等等的话，有人很怀疑，以为那个时候的社会，哪得有像这样的完人。我想：古代史家叙太古的事，不能详叙事实，往往只用几句极混统的话做"考语"，这种考语原最容易言过其实。譬如今人作行述，遇着没有事迹可记的人，每只用几句极好的考语；《尧典》中所载，也不过是一种"考语"，事实虽不全如此，也未必全不如此。

《禹贡》（《尚书·禹贡》）记大禹治水，八年告成。日本有一博士，他说："后世凿小小的运河，尚须数十年或数百年才告成功，他治这么大的水，哪得如此快？"因此，也疑禹贡只是一种奇迹。我却以为大禹治水，他不过督其成，自有各部分工去做；如果要亲身去，就游历一周也不能，何况凿成！在那时人民同受水患，都有切身的苦痛，免不得合力去做，所以"经之营之，不日成之"了。《禹贡》记各地土地腴瘠情形，也不过依报告录出，并不必由大禹亲自调查的。

太史公作《五帝本纪》（《史记·五帝本纪》），择其言尤雅驯者，可见他述的确实。我们再翻看经史中，却也没载盘古、三皇的事，所以经史并非神话。

其他经史以外的书，若《竹书纪年》《穆天子传》，确有可疑者在。

第一章　章太炎讲国学概论

003

但《竹书纪年》今存者为明代伪托本，可存而不论，《穆天子传》也不在正经正史之例，不能以此混彼。后世人往往以古书稍有疑点，遂全目以为伪，这是错了！

二、经典诸子非宗教

经典诸子中有说及道德的，有说及哲学的，却没曾说及宗教。近代人因为佛经及耶教的《圣经》都是宗教，就把国学里的"经"，也混为一解，实是大误。"佛经""圣经"的那个"经"字，是后人翻译时随意引用，并不和"经"字原意相符。

经字原意只是一经一纬的经，即是一根线，所谓经书只是一种线装书罢了。明代有线装书的名目，即别于那种一页一页散着的八股文墨卷，因为墨卷没有保存的价值，别的就称作线装书了。古代记事书于简。不及百名者书于方，事多一简不能尽，遂连数简以记之。这连各简的线，就是"经"。

可见"经"不过是当代记述较多而常要翻阅的几部书罢了。非但没含宗教的意味，就是汉时训"经"为"常道"，也非本意。后世疑经是经天纬地之经，其实只言经而不言天，便已不是经天的意义了。

中国自古即薄于宗教思想，此因中国人都重视政治。周时诸学者已好谈政治，差不多在任何书上都见他们政治的主张。这也是环境的关系：中国土地辽广，统治的方法亟待研究，比不得欧西地小国多，没感着困难。印度土地也大，但内部实分着许多小邦，所以他们的宗教易于发达。中国人多以全力着眼政治，所以对宗教很冷淡。

老子很反对宗教，他说："以道莅天下，其鬼不神。"孔子对于宗教，也反对；他虽于祭祀等事很注意，但我们味"祭神如神在"的"如"字的意思，他已明白告诉我们是没有神的。《礼记》一书很考究祭祀，这书却又出自汉代，未必是可靠的。

祀天地社稷，古代人君确是遵行；然自天子以下，就没有与祭的身份。须知宗教是须普及于一般人的，耶稣教的上帝，是给一般人膜拜的；中国古时所谓天，所谓上帝，非人君不能拜；根本上已非宗教了。

九流十家中，墨家讲天、鬼，阴阳家说阴阳生克，确含宗教的臭味，但墨子所谓"天"，阴阳家所谓"龙""虎"，却也和宗教相去很远。就上讨论，我们可以断定经典诸子非宗教。

三、历史非小说传奇

后世的历史，因为辞采不丰美，描写不入神，大家以为是纪实的；对于古史，若《史记》《汉书》，以其叙述和描写的关系，引起许多人的怀疑：

《刺客列传》（《史记·刺客列传》）记荆轲刺秦王事，《项羽本纪》（《史记·项羽本纪》）记项羽垓下之败，真是活龙活现。大家看了，以为事实上未必如此，太史公并未眼见，也不过如《水浒传》里说武松、宋江，信手写去罢了。实则太史公作史择雅去疑，慎之又慎。像伯夷、叔齐的事，曾经孔子讲及，所以他替二人作传；那许由、务光之流，就缺而不录了。项羽、荆轲的事迹，昭昭在人耳目，太史公虽没亲见，但传说很多，他就可凭着那传说写出了。

《史记》中详记武略，原不只项羽一人；但若夏侯婴、周勃、灌婴等传，对于他们的战功，只书得某城，斩首若干级，升什么官，竟像记一笔账似的，这也因没有特别的传说，只将报告记了一番就算了。如果太史公有意伪述，那么《刺客列传》除荆轲外，行刺的情形，只曹沫、专诸还有些叙述，豫让、聂政等竟完全略过，这是什么道理呢？《水浒传》有百零八个好汉，所以施耐庵不能个个描摹，《刺客列传》只五个人，难道太史公不能逐人描写吗？这都因荆轲行刺的情形有传说可凭，别人没有，所以如此的。

"商山四皓"一事，有人以为四个老人哪里能够使高祖这样听从，《史记》所载未必是实。但须知一件事情的成功，往往为多数人所合力做成，而史家常在甲传中归功于甲，在乙传中又归功于乙。汉惠免废，商山四皓也是有功之一，所以在《留侯世家》中如此说，并无可疑。

史书原多可疑的地方，但并非像小说那样的虚构。如刘知几《史通》曾疑更始刮席事为不确，因为更始起自草泽时，已有英雄气概，何至为众所拥立时，竟羞惧不敢仰视而以指刮席呢？这大概是光武一方面诬蔑更始的话。又如史书写王莽竟写得同骏子一般，这样愚骏的人怎能篡汉？这也是汉室中兴对于王莽当然特别贬斥。这种以成败论人的习气，史家在所不免，但并非像小说的虚构。

考《汉书·艺文志》已列小说于各家之一，但那只是县志之类，如所谓《周考》《周纪》者。最早是见于《庄子》，有"饰小说以干县令"一语；这所谓小说，却又指那时的小政客不能游说六国侯王，只能在地方官前说几句本地方的话。这都和后世小说不同。刘宋时有《世说新语》一书，所记多为有风趣的魏晋人的言行，但和正史不同的地方，只时日多颠倒处，事实并非虚构。唐人始多笔记小说，且有因爱憎而特加揄扬或贬抑者，去事实稍远。

《新唐书》因《旧唐书》所记事实不详备，多采取此等笔记。但司马温公作《通鉴》对于此等事实必由各方面搜罗证据，见有可疑者即删去，可见作史是极慎重将事的。最和现在小说相近的是宋代的《宣和遗事》，彼记宋徽宗游李师师家，写得非常生动，又有宋江等三十六人，大约《水浒传》即脱胎于此书。

古书中全属虚构者也非没有，但多专记神仙鬼怪，如唐人所辑《太平广记》之类，这与《聊斋志异》相当，非《水浒传》可比，而且正史中也向不采取。所以正史中虽有些叙事很生动的地方，但绝与小说、传奇不同。

治国学之法

一、辨书籍的真伪

对于古书没有明白哪一部是真，哪一部是伪，容易使我们走入迷途，所以研究国学第一步要辨书籍的真伪。

四部的中间，除了集部很少假的，其余经、史、子三部都包含着很多的伪书，而以子部为尤多。清代姚际恒《古今伪书考》，很指示我们一些途径。

先就经部讲：《尚书》现代通行本共有五十八篇，其中只有三十三篇是汉代时的"今文"所有，另二十五篇都是晋代梅赜所假造。这假造的《尚书》，宋代朱熹已经怀疑它，但没曾寻出确证，直到清代，才明白地考出，却已雾迷了一千多年。经中尚有为明代人所伪托，如《汉魏丛书》中的《子贡诗传》系出自明丰坊手。诠释经典之书，也有后人伪托，如孔安国《尚书传》、郑氏《孝经注》、孙奭《孟子疏》之类，都是晋代的产品。不过"伪古文尚书"和"伪孔传"，比较有些价值，所以还引起一部分人一时间的信仰。

以史而论：正史没人敢假造，别史中就有伪书。《越绝书》，汉代袁康所造，而托名子贡。宋人假造《飞燕外传》《汉武内传》，而列入《汉魏丛书》。《竹书纪年》本是晋人所得，原已难辨真伪，而近代通行本，更非晋人原本，乃是明人伪造的了。

子部中伪书很多，现在举其最著者六种，前三种尚有价值，后三种则全不足信。

（一）《吴子》。此书中所载器具，多非当时所有，想是六朝产品。但从前科举时代把它当作"武经"，可见受骗已久。

（二）《文子》。《淮南子》为西汉时作品，而《文子》里面大部分抄自《淮南子》，可见本书系属伪托，已有人证明它是两晋六朝人作的。

（三）《列子》。信《列子》的人很多，这也因本书作得不坏、很可动人的缘故。须知列子这个人虽见于《史记·老庄列传》中，但书中所讲，多取材于佛经，"佛教"在东汉时始入中国，哪能在前说到？我们用时代证它，已可水落石出。并且《列子》这书，汉人从未有引用一句，这也是一个明证。造《列子》的也是晋人。

（四）《关尹子》。这书无足论。

（五）《孔丛子》。这部书是三国时王肃所造。《孔子家语》一书也是他所造。

（六）《黄石公三略》。唐人所造。又《太公阴符经》一书，出现在《黄石公三略》之后，系唐人李筌所造。

经、史、子三部中的伪书很多，以上不过举个大略。此外，更有原书是真而后人掺加一部分进去的，这却不能疑它是假。《四子书》中有已被掺入的。《史记》中也有，如《史记》中曾说及扬雄，扬雄在太史公以后，显系后人加入，但不能因此便疑《史记》是伪书。

总之，以假为真，我们就要陷入迷途，所以不可不辨别清楚。但反过来看，因为极少部分的假，就怀疑全部分，也是要使我们彷徨无所归宿的。如康有为以为汉以前的书都是伪的，都被王莽、刘歆改窜过，这话也只有他一个人这样说。我们如果相信他，便没有可读的古书了。

二、通小学

韩昌黎说："凡作文章宜略识字。"所谓"识字"，就是通小学的意思。作文章尚须略通小学，可见在现在研究古书，非通小学是无从下手的了。

小学在古时，原不过是小学生识字的书，但到了现代，虽研究到六七十岁，还有不能尽通的。何以古易今难至于如此呢？这全是因古今语言变迁的缘故。现在的小学，是可以专门研究的，但我所说的"通小学"，却和专门研究不同，因为一方面要研究国学，所以只能略通大概了。

《尚书》中《盘庚》（《尚书·盘庚》）、《洛诰》（《尚书·洛诰》），在当时不过一种告示，现在我们读了，觉得"佶屈聱牙"，这也是因我们没懂当时的白话，所以如此。《汉书·艺文志》说："《尚书》直言也。"直言就是白话。古书原都用当时的白话，但我们读《尚书》，觉得格外难懂，这或因《盘庚》《洛诰》等都是一方的土话，如殷朝建都在黄河以北，周朝建都在陕西，用的都是河北的土话，所以比较不能明白。

《汉书·艺文志》又说，"读《尚书》应用《尔雅》"，这因《尔雅》是诠释当时土话的书，所以《尚书》中有难解的地方，看了《尔雅》就可明白。

总之，读唐以前的书，都非研究些小学，不能完全明白。宋以后的文章和现在差不多，我们就能完全了解了。

研究小学有三法：

（一）通音韵。古人用字，常同音相通，这大概和现在的人写别字一样。凡写别字的都是同音的，不过古人写惯了的别字，现在不叫他写别字罢了。但古代同音的字，现在多不相同，所以更难以明白。我们研究古书，要知道某字即某字之转化，先要明白古时代的音韵。

（二）明训诂。古时训某字为某义，后人更引申某义为他义。可见古义较狭而少，后义较广而繁。我们如不明白古时的训诂，误以为后义附会古义，就要弄错了。

（三）辨形体。近体字中相像的，在篆文未必相像，所以我们要辨明古书某字的本形，以求古代某字的某义。

历来讲形体的书是《说文》（《说文解字》），讲训诂的书是《尔雅》，讲音韵的书是《音韵学》。如能把《说文》《尔雅》《音韵学》都有明确的观念，那么，研究国学就不至犯那"意误""音误""形误"等弊病了。

宋朝朱熹一生研究《五经》《四子》诸书，连寝食都不离，可是纠缠一世，仍弄不明白。实在，他在小学没有功夫，所以如此。清代毛西河（奇龄）事事和朱子（朱熹）反对，但他也不从小学下手，所以反对的论调，也都错了。可见通小学对于研究国学是极重要的一件事了。清代小学一门，大放异彩，他们所发现的新境域，着实不少！

三国以下的文章，十之八九我们能明了，其不能明了的部分，就须借助于小学。唐代文家如韩昌黎（韩愈）、柳子厚（柳宗元）的文章，虽是明白晓畅，却也有不能了解的地方。所以我说：看唐以前的文章，都要先研究一些小学。

桐城派也懂得小学，但比较的少用工夫，所以他们对于古书中不能明白的字，便不引用，这是消极的免除笑柄的办法，事实上总行不通的。

哲学一科，似乎可以不通小学，但必专凭自我的观察，由观察而发表自我的意思，和古人完全绝缘，那才可以不必研究小学。倘仍要凭借古人，或引用古书，那么，不明白小学就要闹笑话了。比如朱文公研究理学（宋之理学即哲学），释"格物"为"穷至事物之理"，便招非议。在朱文公原以"格"可训为"来"，"来"可训为"至"，"至"可训为"极"，"极"可训为"穷"，就把"格物"训为"穷物"。可是训"格"为"来"是有理，辗转训"格"为"穷"，就是笑话了。

又释"敬"为"主一无适"之谓（这原是程子说的），他的意思是把"适"训作"至"，不知古时"适"与"敌"通，《淮南子》中的主"无适"，所谓"无适"实是"无敌"之谓，"无适"乃"无敌对"的意义，所以说是"主一"。

所以，研究国学，无论读古书或治文学、哲学，通小学都是一件紧要的事。

三、明地理

近顷所谓"地理"，包含地质、地文、地志三项，原须专门研究的。中国本来的地理，算不得独立的科学，只不过做别几种（史经）的助手，也没曾研究到地质、地文的。我们现在要研究国学，所需要的也只是地志，且把地志讲一讲。

地志可分两项：天然的和人为的。天然的就是山川脉络之类。山自古至今，没曾变更。大川若黄河，虽有多次变更，我们在历史上可以明白考出，所以，关于天然的，比较容易研究。人为的就是郡县建置之类。古来封建制度至秦改为郡县制度，已是变迁极大，数千年来，一变再变，也不知经过多少更张。那秦汉时代所置的郡，现在还能大略考出，所置的县就有些模糊了；战国时各国的地界，也还可以大致考出，而各国战争的地点，却也很不明白了。所以人为的比较难以研究。

历来研究天然的，在乾隆时有《水道提纲》一书。书中讲山的地方甚少，关于水道，到现在也变更了许多，不过大致是对的。在《水道提纲》以前，原有《水经注》一书，这书是北魏人所著，事实上已用不着，只文采丰富，可当古董看罢了。研究人为的，有《读史方舆纪要》和《乾隆府厅州县志》。

民国代兴，废府留县，新置的县也不少，因此更大有出入。在《方舆纪要》和《府厅州县志》以前，唐人有《元和郡县志》，也是研究人为的，只是欠分明。另外还有《大清一统志》《李申耆五种》，其中却有直接明了的记载，我们应该看的。

我们研究国学，所以要研究地理者，原是因为对于地理没有明白的观念，看古书就有许多不能懂。譬如看到春秋战国的战争和楚汉战争，史书上已载明谁胜谁败，但所以胜所以败的原因，关于形势的很多，就和地理有关了。

二十四史中，古史倒还可以明白，最难研究的，要推《南北史》和《元史》。东晋以后，五胡闯入内地，北方的人士多数南迁。他们数千人所住的地，就侨置一州，侨置的地方，大都在现在镇江左近，因此有南通州、南青州、南冀州的地名产生。我们研究《南史》，对于侨置的地名，实在容易混错。

元人灭宋，统一中国，在二十四史就有《元史》的位置。元帝成吉思汗拓展地域很广，关于西伯利亚和欧洲东部的地志，《元史》也有阑入（指掺杂进去），因此使我们读者发生困难。关于《元史》地志有《元史译文证补》一书，因著者博证海外，故大致不错。

不明白地理而研究国学，普遍要发生三种谬误。南北朝时南北很隔绝。北魏人著《水经注》，对于北方地势，还能正确记载，记述南方的地志，就错误很多。南宋时对于北方大都模糊，所以福建人郑樵所著《通志》，也错得很多。——这是臆测的谬误。中国土地辽阔，地名相同的很多，有人就因此纠缠不清。——这是纠缠的错误。古书中称某地和某地相近，往往考诸实际，相距却是甚远。例如：诸葛亮五月渡泸一事，是大家普遍知道的，泸水就是现今金沙江，诸葛亮所渡的地，就是现在四川宁远。后人因为唐代曾在四川置泸州，大家就以为诸葛亮五月渡泸是在此地，其实相去千里，岂非大错吗？——这是意会的错误。至于河阴、河阳当在黄河南北，但水道已改，地名还是仍旧，也容易舛错的。

我在上节曾讲过"通小学"，现在又讲到"明地理"，本来还有"典章制度"也是应该提出的，所以不提出者，是因各朝的典章制度，史书上多已载明，无以今证古的必要。我们看哪一朝史知道哪一朝的典章制度就够了。

四、知古今人情的变迁

社会更迭地变换，物质方面继续地进步，那人情风俗也随着变迁，不能拘泥在一种情形的。如若不明白这变迁的理，要产生两种谬误的观念。

（一）道学先生看作道德是永久不变，把古人的道德，比作日月经天，江河行地，墨守而不敢违背。

（二）近代矫枉过正的青年，以为古代的道德是野蛮道德。

原来道德可分两部分：普通伦理和社会道德。前者是不变的，后者是随着环境变更的。当政治制度变迁的时候，风俗就因此改易，那社会道德是要适应了这制度、这风俗才行。古今人情的变迁，有许多是我们应该注意的。

第一，封建时代的道德，是近于贵族的；郡县时代的道德，是近于平民的。这是比较而说的。《大学》有"欲治其国者，先齐其家"一语，《传》第九章里有"其家不可教而能教人者，无之"一语，这明是封建时代的道德。我们且看唐太宗的历史，他的治国，成绩却不坏，世称贞观之治，但他的家庭，却糟极了，杀兄、纳弟媳。这岂不是把《大学》的话根本打破了吗？要知古代的家和后世的家大不相同。古代的家，并不只包含父子夫妻兄弟这等人，差不多和小国一样，所以孟子说"千乘之家""百乘之家"。在那种制度县之下，《大学》里的话自然不错，那不能治理一县的人，自然不能治理一省了。

第二，古代对于保家的人，不管他是否尸位素餐，都很恭维。史家论事，对于那人因为犯事而灭家，不问他所做的是否正当，都没有一句褒奖。《左传》里已是如此，后来《史》《汉》也是如此。晁错创议灭七国，对于汉确是尽忠，但因此夷三族，就使史家对他生怪了。大概古代爱家和现代爱国的概念一样，那亡家也和亡国一样，所以保家是大家同情的。这种观念，到汉末已稍稍衰落，六朝又复盛了。

第三，贵族制度和现在上司差不多，只比较文明一些。凡在王家的人，和王的本身一样看待。他的兄弟在王去位的时代都有承袭的权利。我们看《尚书》到周公代成王摄政，觉得很可怪。他在摄政时代，也俨然称王。在《康诰》里有"王若曰孟侯联其弟小子封"的话，这王明是指周公。后来成王年长亲政，他又可以把王号取消。《春秋》记隐公、桓公的事，也是如此。这种摄政可称王，退位可取消的情形，到后世便不行。后世原也有兄代弟位的，如明英宗被掳、景泰帝代行政事等。但代权几年，却不许称王；既称王，却不许取消的。宋人解释《尚书》，对于这些没有注意到，所以强为解释，反而愈释愈使人不能解了。

第四，古代大夫的家臣，和天子的诸侯一样，凡是家臣对于主人有绝对服从的义务。这种制度，西汉已是衰落一些，东汉又复兴盛起来。功曹、别驾都是州郡的属官。这种属官，既要奔丧，还要服丧三年，俨有君臣之分。三国时代的曹操、刘备、孙权，他们虽未称王，但他属下的官对于他都是皇帝一般看待的。

第五，丁忧去官一件事在汉末很通行，非但是父母三年之丧要丁忧，就是兄弟姊妹期功服之丧也要丁忧。陶渊明诗有说及奔妹丧的，潘安仁

《悼亡诗》也有说及奔丧的，可见丁忧的风在那时很盛。唐时此风渐息，到明代把它定在律令，除了父母丧不必去官。

总之，道德本无所谓是非，在那种环境里产生适应的道德，在那时如此便够了。我们既不可以古论今，也不可以今论古。

五、辨文学应用

文学的派别很多，梁刘勰著《文心雕龙》一书，已明白罗列，关于这项，将来再仔细讨论，现在只把不能更改的文体讲一讲。

文学可分二项：有韵的谓之诗，无韵的谓之文。文有骈体、散体的区别，历来两派的争执很激烈：自从韩退之（韩愈）崛起，推翻骈体，后来散体的声势很大。宋人就把古代经典都是散体，何必用骈体做宣扬的旗帜。清代阮芸台（阮云）起而推倒散体，抬出孔老夫子来，说孔子在《易经》里所著的文言系辞，都是骈体的。实在这种争执，都是无谓的。

依我看来，凡简单叙一事不能不用散文，如兼叙多人多事，就非骈体不能提纲。以《礼记》而论，同是周公所著，但《周礼》用骈体，《仪礼》却用散体，这因事实上非如此不可的。《仪礼》中说的是起居跪拜之节，要想用骈也无从下手。更如孔子著《易经》用骈，著《春秋》就用散，也是一理。实在，散、骈各有专用，可并存而不能偏废。凡列举纲目的以用骈为醒目，譬如我讲演"国学"列举各项子目，也便是骈体。秦汉以后，若司马相如、邹阳、枚乘等的骈文，了然可明白。他们用以序叙繁杂的事，的确是不错。后来诏诰都用四六，判案亦有用四六的（唐宋之间，有《龙筋凤髓判》），这真是太无谓了。

凡称之为诗，都要有韵，有韵方能传达情感。现在白话诗不用韵，即使也有美感，只应归入散文，不必算诗。日本和尚娶妻食肉，我曾说他们可称居士等，何必称作和尚呢？诗何以要有韵呢？这是自然的趋势。诗歌本来脱口而出，自有天然的风韵，这种韵，可达那神妙的意思。你看，动物中不能言语，它们专以优美的声调传达彼等的感情，可见诗是必要有韵的。

"诗言志，歌永言，声依咏，律和声"（出自《尚书》）这几句话，是大家知道的。我们仔细讲起来，也证明诗是必要韵的。我们更看现今戏子所唱的二黄西皮，文理上很不通，但彼等也因有韵的缘故。

　　白话记述，古时素来有的，《尚书》的诏诰全是当时的白话，汉代的手诏，差不多亦是当时的白话，经史所载更多照实写出的《尚书·顾命篇》有"奠丽陈教则肄肄不违"一语，从前都没能解这两个"肄"字的用意，到清代江艮庭（江声）始说明多一肄字，乃直写当时病人垂危舌本强大的口吻。

　　《汉书》记周昌"臣期期不奉诏""臣期期知其不可"等语，两"期期"字也是直写周昌口吃。但现在的白话文只是使人易解，能曲传真相却也未必。

　　"语录"皆白话体，原始自佛家，宋代名儒如二程（程颢和程颐）、朱（朱熹）、陆（陆九渊）亦皆有语录，但二程为河南人，朱子福建人，陆象山（陆九渊）江西人，如果各传真相，应所记各异，何以语录皆同一体例呢？我尝说，假如李石曾、蔡孑民、吴稚晖三先生会谈，而令人笔录，则李讲官话，蔡讲绍兴话，吴讲无锡话，便应大不相同，但记成白话文却又一样。所以说白话文能尽传口语的真相，亦未必是确实的。

讲"国学"而不明派别，将有望洋兴叹、无所适从之感。但"国学"中也有无须讲派别的，如历史学之类；也有不够讲派别的，则为零碎的学问。现在只把古今学者呶呶争辩不已的，分三类讨论：一，经学之派别；二，哲学之派别；三，文学之派别。依顺序先研究经学之派别。

"六经皆史也"，这句话详细考察起来，实在很不错。在《六经》里面，《尚书》《春秋》都是记事的典籍，我们当然可以说它是史。《诗经》大半部是为国事而作（《国风》是歌咏各国的事，《雅》《颂》是讽咏王室的），像歌谣一般的，夹入很少，也可以说是史。《礼经》是记载古代典章制度的（《周礼》载官制，《仪礼》载仪注），在后世本是史的一部分。

《乐经》虽是失去，想是记载乐谱和制度的典籍，也含史的性状。只有《易经》一书，看起来像是和史没关，但实际上却也是史。太史公说："《易》本隐以之显，《春秋》推见以至隐。"引申他的意思，可以说《春秋》是罗列事实，中寓褒贬之意；《易经》却和近代"社会学"一般，一方面考察古来的事迹，得着些原则，拿这些原则，可以推测现在和将来。简单说起来，《春秋》是显明的史，《易经》是蕴含着史的精华的。因此可见《六经》无一非史，后人于史以外，别立为经，推尊过甚，更有些近于宗教。实在周末还不如此，此风乃起于汉时。

今古文之分

秦始皇焚书坑儒，"六经"（《诗》《书》《礼》《易》《乐》《春秋》）也遭一炬，其后治经者遂有今文家古文家之分。

今文家乃据汉初传经之士所记述的。现在要讲今文家，先把今文家的派别，立一简单的表：

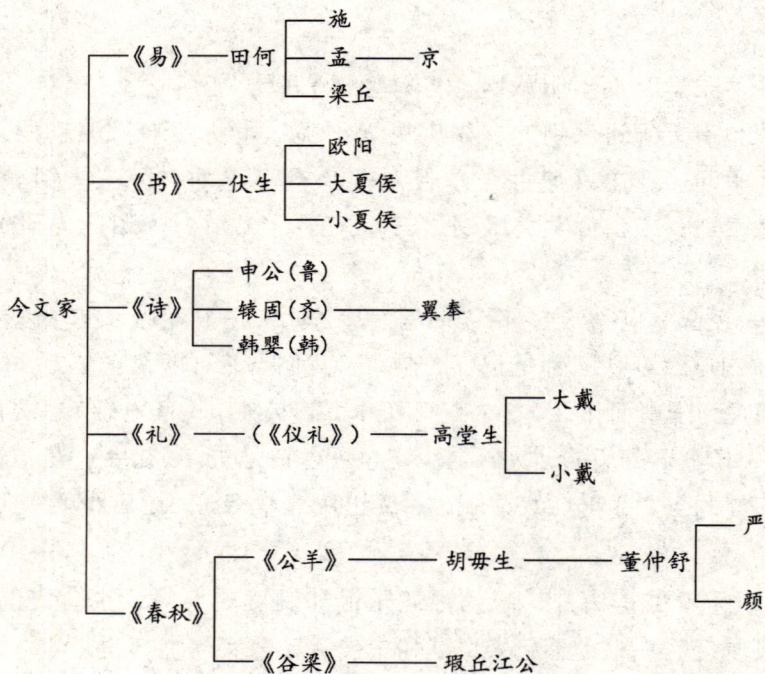

```
                         ┌─ 施
          ┌─《易》─ 田何 ─┼─ 孟 ─── 京
          │              └─ 梁丘
          │
          │              ┌─ 欧阳
          ├─《书》─ 伏生 ─┼─ 大夏侯
          │              └─ 小夏侯
          │
          │              ┌─ 申公（鲁）
  今文家 ─┼─《诗》 ──────┼─ 辕固（齐）─── 翼奉
          │              └─ 韩婴（韩）
          │
          │                              ┌─ 大戴
          ├─《礼》──（《仪礼》）─ 高堂生 ─┤
          │                              └─ 小戴
          │
          │              ┌─《公羊》─ 胡毋生 ─── 董仲舒 ─┬─ 严
          └─《春秋》─────┤                              └─ 颜
                         └─《谷梁》─ 瑕丘江公
```

汉初，田何传《易经》，伏生（即伏胜）口授《尚书》，齐、鲁、韩三家（齐国辕固、鲁国申公、韩国韩婴）治《诗经》，高堂生传《礼经》，胡毋生治《公羊》，瑕丘江公治《谷梁》（《穀梁》），那时除了《乐经》以外，"五经"都已完备。后来《易》分四家，《诗》《书》各分三家，《礼》分二家，《公羊》分二家。汉室设学官，立十四博士（《谷梁》不在内），即以上十四家。十四博士在汉初还没十分确定，在西汉末年才确定下来。

今文家所讲的，虽非完全类乎宗教，但大部分是倾向在这一面的。《易》四家中，施和梁丘二家，我们已不能见，且莫论他。京氏（京房）治《易》，专重卜筮，传至汉末虞翻，则更多阴阳卜筮之说。《尚书》三家中欧阳也不可考，大、小夏侯则欢喜讲《洪范》（《尚书·洪范》）五行之说，近于宗教。汉人治《尚书》，似乎最欢喜《洪范篇》。《诗经》三家中，申公所说，没甚可怪。《韩诗外传》（《内传》已失）也没甚可怪的地方，唯翼奉治诗，却拿十干十二支比附《诗经》了。高堂生的《仪礼》，已不可知，大、小戴中（**现在所谓二戴，非汉时的大、小戴**），也不少离奇的话。

《公羊》的记载，虽和事实相差很远，还没什么可怪，但治《公羊》的今文家，却奇怪极了。胡毋生的学说，我们已不能见，即颜、严二家（颜乐安、严彭祖，《春秋公羊传》的研究者）的主张也无从考出，但董仲舒的《春秋繁露》，却多怪话。汉末何休注《公羊》，不从颜、严二家之说，自以为是胡毋生嫡派，他的怪话最多，照他说来，直是孔子预知汉室将兴而作《春秋》，简直是为汉预制宪法，所以那时有"《春秋》为汉制法"的话。孔子无论是否为预言家，孔子何至和汉家有这么深厚的感情呢？

汉代学者以为古代既有"经"必有"纬"，于是托古作制，造出许多"纬"来，同时更造"谶"。当时"纬书"种类繁多，现在可查考的只有《易纬》八种。明孙毂《古微书》中辑有纬书很多。《易纬》所讲的是时令节气，仅如《月令》之类；《春秋纬》载孔子著《春秋》《孝经》告成，跪告天，天生彩云，下赐一玉等话，便和耶稣《创世纪》相类了。"谶"是《河图》一类的书，专讲神怪，说能先知未来，更近于宗教了。纬书西汉末年才出现，大概今文家弟子迎合当时嗜好推衍出来的。

"经"有兼今古文的，也有无今文而有古文的，也有无古文而有今文的。汉代古文家，可以列如下表：

```
        ┌─《易》——费氏
        ├─《书》——孔氏
古文家 ─┼─《诗》——毛氏
        ├─《礼》——桓公（据刘歆语）
        └─《春秋》——左氏
```

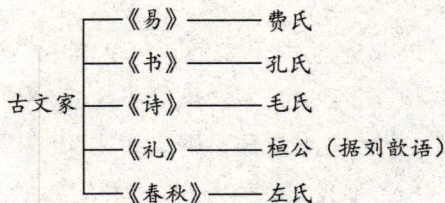

《仪礼》（当时称为《士礼》），在古文今文，只为文字上的差别。《周礼》在汉初不以为经典，东汉始有杜子春和二郑（郑众、郑玄，经学大师）替彼注释。此外今古文便各自为别了。

今古文的区别，本来只在文字版本上。因为《六经》遭秦火，秦代遗老就所能记忆的，用当代语言记出，称为今文；后来从山崖屋壁发现古时原本，称为古文，也不过像近代今版古版的分别罢了。

但今文所记忆，和古文所发现的篇幅的多少，已有不同；今文家所主张和古文家所说，根本上又有不同；因此分道扬镳。

古文家异于今文家之点，在下文细说：

一、《易》以费氏（费直，西汉古文易学创始人）为古文家，是刘向定的。因为刘向校书时，就各家《易经》文字上看，只有费氏相同，所以推为古文家。以《易》而论，今古文也还只文字上的不同。

二、鲁恭王（刘余）发孔壁得《尚书》，《尚书》的篇数就发生问题。据《书传》（太史公曰："《书传》《礼记》自孔氏。"可见，孔安国家藏《书传》，确自孔壁得来）称《书序》有百篇，而据伏生所传只有二十九篇（可分为三毛十四篇），壁中所得却有四十六篇（可分为五十八篇），相差已十七篇。

并且，《书传》所载和今文更有许多不同的地方。孟子是当时善治《诗》《书》的学者，他所引的"葛伯求饷""象日以杀舜为事"等，在今文确是没有的，可见事实上又不同了。

三、《诗》因叶韵（谐韵）易于记忆，当时并未失传，本无今古文之分。毛氏所传诗三百十一篇，比三家所传多笙诗六篇，而所谓笙诗也只有名没有内容的。《毛诗》所以列于古文，是立说不同。他的立说，关于事实和《左传》相同，关于典章制度和《周礼》相同，关于训诂又和《尔雅》同的。

四、郑康成（郑玄）注《仪礼》，并存古今文。大概高堂生传十七篇和古文无大出入。孔壁得《礼》五十六篇，比高堂生多三十九篇。这三十九篇和今文中有大不同之点：今文治《礼》，是"推士礼致于天子"，全属臆测的；此三十九篇却载士以上的礼很多。二戴的主张，原不可考，但晋人贺循引《礼》，是我们可据以为张本的。

五、"左氏多古文古言"，《汉书·艺文志》说：《左氏传》是张苍所献。贾谊事张苍，习《左氏传》，所以《贾谊新书》引《左氏传》的地方很多。《左氏传》的事实，和《公羊》多不相同。《谷梁》中事实较《公羊》确实一些，也和《左氏》有出入。至经文本无不同，但《公羊》《谷梁》是十一篇，《左氏》有十二篇，因《公》《谷》是附闵于庄的。闵公只有三年，附于庄公，原无大异，但何休解《公羊》，却说出一番理由来，以为"孝子三年无改于父道"，故此附闵于庄了。

六、《周礼》，汉时河间献王向民间抄来，马融说是"出自山崖屋壁"的。这书在战国时已和诸侯王的政策不对，差不多被毁弃掉，所以孟子说："其详不可得闻也；诸侯恶其害己也，而皆去其籍。"《荀子》中和《周礼》相合的地方很多，或者他曾见过。孟子实未见过《周礼》，西汉人亦未见过。

《礼记·王制篇》也和《周礼》不同。孟子答北宫锜说："公侯皆方百里，伯七十里，子男五十里"，《周礼》却说是"公五百里，侯四百里，伯三百里，子二百里，男一百里"。《王制》讲官制是"三公，九卿，二十七大夫，八十一元士"。但古代王畿千里，几和现在江苏一般大小，这一百二十个官员，恐怕不够吧！《周礼》称有三百六十官，此三百六十官亦为官名而非官缺，一官实不止一人，如就府吏胥徒合计，当时固有五万余员。

又有在汉时称为传记的，就是《论语》和《孝经》二书。《论语》有《古论》《齐论》《鲁论》之分，《古论》是出自孔氏壁中的。何晏治《论语》参取三家，不能分为古今文。不过，王充《论衡》称《论语》之《古论》有百多篇，文字也难解，删繁节要也有三十篇，而何晏说："《鲁论语》二十篇；《齐论语》别有《问王》《知道》（《论语·知道》）

等，凡二十二篇；《古论》出孔氏壁中，分《尧曰》（《论语·尧曰》）下章《子张问》以为一篇，凡二十一篇。"篇数上又有出入。《汉书·艺文志》，有《孔子家语》及《孔子徒人图法》二书，太史公述仲尼弟子，曾提及《弟子籍》一书，三十篇中或者有以上三书在内。

《孝经》，在《汉书·艺文志》也说出自孔壁，汉代治《孝经》的已无可考，我们所见的是唐玄宗的注释。

又有《论语谶》《孝经谶》二书，怪语很多，可存而不论。

宋代所称"十三经"，是合《易》《尚书》《周礼》《仪礼》《礼记》《诗》《左传》《公羊》《谷梁》《论语》《孝经》《孟子》《尔雅》而说的。这只是将诸书汇刻，本无什么深义，后人遂称为"十三经"了。《汉书·艺文志》扩充"六艺"为九种，除《易》《诗》《书》《礼》《乐》《春秋》为："六艺"外，是并《论语》《孝经》《小学》在内的。

汉代治经学，崇尚今文家的风气，到了汉末三国之间，渐趋销熄。汉末郑康成治经，已兼重古文和今文。王肃出，极端的相信古文。在汉代没曾立学官的，三国也都列入学官，因此今文家衰，古文家代兴。

三国时古文家的色采很鲜明，和汉代有不可混的鸿沟：

《诗》，汉用三家，三国时尚毛氏。

《春秋》，汉用《公羊》，三国时尚《左氏》。

《易》，汉有施、孟、梁丘、京四家，三国只崇尚郑康成和王弼的学说。

《仪礼》，没有大变更。

《周礼》，汉不列学官，三国列入学官。

学者习尚既变，在三国魏晋之间，所有古文家学说都有人研究；就是从前用今文家的，到此时也改用古文家了。

南北之分

古文家盛行以后，自己又分派别：以《易》而论，王弼主费氏，郑康成也主费氏。各以己意注释，主张大有不同，因为费氏只是文字古体，并无他的学说的。治《毛诗》的，有郑康成、王肃，意见有许多相反。治《左传》的，汉末有服虔（只解传不解经的），晋有杜预，两家虽非大不同，其中却也有抵触之处。原来汉人治《左氏》，多引《公羊》，并由《公羊》以释经，自己违背的地方很多。

杜预《春秋释例》将汉人学说一一驳倒，在立论当中，又有和服虔的主张相反的。《尚书》郑康成有注，郑本称为古文的，但孔安国古本已失，郑本（郑玄本）也未必是可靠。我们就和马融、郑康成师生间的立说不同、文字不同，也可明白了。东晋时梅赜的《伪古文尚书》出。托名孔安国，将《汉书·艺文志》所称正十八篇推衍出来，凡今文有的，文字稍有变更，今文所无的，就自己臆造，这书当时很有人信它。

南北朝时南北学者的倾向颇有不同：

《易》，北尊王弼，南尊郑康成。

《毛诗》，南北无十分异同。

《左传》，北尊服虔，南尊杜预。

《尚书》，北尊郑康成，南用《伪古文尚书》。

唐初，孔颖达、贾公彦出而作注疏，产生"五经""七经"的名称。"五经"是孔颖达所主张的，贾公彦益以《周礼》《仪礼》就称"七经"，后更附以《公羊》《谷梁》（《公羊传》用何休，《谷梁传》用范宁），就是唐人通称的"九经"。孔颖达曲阜人，当时北方人多以为北不如南，所以他作注疏多采用南方，因此《易》不用王而用郑，《左》不用服而用杜了。唐人本有"南学""北学"之分，后来北并于南，所有王弼、服虔的学说，因此散失无遗。

唐代轻学校而重科举，取士用"明经""进士"二科（明经科讨论经典，进士科策论应试），学者对于孔氏的学说不许违背，因此拘束的弊病，和汉代立十四博士不相上下，并且思想不能自由，成就很少，孔、贾（孔颖达、贾公彦）而外，竟没有卓异的经学家了。

《仪礼·丧服》是当时所实用的，从汉末至唐，研究的人很多并且很精，立说也非贾《疏》所能包。这是特例。

宋学与汉学

宋代典章制度，多仍唐时之旧。宋人拘守唐人的注疏，更甚于唐人，就是诗赋以经命名的，也不许抵触孔、贾的主张。当时有人作"当仁不让于师赋"，将"师"训作"众"，就落第了。邢昺作《论语》《孝经》疏，拘守孔、贾所已引用的，已是简陋，那些追随他们的后尘的，更是陋极。宋代改"明经科"为"学究科"，这"学究"两字是他们无上的诨号。

在思想不能自由发展环境之下，时势所趋，不能不有大变动，因此宋代学者的主张就和以前趋于相反的方向了。揭反向旗帜的人，首推孙复（北宋理学先导人物）。他山居读书，治《春秋》以为三传都不可靠。这种主张，在唐人已有赵匡、啖助（两者皆为唐代经学家）创议于先，孙不过推衍成之。

继孙复而起，是欧阳修，他改窜《诗经》的地方很多，并疑《易》的《系辞》非出自孔氏，立说之中很多荒谬，因为他本是文人，非能说经的。同时有刘敞（字原甫）说经颇多，著有《七经小记》，原本今虽不存，但从别书考见他的主张，虽和注疏背驰，却不是妄想臆测。

神宗时王安石治经，著有《三经新义》，当时以为狂妄。原书已难考见，但从集中所引用的看来，也不见得比欧阳修更荒谬，想是宋人对于王安石行为上生怨恶，因此嫌弃他的学说。王的学说，传至弟子吕惠卿辈，真是荒谬绝伦，后来黄氏（宋人黄朝英）有《缃素杂记》，把《诗经》看作男女引诱的谈论，和《诗经》的本旨就相去千里了。

宋儒治经以意推测的很多。南宋朱文公（朱熹）凭他的臆测酿成很多谬误。朱氏治经，有些地方原有功于经，但是功不能掩过。现且分别指明：

一、《易经》本为十二篇，郑、王合彖辞于经，已非本来面目，朱氏分而出之，是他的功。他取陈抟的《河图》《洛书》并入《易经》——《河图》《洛书》由陈抟传至邵康节（邵雍，宋代哲学家），再传至朱文公，他就列入《易经》。有清王懋竑为朱文公强辩，谓《河图》《洛书》非朱文公所列，那就太无谓了。因为朱文公对于道士炼丹之术，很有些相信。他曾替《参同契》（汉时道家书）作注释，在书上署名"空同道士邹䜣"，"邹""朱"双声，"䜣""熹"通训，他的本名已隐在里面了。这是他的过。分《易》是还原，为功很小；增《河图》《洛书》是益迷信，过很大。可以说是功不掩过。

二、朱文公从文章上，怀疑《伪古文尚书》开后人考据的端续，是他的功劳；他怀疑《书序》（今文所无、古文所有）也是伪托，他的弟子蔡沈作《集传》，就不信《书序》，是他的过。这可说是功过相当。

三、古人作诗托男女以寓君臣，《离骚》以美人香草比拟，也同此意。朱文公对于《诗序》（唐朝的《本事诗》相类）解诗指为国事而作，很不满意，他径以为是男女酬答之诗，这是不可掩的过。当时陈傅良（永嘉学派代表）反对朱文公，有"城阙为偷期之所，彤管为行淫之具"等语（不见于今《诗传》，想已删去）。清人亦有指斥朱文公释《丘中有麻》诗为女人含妒意为不通者。

与朱文公同时有吕东莱（"婺学"创始人），治毛诗很精当，却不为时人所重。元代，朱子学说大行，明代更甚。在这二代中，经学无足观，士子受拘束也达极点，就激成清代的大反动。

清初，毛奇龄（号西河）首出反对朱子的主张。毛为文人，于经没彻底的研究，学说颇近王阳明。他驳斥朱子的地方固精当，他自己的主张，和朱子一般荒谬。朱子注《四子书》，也有援引原注的，毛也一并指斥无余了。继起为胡渭（朏明），他精研地理，讲《尚书·禹贡》甚精当，对于《河图》《洛书》有重大的抨击。在那时双方各无所根据，凭主观立论，都不能立在不败之地，汉学便应运而起（发起产生）。

阎若璩力攻古代书籍已和汉学接近，不过对于朱子，不十分叛离，有许多地方仍援用朱说。后江慎修出，对于音韵有研究，也倾向到汉学，但未揭明汉学的旗帜。

揭汉学旗帜的首推惠栋（定宇）（苏州学派），他的父亲惠士奇著《礼说》《春秋说》已开其端，定宇更推扬之，汉学以定。他所谓汉学，是摈斥汉以下诸说而言。惠偏取北学，著有《九经古义》《周易述》《明堂大道录》等书，以《周易述》得名。后惠而起有戴震（东原），他本是江永的弟子，和惠氏的学说不十分相同，他著有《诗经小传》等书，不甚卓异。

就惠、戴本身学问论，戴不如惠，但惠氏不再传而奄息，戴的弟子在清代放极大异彩，这也有两种原因：

甲，惠氏墨守汉人学说，不能让学者自由探求，留发展余地。戴氏从音韵上辟出新途径，发明"以声音合文字，以文字考训诂"的法则。手段已有高下。

乙，惠氏揭汉学的旗帜，所探求的只是汉学。戴氏并非自命为汉学，叫人从汉学上去求新的发现，态度上也大有不同。

戴氏的四弟子，成就都很多，戴氏不过形似汉学，实际尚含朱子的臭味，他的弟子已是摈除净尽了。今将其四弟子分别说明如下：

一、孔广森讲音韵极精，著有《诗声类》一书。

二、任大椿著有《弁服释例》一书，很确实的。

三、段玉裁以《六书音韵表》《说文解字注》闻名。

四、王念孙本非戴的传经学生，戴在王家教授时，只不过教授些时文八股。王后来自有研究，所发明的比上列三家较多，《广雅疏证》一书，很为学者所重。

上列四家，孔、任尚近汉学，段已和汉学不同，王才高学精，用汉学以推翻汉学，诚如孟子所谓"逢蒙学射于羿，尽羿之道，于是杀羿"了。

王念孙及其子引之著《经义述闻》，引用汉代训诂，善于调换，于诸说中采其可通者，于是佶屈聱牙的古书，一变而为普通人所能懂得了。历来研究经学的，对于名词、动词有人研究；关于助词，都不知讨论。王氏父子著《经传释词》，于古书助词之用法列举无遗，实于我们研究上有莫大的便利，如《孟子》中"然而无有乎尔，则亦无有乎尔"二句，本不易解，王氏训"乎尔"为"于此""于彼"，便豁然可悟了。我以我们不看《经传释词》，也算是虚词不通。

上列二派，在清代称为"汉学"，和"宋学"对立，厥后（从那以后）崛起的为常州派，是今文学家。

今古文的复归与衰亡

"常州派"自庄存与（清代经学家，常州学派创始人）崛起，他的外甥刘逢禄、宋翔凤承继他的学说。庄氏治《公羊》，却信东晋《古文尚书》，并习《周礼》。刘氏亦讲《公羊》，却有意弄奇，康有为的离奇主张，是从他的主张演绎出来的，但他一方面又信《书序》。这两人不能说是纯粹的今文学家。朱氏（此处疑为宋氏，即宋翔凤）以《公羊》治《论语》，极为离奇，"孔教"的促成，是由他们这一班人的。今文学家的后起，王闿运、廖平、康有为辈一无足取，今文学家因此大衰了。

今文学家既衰，古文学家又起。孙诒让（清末经学家）是一代大宗，《周礼正义》一书，颇为学者所重。在他以外，考典章制度原有江永、惠士奇（作《礼说》）、金榜（著《礼笺》）、金鹗（作《求古录》）、黄以周（著《礼书通古》）等人，但和他终有上下之别。自孙诒让以后，经典大衰。像他这样大有成就的古文学家，因为没有卓异的今文学家和他对抗，竟因此经典一落千丈，这是可叹的。我们更可知学术的进步，是靠着争辩，双方反对愈激烈，收效方愈增大。

我在日本主《民报》笔政，梁启超主《新民丛报》笔政，双方为国体问题辩论得很激烈，很有色彩，后来《新民丛报》停版，我们也就搁笔，这是事同一例的。

自汉分古今文，一变而为南、北学之分，再变而为汉、宋学之分，最后复为今、古文，差不多已是反原，经典的派别，也不过如此吧。

第三讲
哲学的派别

"哲学"一名词，已为一般人所通用，其实不甚精当。"哲"训作"知"，"哲学"是求知的学问，未免太浅狭了。不过习惯相承，也难一时改换，并且也很难得一比此更精当的。南北朝号"哲学"为"玄学"，但当时"玄""儒""史""文"四者并称，"玄学"别"儒学"而独立，也未可用以代"哲学"。至宋人所谓"道学"和"理学"是当时专门名词，也不十分适用。今姑且用"哲学"二字吧。

先秦诸子

讨论哲学的，在国学以子部为最多，经部中虽有极少部分与哲学有关，但大部分是为别种目的而作的。

以《易》而论，看起来像是讨论哲学的书，其实是古代社会学，只《系辞》（今本《易传》的第四种，总结了《易传》的大义。）中谈些哲理罢了。《论语》，后人称之为"经"，在当时也只算是子书。此书半是伦理道德学，半是论哲理的。"九流"的成立，也不过适应当时需求，其中若"纵横家"是政客的技术，"阴阳家"是荒谬的迷信，"农家"是种植的技艺，"杂家"是杂乱的主张，都和哲学无关。至和哲学最有关系的，要算儒、道二家，其他要算"法家""墨家""名家"了。

"道家"出于史官，和《易》相同。老、庄二子的主张，都和哲学有牵涉。管子也是道家，也有小部分是和哲学有关的。儒家除《论语》一书外，还有《孟子》《荀子》都曾谈谈哲理。名家是治"正名定分之学"，就是现代的"伦理学"，可算是哲学的一部分。尹文子、公孙龙子和庄子所称述的惠子，都是治这种学问的。惠子和公孙龙子主用奇怪的论调，务使人为我所驳倒，就是希腊所谓"诡辩学派"。《荀子·正名篇》研究"名学"也很精当。墨子本为宗教家，但《经上》《经下》二篇，是极好的名学。法家本为应用的，而韩非子治法家之学，自谓出于老子，他有《解老》《喻老》二篇，太史公也把他和老、庄合传，其中有一部分也是有关哲理的。儒家、道家和法家的不同，就在出发点上。儒、道二家是以哲理为基本而推衍到政治和道德的，法家是旁及哲理罢了。他如宋轻（宋荣子），《汉书·艺文志》把他归在小说家，其实却有哲理的见解。庄子推宋轻为一家，《荀子·解蔽》驳宋轻的话很多，想宋轻的主张在当时很流行，他是主张非兵的。宋轻所以算作小说家，因为他和别家不同；别家是用高深的学理，和门人研究，他是逢人便说，陈义（讲述的道路）很浅的。

周秦诸子，道、儒两家所见独到。这两家本是同源，后来才分离的。《史记》载孔子受业于征藏史（上古管理典籍的官），已可见孔子学说的渊源。老子道德的根本主张，是"上德不德"，就是无道德可见，才可谓之为真道德。孔子的道德主张，也和这种差不多。就是孟子所谓"由仁义行，非行仁义也"，也和老子的主张一样。道、儒两家的政治主张，略有异同：道家范围大，对于一切破除净尽；儒家范围狭小，对于现行制度尚是虚与委蛇；也可以说是"其殊在量，非在质也"。老子为久远计，并且他没有一些名利观念，所以敢放胆说出；孔子亟亟要想做官，竟是"三月无君，则皇皇如也"，如何敢放胆说话呢！

儒家之学，在《韩非子·显学篇》说是"儒分为八"，有所谓颜氏（颜回）之儒。颜回是孔子极得意门生，曾承孔子许多赞美，当然有特别造就。但孟子和荀子是儒家，记载颜子的话很少，并且很浅薄。《庄子》载孔子和颜回的谈论却很多。可见颜氏的学问，儒家没曾传，反传于道家了。《庄子》有极赞孔子处，也有极诽谤孔子处，对于颜回，只有赞无议，可见庄子对于颜回是极佩服的。

　　庄子所以连孔子要加抨击，也因战国时学者托于孔子的很多，不如把孔子也驳斥，免得他们借孔子做护符。照这样看来，道家传于孔子为儒家；孔子传颜回，再传至庄子，又入道家了。至韩退之以庄子为子夏门人，因此说庄子也是儒家。这是"率尔之论，未尝订入实录"。他因为庄子曾称田子方，遂谓子方是庄子的先生。那么，《让王篇》也曾举曾原、则阳、无鬼、庚桑诸子，也都列名在篇目，都可算作庄子的先生吗？

　　孟子，《史记》说他是"受业子思之门"。宋人说子思是出于曾子之门，这是臆测之词，古无此说。《中庸》中虽曾引曾子的话，也不能断定子思是出于曾子的。至谓《大学》是曾子所作，也是宋人杜撰，不可信的。子思在《中庸》所主张，确含神道设教的意味，颇近宗教；《孟子》却一些也没有。《荀子·非十二子》对于子思、孟子均有诽议（诽谤、议论），说他们是信仰五行的。孟子信五行之说，今已无证据可考，或者外篇已失，内篇原是没有这种论调的。子思在《礼记》中确已讲过五行的话。

　　荀子的学问，究源出何人，古无定论。他尝称仲尼、子弓。子弓是谁，我们无从考出。有人说：子弓就是子张。子张在孔子门人中不算卓异的人才，如何会是他呢？今人考出子弓就是仲弓（冉雍），这也有理。仲弓的学问，也为孔子所赞许，造就当有可观。郑康成《六艺论》，说仲弓是编辑《论语》的。而《荀子》一书，体裁也是仿效《论语》的，《论语》以《学而》始，以《尧曰》终；《荀子》也以《劝学》始，以《尧问》终；其中岂非有蛛丝马迹可寻吗？

　　荀子和孟子虽是都称儒家，而两人学问的来源大不同。荀子是精于制度典章之学，所以"隆礼仪而杀《诗》《书》"，他书中的《王制》《礼论》《乐论》等篇，可推独步。

　　孟子通古今，长于《诗》《书》，而于《礼》甚疏；他讲王政，讲来讲去，只有"五亩之宅，树之以桑；鸡豚狗彘之畜，无失其时；百亩之田，勿夺其时"等话，简陋不堪，哪能及荀子的博大！但孟子讲《诗》《书》，的确好极，他的小学也很精，他所说"庠者，养也；洚水者，洪水也；畜君者，好君也"等，真可冠绝当代！由他们两人根本学问的不同，所以产生"性善""性恶"两大反对的主张。在荀子主礼仪，礼仪多由人为的，因此说人性本恶，经了人为，乃走上善的路。在孟子是主《诗》《书》，《诗》是陶淑性情的，《书》是养成才气的，感情和才气都自天然，所以认定人性本善的。两家的高下，原难以判定。韩退之以大醇小疵定之，可谓鄙陋之见。实在汉代治儒家之学，没有能及荀、孟两家了。

告子，庄子说他是兼学儒、墨，孟子和他有辩驳，墨子也排斥他的"仁内义外"的主张。墨、孟去近百年，告子如何能并见？或者当时学问是世代相传的。告子的"生之为性，无善无不善"的主张，看起来比荀、孟都高一着。荀、孟是以所学定其主张，告子是超乎所学而出主张的。告子口才不及孟子，因此被孟子立刻驳倒。其实，孟子把"犬之性犹牛之性，牛之性犹人之性与？"（出自《孟子·告子》）一语难告子，告子也何妨说"生之为性，犬之生犹牛之生，牛之生犹人之生"呢？考"性"亦可训作"生"，古人所谓"毁不灭性"的"性"字，就是"生"的意义。并且我们也常说"性命"一语呢！

道家的庄子以时代论，比荀子早些，和孟子同时，终未曾见过一面。庄子是宋人，宋和梁接近，庄子和惠子往来。惠子又为梁相，孟子在梁颇久，本有会面的机会，但孟子本性不喜欢和人家往来，彼此学问又不同，就不会见了。

庄子自以为和老子不同，《天下篇》（《庄子·天下》）是偏于孔子的。但庄子的根本学说，和老子相去不远。不过老子的主张，使人不容易捉摸，庄子的主张比较容易明白些。庄子的根本主张，就是"自由""平等"。"自由平等"的愿望，是人类所共同的，无论哪一种宗教，也都标出这四个字。自由平等见于佛经。"自由"，在佛经称为"自在"。庄子发明自由平等之义，在《逍遥游》《齐物论》（《庄子·逍遥游》《庄子·齐物论》）二篇。"逍遥游"者自由也；"齐物论"者平等也。但庄子的自由平等，和近人所称的，又有些不同。近人所谓"自由"，是在人和人的当中发生的，我不应侵犯人的自由，人亦不应侵犯我的自由。

《逍遥游》所谓"自由"，是归根结底到"无待"两字。他以为人与人之间的自由，不能算数；在饥来想吃、寒来想衣的时候，就不自由了。就是列子御风而行，大鹏自北冥徙南冥，皆有待于风，也不能算"自由"。真自由唯有"无待"才可以做到。近人所谓平等，是指人和人的平等，那人和禽兽草木之间，还是不平等的。

佛法中所谓平等，已把人和禽兽平等。庄子却更进一步，与物都平等了。仅是平等，他还以为未足。他以为"是非之心存焉"，尚是不平等，必要去是非之心，才是平等。庄子临死有"以不平平，其平也不平"一语，是他平等的注脚。

庄子要求平等自由，既如上述。如何而能达到平等自由，他的话很多，差不多和佛法相近。《庄子·庚桑楚篇》，朱文公说他全是禅（宋人凡关于佛法，皆称为"禅"），实在《庚桑楚篇》和"禅"尚有别，和"佛法"却很近了。庄子说"灵台者有持"，就是佛法的"阿陀那识"，"阿陀那"意即"持"。我们申而言之，可以说，眼目口鼻所以能运动自由，都有"持之者"，即谓"持生之本也"。

庄子又有《德充符篇》，其中有王骀者，并由仲尼称述他的主张。是否有此人，原不可知，或是庄子所假托的。我们就常季所称述"彼为己，以其知得其心；以其心得其常心"等语，是和佛法又相同的。"知"就是"意识"，"心"就是"阿陀那识"，或称"阿赖耶识"，简单说起来就是"我"；"常心"就是"庵摩罗识"，或称"真如心"，就是"不生不灭之心"。佛家主张打破"阿赖耶识"，以求"庵摩那识"。因为"阿赖耶识"存在，人总有妄想苦恼，唯能打破生命之现象，那"不生不灭之心"才出现。庄子求常心，也是此理。他也以为常心是非寻常所能知道的。庄子"无我"的主张，也和佛法相同。庄子的"无我"和孔子的"毋我"、颜子的"克己复礼"也相同，即一己与万物同化，今人所谓融"小我"于"大我"之中。这种高深主张，孟、荀见不到此，原来孔子也只推许颜回是悟此道的。所以，庄子面目上是道家，也可说是儒家。

自孔子至战国，其间学说纷起，都有精辟的见解，真是可以使我们景仰的。

汉至唐的演变

战国处士横议，秦始皇所最愤恨，就下焚书坑儒等凶辣手段。汉初虽有人治经学，对于"九流"，依旧怀恨，差不多和现在一般人切齿政客一般。汉武帝时，学校只许读经学，排斥诸子百家了。

汉初经学，一无可取，像董仲舒、公孙弘辈，在当时要算通博之儒，其他更何足论！西汉一代，对于哲理有精深研究的，只有扬雄一人。韩退之（韩愈）把荀、扬并称，推尊他已达极点。实在扬雄的学说，和荀、孟相差已多；秦汉以后的儒家，原没有及荀、孟的。不过扬雄在当时自有相当的地位和价值。西汉学者迷信极重，扬雄能够不染积习，已是高人一着。他的《法言》，全仿《论语》，连句调都有些模拟，但终究不及荀子。宋人说"荀子才高，扬子才短"，可称定评。

东汉学者迷信渐除，而哲理方面的发现仍是很少，儒家在此时渐出，王符《潜夫论》、王充《论衡》，可称为卓异的著述。王符专讲政治，和哲理无关。王充（也有归入杂家的）在《论衡》中几于无迷不破，《龙虚》《雷虚》《福虚》等篇，真是独具只眼。他的思想锐敏已极，但未免过分，《问孔》《刺孟》等篇有些过当之处。他又因才高不遇，命运一端总看不破，也是遗恨。王充破迷信高出扬雄之上，扬雄新见解也出王充之上，这两人在两汉是前后辉映的。

汉人通经致用，最为曹操所不欢喜；他用移风易俗的方法，把学者都赶到吟咏一途，因此三国的诗歌，很有声色。这是曹操手段高出秦始皇处。

魏晋两朝，变乱很多，大家都感到痛苦，厌世主义因此产生。当时儒家迂腐为人所厌，魏文帝辈又欢喜援引尧、舜，竟要说"舜、禹之事，吾知之矣"。所以，"竹林七贤"（嵇康、阮籍、山涛、向秀、刘伶、王戎以及阮咸七人）便"非汤武，薄周礼"了。七贤中嵇康、阮籍辈的主张和哲学没有关系，只何晏、王弼的主张含些哲学。何晏说"圣人无情"，王弼说"圣人茂于人者神明，同于人者五情"，这是两个重要的见解。郭象（西晋玄学家）承何晏之说以解《庄子》，他说："子哭之劫，在孔子也不过人哭亦哭，并非有情的。"据他的见解，圣人竟是木头一般了。佛法中有"大乘""小乘"（佛教派别名称），习"小乘"成功，人也就麻木，习"大乘"未达到成佛的地位，依旧有七情。

自魏晋至六朝，其间佛法入中国，当时治经者极少，远公（释慧远，净土宗始祖）是治经的大师。他非但有功佛法，并且讲《毛诗》、讲《仪礼》极精，后来治经者差不多都是他的弟子。佛法入中国，所以为一般人所信仰，是有极大原因：学者对于觉得儒家太浅薄，因此弃儒习老、庄，而老、庄之学又太无礼法规则，彼此都感到不安。佛法合乎老、庄，又不猖狂，适合脾胃，大家认为非此无可求了。当时《弘明集》（南朝梁僧祐编撰的佛教文集）治佛法，多取佛法和老、庄相引证。才高的人，都归入此道，猖狂之风渐熄。

历观中国古代，在太平安宁之时，治哲学的极少，等到乱世，才有人研究。隋唐统一天下，讲哲理的只有和尚，并且门户之见很深，和儒家更不相容。唐代读书人极不愿意研究，才高的都出家做和尚去了。我们在这一代中，只能在文人中指出三人，一、韩昌黎，二、柳子厚，三、李翱（唐代哲学家、文学家）。韩昌黎见道不明，《原道》一篇，对于释、老只有武断的驳斥。柳子厚较韩稍高，他以为天是无知的。李翱（韩昌黎的侄倩）是最有学识的文人，他著《复性书》说，"斋戒其心，未离乎情；知本无所思，则动静皆离"，和禅宗很近了。

李（李翱）后来事药山（唐代名僧惟俨），韩后来事大颠（佛教禅宗南派慧能三传弟子，自号大颠和尚），李和药山是意气相投，韩贬潮州以后，意气颓唐，是不得已而习佛法的。韩习佛法，外面还不肯直认，和朋友通信，还说佛法外形骸是他所同意的。儒家为自己的体面计，往往讳言韩事大颠，岂不可笑！实在韩自贬潮州以后，人格就堕落，上表请封禅，就是献媚之举，和扬雄献符命有什么区别呢？大颠对于韩请封禅一事，曾说："疮痍未起，安请封禅！"韩的内幕又被揭穿，所以韩对于大颠从而不敢违。韩对于死生利禄之念，刻刻不忘：登华山大哭，作《送穷文》，是真正的证据。韩、柳、李而外，王维、白居易也信佛，但主张难以考见，因为他们并不说出。

宋明理学

七国、六朝之乱，是上流社会的争夺。五代之乱，是下流社会崛起，所以五代学术衰微极了。宋初，赵普、李沆辈也称知理之人，赵普并且自夸"半部《论语》治天下"，那时说不到哲理。后来周敦颐出，才辟出哲理的新境域。在周（周敦颐）以前有僧契嵩，著有《镡津文集》，劝人读《中庸》《文中子》《扬子法言》等书，是宋学的渊源。周从僧寿崖（寿涯），寿崖劝周改头换面，所以周所著《太极图说》《周子通书》，只皮相是儒家罢了。周的学说很圆滑，不易捉摸，和《老子》一般，他对二程只说"寻孔、颜乐处"。他终身寡言，自己不曾标榜，也可以说是道学以外的人。

二程都是周的弟子，对于"寻孔、颜乐处"一话，恐怕只有程明道能做到。明道（程颢）对人和颜悦色，无事如泥木人，他所著《定性篇》《识仁篇》，和李翱相近。他说"不要方检穷索"，又说："与其是外而非内，不如内外两忘"，见解是很精辟的。伊川（程颐）陈义虽高，但他自尊自大，很多自以为是之处，恐怕不见得能得孔、颜乐处。邵康节以"生姜树头生"一语讥伊川，就是说他自信过甚。

邵康节本为阴阳家，不能说是儒家，他的学问自陈抟传来，有几分近墨子。张横渠（张载）外守礼仪颇近儒，学问却同于回教：佛家有"见病"一义，就是说一切所见都是眼病。张对此极力推翻，他是主张一切都是实有的。考回纥自唐代入中国，奉摩尼教，教义和回教相近。景教在唐也已入中国，如清虚一大为天，也和回教相同。张子或许是从回教求得的。

北宋诸学者，周子（周敦颐）浑然元气，邵子迷于五行，张子偏于执拗，二程以明道为精深，伊川殊欠涵养，这是我的判断。

南宋，永嘉派承二程之学，专讲政治，金华派吕东莱辈，专讲掌故，和哲理无关。朱文公师事延平（李侗，程颐的二传弟子），承"默坐证心，体认天理"八字的师训。我们在此先把"天理"下一定义。"天"就是"自然"，"天理"就是"自然之理"，朱文公终身对于"天理"，总没曾体认出来，生平的主张，晚年又悔悟了。陆象山和朱相反，朱是揭"道学问"一义，陆是揭"尊德行"一义。比较起来，陆高于朱，陆"先立乎其大者"，谓"六经注我，我不注六经"，是主张一切皆出自心。朱主张"无极太极"，陆则以为只有"太极"，并无"无极"的。两人通信辩论很多，虽未至诋毁的地步，但悻悻之气，已现于词句间。可见两人的修养都没有功夫。陆象山评二程，谓"明道尚疏通，伊川锢蔽生"，实在朱、陆的锢蔽，比伊川更深。朱时守时变，陆是一生不变的。王荆公（王安石）为宋人所最嫉恶，唯陆以与王同为江西人，所以极力称颂，也可见他的意气了。明王阳明之学，本高出陆象山之上，因为不敢自我作古，要攻讦朱文公，不得不攀附于陆象山了。

陆象山的学生杨慈湖（杨简），见解也比陆高，他所著的《绝四记》《己易》二书，原无甚精采，《己易》中仍是陆氏的主张。但杨氏驳《孟子》"求放心"和《大学》"正心"的主张，说"心本不邪，安用正？心不放，安用求？"确是朱、陆所见不到的。黄佐（广东人）指杨氏的学说，是剽窃六祖惠能的主张，六祖的"菩提本非树，明镜亦非台，本来无一物，何处染尘埃"一偈，确是和杨氏的主张一样的。

宋代的哲学，总括说起来：北宋不露锋芒，南宋锋芒太露了。这或者和南北地方的性格有关。

南宋，朱、陆两派可称是旗鼓相当。陆后传至杨慈湖，学说是更高一步。在江西，陆的学说很流行，浙西也有信仰他的，朱的学说，在福建很流行，后来金华学派归附于他，浙东士子对朱很有信仰。

元朝，陆派的名儒要推吴澄（草庐），但其见解不甚高。朱派仅有金华派传他的学说，金履祥（仁山）、王柏（会之）、许谦（白云）是这一派的巨擘。金履祥偶亦说经，立论却也平庸。许谦也不过如此。王柏和朱很接近，荒谬之处也很多，他竟自删《诗》了。

金华派传至明初，宋濂承其学，也只能说他是博览，于"经"于"理"都没有什么表见。宋之弟子方孝孺（正学）对于理学很少说，灭族以后，金华派也就式微。明初，陆派很不流行，已散漫不能成派，这也因明太祖尊朱太过之故。

明自永乐后，学者自有研究，和朱、陆都不相同，学说也各有建树。且列表以明之。

```
                    ┌── 薛瑄
                    │        ┌── 胡居仁
                    ├── 吴与弼 ┼── 陈献章 ── 湛若水 ── 许孚远 ── 刘宗周
                    │        └── 娄 谅 ── 王阳明 ── 李 颙 ── 顾亭林
                    ├──────────── 吕经野
                    ├──────────── 罗钦顺
 明儒 ──────────────┤
（永乐后）           │  ┌── 王畿（龙溪学派）
                    │  ├── 钱德洪
                    ├──┼── 徐爱
                    │  ├── 王艮 ── 王栋 ── 何心隐 ── 李卓吾
                    │  │  （泰州学派）
                    │  │            ┌── 邹守益 ── 王时槐
                    │  │            ├── 欧阳德
                    │  └── 江西弟子 ─┼── 聂 德
                    │               └── 罗洪先
                    │        ┌── 高攀龙 ─┬── 高 愈
                    └── 东林派┤         │
                             └── 顾宪成 ─┴── 应拗谦
```

永乐时，薛、吴二人，颇有研究，立明代哲学之基。薛瑄（敬轩），陕西人，立论很平正，和朱文公颇相近。明人因为于谦被杀时，他居宰辅地位，不能匡救，很有微词，并且因此轻视他。吴与弼（康斋），家居躬耕，读书虽少，能主苦学力行，很为人所推重，后来他由石亨推荐出仕，对石亨称门下士，士流又引以为耻。

薛（薛瑄）的学问很少流传，吴（吴与弼）的学问流传较广，胡居仁、娄谅和陈献章三人，是他的学生。胡自己没有什么新的发明，明人对他也没有反对。娄的著作后来烧毁净尽，已无可考，不过王阳明是他的学生。陈在胡死后才著名，时人称为白沙先生。

明代学者和宋儒厘然独立，自成系统。自陈白沙始，宋人喜欢著书，并且有"语录"之类。陈白沙认著书为无谓，生平只有诗和序跋之类。他的性质，也和别人不同。初时在阳春坛静坐三年，后来只是游山赋诗，弟子从学也只有跟他游山。陈生平所最佩服的，只是"浴乎沂，风乎舞雩，咏而归，……吾与点也"这些话。对于宋儒都不看重，就是明道也不甚推重。他自以为濂溪（周敦颐）嫡派，终日无一时不乐的。白沙弟子湛若水，广东人，本"体认天理"一语，他以为无论何事，皆自然之规则。王阳明成进士时，和他交游，那时他学问高出王（王阳明）之上。后来，王别有研究，和他意见不甚相合。他自己讲学，流传颇广，知名的却很少。

　　王守仁（阳明）本是喜欢研究道教的，曾延（邀请）道士至家，再四拜求。后来从娄谅游，成进士后又和湛往来，见解遂有变更。贬龙场驿丞以后，阳明的学问大进。他看得世间别无可怕，只有死是可怕的，所以造石棺以尝死的况味，所主张的"致良知"，就在卧石棺时悟出。在贵州时有些苗民很崇拜他，从他讲求学问，阳明把"知行合一"和他们说。

　　阳明的"知行合一"，和明道有些相同。明道以为曾经试行过，才算得"知"，没曾试行过，不能称为"知"。譬如不知道虎之凶猛的人，见虎不怕；受了虎的损害的，就要谈虎色变了。这类主张，渐变而为阳明的主张。阳明以为知即是行，也可说"知的恳切处即行，行的精粹处即知"。不过阳明的"知行合一"主张，是在贵州时讲的。后来到南京，专讲静坐，归江西后又讲"致良知"了。《传习录》是他在贵州时的产品，和后来有些不合。

　　阳明自悟得"致良知"以后，和朱文公不能不处于反对地位，并非专和朱反对，才有这些主张的。有人谓"致良知"的主张，宋胡宏在《胡子知言》已有讲起。阳明是否本之于胡，抑自己悟出，这是不能臆断的。

　　阳明讲"良知"，曾攀附到孟子。实在孟子的"良知"，和他的殊不相同。孟子说："人之所不学而能者，其良能也，所不虑而知者，其良知也。孩提之童，无不知爱其亲者，及其长也，无不知敬其兄也。"可见他专就感情立论。阳明以为一念之生，是善是恶，自己便能知道，是溢出感情以外，范围较广了。

　　孟子和阳明的不同，可用佛法来证明。《唯识论》里说：一念的发生，便夹着"相分""见分""自证分""证自证分"四项。且把这四个名词下一解释：

一、相分。"相分"就是"物色"，就是我们所念的。

二、见分。"见分"就是"物色此物色"，也就是我们所能念的。

三、自证分。一念时有别一念同时起来，便是"自证分"。譬如我讲了后一句话，自己绝不至于忘了前一句话。便是"自证分"在那里主之。

四、证自证分。"自证分"的结果，便是"证自证分"。

再用例子来说明：譬如，想到几年前的朋友，想到"他姓张或姓李"，后来忽然断定他是姓张，当时并不曾证诸记录或书籍的，这便是"相分""见分"。"自证分""证自证分"的连合了。依此来判良知，孟子所说是指"见分"，阳明是指"自证分、证自证分"的。

可见阳明和孟子是不相关联的，阳明所以要攀附孟子，是儒家的积习：宋人最喜欢的是"喜怒哀乐之未发谓之中"，苏氏兄弟也常说这话。实在《中庸》所说是专指感情的，宋人以为一切未发都算是中，相去很远了。

还有"鸢飞鱼跃，活泼泼地"（出自《诗经·大雅·旱麓》）一语，也为宋人所最爱用，陈白沙更用得多。在《诗经》原意，不过是写景，《中庸》中"鸢飞戾天，鱼跃于渊，言其上下察也"一节也不过引用诗文来表明"明"的意思。"察，明也"，鸢在上见鱼，很明白地想要攫取；鱼在下见鸢也很明白，立刻潜避了。就是照郑康成的注解，训"察"为"至"，也只说道之流行，虽愚夫愚妇都能明白，用鸢鱼来表示上下罢了，其中并没含快活的意思。宋人在"鸢飞鱼跃"下面，一定要加"活泼泼地"四字，和原意也不同了。这些和阳明攀附孟子是一样的。

阳明"致良知"的主张，以为人心中于是非善恶自能明白，不必靠什么典籍，也不必靠旁的话来证明，但是第二念不应念，有了第二念自己便不明了。人以为阳明的学说，很宜于用兵，如此便不至于有什么疑虑和悔恨。

晚年阳明讲"天泉证道"，王畿（龙溪）和钱德洪（绪山）是从游的。钱以为"无善无恶心之体，有善有恶心之动，知善知恶为致知，存善去恶为格物"。王和他不同，以为一切都是无善无恶的。阳明对于这两种主张，也不加轩轾于其间。

阳明的弟子，徐爱早死，钱德洪的学问，人很少佩服他。继承阳明的学问，要推王艮和王畿。王艮，泰州人，本是烧盐的灶丁，名"银"，"艮"是阳明替他改的。他见阳明时，学问已博，初见时阳明和他所讲论，他尚不满意，以为阳明不足为之师，后来阳明再讲一段，他才佩服。他的学问，和程明道、陈白沙颇相近，有《学乐歌》："学是乐之学，乐是学之乐。"从他游的颇多寻常人，间有上流人，自己真足自命不凡的。王畿是狂放的举人，很诽议阳明的，后来忽又师事阳明了。黄黎洲（黄宗羲）《明儒学案》对于二王都有微词。他佩服的是阳明的江西弟子。

阳明的江西弟子，以邹守益、欧阳德、聂德、罗洪先为最有造就。罗（罗洪先）自有师承，非阳明弟子，心里很想从阳明游，不能如愿，后来阳明也死了。阳明弟子强（劝勉）罗附（依从、师从）王（王阳明），他也就承认。罗的学问比他弟子高深得多，自己静坐有得，也曾访了许多僧道。他说："极静之时，但觉此心本体如长空云气，大海鱼龙，天地古今，打成一片。"黄佐对于罗的论调，最不赞同，以为是参野狐禅，否则既谓无物，哪有鱼龙。实在，心虽无物而心常动。以佛经讲，"阿赖耶识"是恒转如瀑流，就是此意。罗所说"云气"和"鱼龙"是表示动的意思。罗洪先自己确是证到这个地步，前人没有及他的了。

王时槐的学问自邹守益传来，见解颇精深。他说："纯无念时，是为一念，非无念也，时之至微者也。"譬如吾人入睡，一无所梦，这时真可算无念，但和死却有分别的。就佛法讲"意根恒审思量"。意根念念所想的什么？就是"我"，"我"就是"阿赖耶识"。我所以不忘这"我"，便因有了"意根"之故。"我"，寻常人多不疑，譬如自己说了一句话，绝不会疑"这是谁说的？"，至于其余对象，我们总要生一种疑虑。念念想着，和无念竟是差不多，我们从早晨起来感到热，继续热下去，也就感觉不到了。所以纯无念时，仍有一念。

王艮弟子王栋主张意与心有分，以为"意非心之所发，意为心之主者"。这种主张，和佛法说有些相同。佛法以"阿赖耶识"自己无作用，有了意根，才能起作用，也就是禅宗所谓"识得主人翁"的意思。刘宗周对于王栋的主张很多采取，栋自己看书不多，这种见解，的确是证出的。

阳明、若水两派以外，有许多士子信仰吕经野（一作吕泾野，**明代著名理学家**）的主张。吕，陕西人，笃守礼教，和朱文公最相近，立言很平正，无过人处。当时所以能和湛、王并驾，这也因王的弟子太不守礼法，猖狂使人生厌，那些自检的子弟就倾向吕经野了。原来何心隐（**明代思想家，"心学"泰州派弟子**）习泰州之学差不多和政客一般，张居正恨而杀之。李卓吾（**李贽**）师事何心隐，荒谬益甚，当时人所疾首痛心的。这守礼教和不守礼教，便是宋、明学者的大别。宋儒若陆象山见解之超妙，也仍对于礼教拘守不敢离，既禁止故人子的挟妓，又责备吕东莱的丧中见客。明儒若陈白沙已看轻礼教，只对于名节还重视，他曾说"名节乃士人之藩篱"。王阳明弟子猖狂已甚，二王为更甚，顾亭林（**顾炎武**）痛骂"王学"（**王阳明所创学派**）也是为此。

湛、王学问，晚年已不相同，但湛弟子许孚远，却合湛、王为一。再传至刘宗周（**戢山**），自己又别开生面，和湛、王都有些不同。刘主张"意非心之所发"，颇似王栋，"常惺惺"，也是他的主张，这主张虽是宋人已经讲过，但他的功夫是很深的。阳明附会朱文公《晚年定论》，很引起一般人的攻讦。同时有罗钦顺（**整庵**）和他是对抗的。罗的学问，有人说他是朱派，实在明代已无所谓纯粹朱派。罗的见解，又在朱之上，就说是朱派，也是朱派之杰出者。罗本参禅，后来归入理学，纠正宋儒之处很多。

朱文公所谓"气质之性，义理之性"，罗表示反对。他说："义理乃在气质之中。"宋人于天理人欲纠缠不清。罗说："欲当即理。"这种见解，和王不同，较朱又高一着，所以能与阳明相抗衡。清戴东原（**戴震**）的主张，是师承罗的学说的。

明末，东林派高攀龙、顾宪成等也讲宋人学问，较阳明弟子能守规矩。他们有移风易俗的本意，所以借重礼法。不过党派的臭味太重，致遭魏忠贤杀害的惨劫。清初，东林派还有流传，高愈、应谦辈也只步武前人吧！

此外，尚有李颙（二曲）也是名儒。李，陕西人，出身微贱，原是一个差役。他自己承认是吕派（吕经野学派），实际是近王派的，所发现很不少。他每天坐三炷香，"初则以心观心，久之心亦无所观"，这是他的功夫。他曾说"一念万念"一句话。这话很像佛法，但是究竟的意思，他没有说出。我们也不知道他还是说"一念可以抵万念呢"，抑或是"万念就是一念呢"？在佛法中谓：念念相接则生时间；转念速，时间长，转念慢，时间短；一刹那可以经历劫。李的本意，或许是如此。李取佛法很多，但要保持礼教面目，终不肯说出。"体用"二字，本出于佛法，顾亭林以此问他，他也只可说"宝物出于异国，亦可采取"了。

清代，理学可以不论，治朱之学远不如朱。陆陇其（稼书）、汤斌等隶事两朝，也为士林所不齿，和吴澄事元有什么分别呢？江藩作《宋学渊源记》，凡能躬自力行的都采入，那在清廷做官的，都在摈弃之列。

颜元（习斋）、戴震（东原），是清代大儒。颜力主"不骛虚声"，劝学子事礼、乐、射、御、书、数，和小学很相宜。戴别开学派，打倒宋学。他是主张"功利主义"，以为欲人之利于己，必先有利于人，并且反对宋人的遏情欲。

罗有高（台山）、彭绍升（尺木）研究王学的。罗有江湖游侠之气，很佩服李卓吾（李贽）；彭信佛法，但好扶乩；两人都无足取。

哲学总括

哲学的派别，既如上述，我们在此且总括地比较一下：以哲学论，我们可分宋以来之哲学、古代的九流、印度的佛法和欧西的哲学四种。欧西的哲学，都是纸片上的文章，全是思想，并未实验。他们讲唯心论，看着的确很精，却只有比量，没有现量，不能如各科学用实地证明出来。这种只能说是精美的文章，并不是学问。禅宗说"猢狲离树，全无伎俩"，是欧西哲学绝佳比喻，他们离了名相，心便无可用了。宋、明诸儒，口头讲的原有，但能实地体认出来，却也很多，比欧西哲学专讲空论是不同了。

再就宋以来的理学和九流比较看来，却又相去一间了。黄梨洲说："自阳明出，儒释疆界，邈若山河。"实在儒、释（佛教）之界，宋已分明，不过儒、释有疆界，便是宋以后未达一间之遗憾。宋以后的理学，有所执着，专讲"生生不灭之机"，只能达到"阿赖耶恒动如瀑流"，和孔子"逝者如斯夫，不舍昼夜"地步，那"真如心"便非理学家所能见。孔子本身并非未尝执着，理学强以为道体如此，真太粗心了！

至于佛法所有奥妙之处，在九流却都有说及，可以并驾齐驱。佛法说"前后际断"，庄子的"无终无始，无几无时；见独而后，能无古今"，可说是同具一义的。佛法讲"无我"，和孔子的"毋我""克己复礼"，庄子的"无己恶乎得有有"，又相同了。佛家的"唯识唯心说"之"心之外无一物；心有境无，山河大地，皆心所造"，九流中也曾说过。战国儒家公孙尼子说"物皆本乎心"，孟子说"万物皆备于我"，便是佛家的立意。佛家大乘断"所知障"，断"理障"；小乘断"烦恼障"，断"事障"。孔子说"我有知乎哉？无知也"，老子说"玄之又玄，众妙之门"，又说"涤除玄览"，便是断"所知"和"理障"的了。佛法说"不生不灭"，庄子说"无古今而后入于不死不生"，"不死不生"就是"不生不灭"。佛法说"无修无证，心不见心，无相可得"，孟子说"望道而未之见"（道原是不可见，见道即非道），庄子说"斯身非吾有也，胡得有乎道？"又相同了。照这么看来，"九流"实远出宋、明诸儒之上，和佛法不相出入的。

我们研究哲学，从宋人入手，却也很好，因为晋人空谈之病，宋人所无，不过不要拘守宋学，才有高深的希望。至于直接研究佛法，容易流入猖狂。古来专讲佛而不讲儒学的，多不足取，如王维降安禄山，张商英和蔡京辈往来，都是可耻的。因为研究佛法的居士，只有五戒，在印度社会情形简单，或可维持，中国社会情形复杂，便不能维持了。历来研究儒家兼讲佛法的，如李习之（李翔）、赵大州口不讳佛，言行都有可观。可见研究佛法，非有儒学为之助不可。

第四讲
文学的派别

　　什么是文学？据我看来，有文字著于竹帛叫作"文"，论彼的法式叫作"文学"。文学可分有韵、无韵两种：有韵的今人称为"诗"，无韵的称为"文"。古人却和这种不同。《文心雕龙》说："今之常言，有文有笔，有韵者文也，无韵者笔也。"范晔自述《后汉书》说："文患其事尽于形，情急于藻，义牵其旨，韵移其意，政可类工巧图绩，竟无得也；手笔差易，文不拘韵故也。"可见有韵在古谓之"文"，无韵在古谓之"笔"了。不过做无韵的固是用笔，做有韵的也何尝不用笔，这种分别，觉得很勉强，还不如后人分为"诗""文"二项好。

　　古时所谓文章，并非专指文学。孔子称"尧、舜焕（光明、鲜亮）乎其有文章"，是把"君臣朝廷尊卑贵贱之序，车舆衣服宫室饮食嫁娶丧祭之分"叫作"文"，"八风从律，百度得数"叫作"章"。换句话说：文章就是"礼""乐"。后来范围缩小，文章专指文学而言。

无韵文

　　文学中有韵、无韵二项，后者比前者多。我们现在先讨论无韵的文。在讨论文的派别之前，把文的分类讲一讲，并列表以清眉目：

```
                                          ┌─ 传,状,行述,事略
                              ┌─ 记事文 ──┼─ 书事,记
                              │           └─ 碑,墓志,碣,表
                  ┌─ 集内文 ──┤           ┌─ 论,说,辨
                  │           │           ├─ 奏,议,封事
                  │           └─ 论议文 ──┼─ 序,(题词)跋
     文 ──────────┤                       └─ 书
                  │           ┌─ 子
                  │           ├─ 史
                  └─ 集外文 ──┼─ 经
                              ├─ 数典之文
                              └─ 习艺之文
```

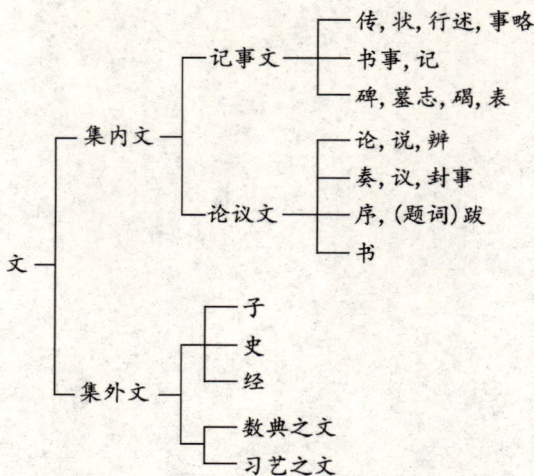

我们普通讲文，大概指集部而言，那经、史、子，文非不佳，而不以文称。但上表所列文的分类中，以"传"而论，"四史"（《史记》《汉书》《后汉书》《三国志》）中列传已在集部以外，"本纪""世家"和"列传"是同性质的，也非集部所有，集部只有"家传"。以"论"而论，除了文人单篇的论文，也有在集部以外的。譬如：庄子《齐物论》，荀子《礼论》《乐论》，贾谊《过秦论》都是子部所有的。以"序"而论，也只单篇的，集中所已备；那连合的序，若《四库提要》，就非集部所有。至如"编年史"中《左传》《资治通鉴》之类和"名人年谱"，都是记事文，也非集部所能包了。

"传"是记述某人的一生或一事，我们所普通见到的。明人以为没曾做过史官，不应替人作"传"，我以为太拘了。史官所作，是卿相名人的"传"。那普通人的"传"，文人当然可以作的。

"行述""状"和"传"各不相同。"状"在古时只有几句考语，用以呈诸考功之官，凭之以定谥法。自唐李翱以为"状"仅凭考语不能定谥法，乃定"状"亦须叙事，就与"传"相同。"行述"须叙事，形式与"传"虽相同而用处不同。

"碑"原非为个人而作，若秦"峄山碑"是纪始皇的功绩，汉裴岑"纪功碑"是记破西域的事迹，差不多都是关于国家大事的。就以"庙碑"而论，虽为纪事，也不是纯为纪事的。只有墓上之碑，才是为个人

而作。"碑""碣"实质是一样的，只大小长短不同。唐五品以上可用"碑"，六品以下都用"碣"。"表"和"碑""碣"都不同，没有大小长短的区别，说到彼等的内质，"传"是纪事的，"状"是考语兼纪事的，"碑"是考语多，后附有韵的铭，间有纪事，也略而不详。宋以后"碑"和"传"只有首尾的不同。"表"，宋后就没有"铭"，在汉时有"表记""表颂"的不同，"表颂"是有"铭"的。汉以前没有"墓志"，西晋也很少，东晋以后才多起来。这也因汉人立碑过多，东晋下令禁碑，"墓志"藏在墓内，比较便当一些。北朝和唐并不禁碑，而墓志很流行：一、官品不及的，二、官品虽大曾经犯罪的，三、节省经费的，都以此为便。"墓志"的文章，大都敷衍交情，没有什么精彩。至于很小的事，记述大都用"书事"或"记"等。

单篇论文，在西汉很少，就是《过秦论》也见贾子（贾谊）《新书》中的。东汉渐有短论，延笃《仁孝先后论》可算是首创。晋人好谈名理，"论说"乃出。这种论文，须含陆士衡（陆机）《文赋》所说"精微流畅"那四字的精神。

"奏"，秦时所无，有之自汉始。汉时奏外尚有"封事"，是奏密事用的。奏，有的为国家大事，有的为个人的事，没有定规。"议"，若西汉《石渠议》《盐铁论》《白虎通》，都是合集许多人而成。后来，凡议典礼，大都用"议"的。

"书"，在古时已有，差不多用在私人的往还，但古人有"上书"，则和"奏议"差不多，也就是现今的"说帖"和"禀"。至如刘歆《移让太常博士书》，却又和"移文"一样了。

"序"，也是古所已有，如《序卦》《书序》《诗序》都是的，刘向《别录》和《四库提要》也是这一类。后人大概自著自作，或注释古书附加一"序"的。古人的"题词"和"序"相同，赵岐（东汉文学家）注《孟子》，一"序"一"题词"，都用在前面。"跋"，大都在书后，体裁和序无不同之处。

纪事论议而外，尚有集部所无的，如：

（一）数典（列举典籍）之文：

甲、官制。如《周礼》《唐六典》《明清会典》之类。

乙、仪注。《仪礼》《唐开元礼》等皆是。

丙、刑法。如《汉律》《唐律》《明律》《清律》之类。

丁、乐律。如宋《律吕正义》清《燕乐考原》等。

戊、书目。如刘向《别录》，刘歆《七略》，王俭、阮孝绪《七录》《七志》，宋《崇文书目》，清《四库提要》之类。

（二）习艺（学习技能）之文：

甲、算术。如《九章算法》《圆法》之类。

乙、工程。如《周礼·考工记》，徐光启的《龙骨车》《玉衡车》之类。

丙、农事。如北魏《齐民要术》，元王桢《农书》，明徐光启《农政全书》之类。

丁、医书。如《素问》《灵枢》《伤寒论》《千金要方》之类。

戊、地志。如《尚书·禹贡》《周礼·职方志》《水经》《水道提纲》《乾隆府厅州县志》《方舆志略》之类。

以上各种，文都佳绝，也非集部所具，所以我们目光不可专注在集部。

文学的分类既如上述，我们再进一步讨论文学的派别：

经典之作，原非为文，诸子皆不以文称。《汉书·贾谊传》称贾谊"善属文"，文乃出。西汉一代，贾谊、董仲舒、太史公（司马迁）、枚乘、邹阳、司马相如、扬雄、刘向，称为"文人"，但考《汉书》所载赵充国的奏疏，都卓绝千古，却又不以"文人"称，这是什么缘故呢？想是西汉所称为"文人"，并非专指行文而言，必其人学问渊博，为人所推重，才可算文人的。

东汉班彪著《王命论》，班固著《两都赋》，以及蔡邕、傅毅之流，是当时著称的文人。但东汉讲政治若崔实《政论》，仲长统《昌言》，说经若郑康成之流，行文高出诸文人上，又不以文名了。在西汉推尊文人，大概注目在淹博有学问一点，东汉推尊的文人，有些不能明白了。东、西汉文人在当时并无派别，后人也没曾有人替他们分成派别的。

三国时，曹家父子三人（操、丕、植）文名甚高。操以《诏令》名，丕以《典论》名，植以《求自试表》等称。人们所以推尊他们，还不以其文，大都是以诗推及其文的。徐干诗不十分好，《中论》一书也不如仲长统所著而为当时所称。吴中以张昭文名为最高，我们读他所著，也无可取，或者以道德而推及其文的。陆家父子（逊、抗、凯、云、机）都以文名，而以陆机为尤，他是开晋代文学之先的。晋代潘（潘岳）、陆虽并称，但人之尊潘终不如陆，《抱朴子》中有赞陆语，《文中子》也极力推尊他，唐太宗御笔赞也只有陆机、王羲之二人。可见，人们对他的景仰了。

自陆（陆机）出，文体大变：两汉壮美的风气，到了他变成优美了；他的文，平易有风致，使人生快感的。晋代文学和汉代文学，有大不同之点。汉代厚重典雅，晋代华妙清妍，差不多可以说一是刚的，一是柔的。东晋好谈论而无以文名者，骈文也自此产生了。

南北朝时傅季友（宋人）骈体殊佳，但不能如陆机一般舒卷自如，后此任昉、沈约辈每况斯下了。到了徐、庾（徐陵、庾信）之流，去前人更远，对仗也日求精工，典故也堆叠起来，气象更是不雅淡了。至当时不以文名而文极佳的，如著《崇有论》的裴𬱟，著《神灭论》的范缜等，更如孔琳（宋）、萧子良（齐）、袁翻（北魏）的奏疏，干宝、袁宏、孙盛、习凿齿、范晔的史论，我们实在景仰得很。在南北朝，文家亦无派别，只北朝人好摹仿南朝，因此有推尊任昉的有推尊沈约的等不同。北朝至周，文化大衰，到了隋代，更是文不成文了。

唐初文也没有可取，但轻清之气尚存，若杨炯辈是以骈兼散的。中唐以后，文体大变，变化推张燕公（张说）、苏许公（苏颋）为最先，他们行文不同于庾也不同于陆，大有仿司马相如的气象。在他们以前，周时有苏绰，曾拟《大诰》，也可说是他们的滥觞。韩、柳的文，虽是别开生面，却也从燕、许（张说、苏颋）出来，这是桐城派不肯说的。

中唐萧颖士、李华的文，已渐趋于奇。德宗以后，独孤及的行文，和韩文公（韩愈）更相近了。后此韩文公、柳宗元、刘禹锡、吕温，都以文名。四人中以韩、柳二人最喜造词，他们是主张词必己出的。刘、吕也爱造词，不过不如韩、柳之甚。韩才气大，我们没见他的雕琢气；柳才小，就不能掩饰。韩之学生皇甫湜、张籍，也很欢喜造词。晚唐李翱别具气度，孙樵佶屈聱牙，和韩也有不同。骈体文，唐代推李义山，渐变为后代的"四六体"，我们把他和陆机一比，真有天壤之分。唐人常称孟子、荀卿，也推尊贾谊、太史公（司马迁），把晋人柔曼气度扫除净尽，返于汉代的"刚"了。

宋苏轼称韩文公"文起八代之衰"，人们很不佩服。他所说八代，也费揣详。有的自隋上推合南朝四代及晋、汉为八代，这当然不合的；有的自隋上推合北朝三代及晋、汉、秦为八代，那是更不合了。因为司马迁、贾谊是唐人所极尊的，东坡何至如此糊涂？有的自隋上推合南朝四代、北朝三代为八代，这恰是情理上所有的。

宋初承五代之乱，已无文可称；当时大都推重李义山，"四六体"渐盛，我们正可以说李义山是承前启后的人，以前是骈体，以后变成"四六"了。北宋初年，柳开得韩昌黎集读之，行文自以为学韩，考之实际，和韩全无关系，但宋代文学，他实开其源。以后穆修、尹洙辈也和"四六"离异，习当时的平文（古文一名，当时所无），尹洙比较前人高一着。北宋文人以欧阳修、三苏、曾、王（苏洵、苏轼、苏辙、曾巩、王安石）为最著。欧阳本习"四六"，后来才走入此途，同时和他敌对，首推宋祁。祁习韩文，著有《新唐书》，但才气不如韩。他和欧阳交情最深，而论文极不合。他的长兄宋郊，习燕、许之文，和他也不同。

明人称"唐宋八大家"，因此使一般人以为唐宋文体相同。实在，唐文主刚，宋文主柔，极不相同。欧阳和韩，更格格不相入。韩喜造词，所以对于李观、樊宗师的文很同情。欧阳极反对造词，所以"天地轨，万物苗，圣人发"等句，要受他的"红勒帛"。并且"黇纩塞耳，前旒蔽明"二语，见于《大戴礼》，欧阳（欧阳修）未曾读过，就不以为然，它无论矣。"三苏"以东坡（苏轼）为最博，洵、辙不过尔尔。王介甫（王安石）才高，读书多，造就也较多。曾子固（曾巩）读书亦多，但所作《乐记》，只以大话笼罩，比《原道》还要空泛。有人把他比刘原甫，一浮一实，拟于无伦了。宋人更称曾有经术气，更堪一笑！

南宋文调甚俗，开科举文之端。这项文东坡已有雏形，只未十分显露，后来相沿而下，为明初宋濂辈的"台阁体"。中间在元代虽有姚燧、虞集辈尚有可观，但较诸北宋已是一落千丈。

宋代不以文名而文佳者，如刘敞、司马光辈谨严厚重，比欧阳高一等，但时人终未加以青目，这也是可惜的。

明有"前七子"（李梦阳等）、"后七子"（王世贞等）之分。"前七子"恨台阁体；"后七子"自谓学秦、汉，也很庸俗。他们学问都差于韩、苏，模拟不像，后人因此讥他们为伪体。归有光出，和后七子中王世贞相抗敌，王（王世贞）到底不能不拜他的下风。归（归有光）所学的是欧、曾二家，确能入其门庭，因此居伪体之上。正如孟子所说，"五谷不熟，不如荑稗"的了！

桐城派，是以归有光为鼻祖，归本为昆山人，后来因为方、姚（方苞、姚鼐）兴自桐城，乃自为一派，称文章正宗。归讲格律、气度甚精工，传到顾亭林有《救文》一篇，讲公式禁忌甚确，规模已定。清初汪琬学归氏甚精，可算是归氏的嫡传，但桐城派不引而入之，是纯为地域上的关系了。

方苞出，步趋归有光，声势甚大，桐城之名以出。方行文甚谨严，姚姬传承他的后，才气甚高，也可与方并驾。但桐城派所称刘大櫆，殊无足取，他们竟以他是姚的先生，并且是桐城人，就凭意气收容了，因此引起"阳湖"和他对抗。阳湖派以恽敬、张惠言为巨子。惠言（张惠言）本师事王灼，也是桐城派的弟子。他们嫉恶桐城派独建旗帜，所以分裂的，可惜这派传流不能如桐城派的远而多。

姚姬传弟子甚多，以管同、梅曾亮为最。梅精工过于方、姚，体态也好，惜不甚大方，只可当作词曲看。曾国藩本非桐城人，因为声名煊赫，桐城派强引而入之。他的著作，比前人都高一筹。归、汪、方、姚都只能学欧、曾。曾（曾国藩）才有些和韩相仿佛，所以他自己也不肯说是桐城的。桐城派后裔吴汝纶的文，并非自桐城习来，乃自曾国藩处授得的。清代除桐城而外，汪中的文也卓异出众，他的叙事文与姚相同，骈体文又直追陆机了。

我们平心论之，文实在不可分派。言其形式，原有不同，以言性情才力，各不相同，派别从何分起呢？我们所以推重桐城派，也因为学习他们的气度格律，明白他们的公式禁忌，或者免除那"台阁派"和"七子派"的习气罢了。

他们所告诉我们的方式和禁忌，就是：

（一）官名、地名应用现制。

（二）亲属名称应仍《仪礼·丧服》《尔雅·释亲》之旧。

（三）不俗——忌用科举滥调。

（四）不古。

（五）不枝。

有韵文

我们在此可以讨论有韵文了。有韵文是什么？就是"诗"。有韵文虽不全是诗，却可以归在这一类。在古代文学中，诗而外，若"箴"，全是有韵的；若"铭"，虽杂些无韵，大部分是有韵的；若"诔"（哀悼死者的文章），若"像赞"（为人物画像或者人的相貌做的赞辞），若"史述赞"，若"祭文"，也有有韵的，也有无韵的。那无韵的，我们可归之于文；那有韵的可归之于诗了。至于《急就章》《千字文》《百家姓》"医方歌诀"之类，也是有韵的，我们也不能不称之为诗。

前次，曾有人把《百家姓》可否算诗来问我，我可以这么答道："诗只可论体裁，不可论工拙。《百家姓》既是有韵，当然是诗。"

总之，我们要先确定有韵为诗、无韵为文的界限，才可以判断什么是诗。像《百家姓》之流，以工拙论，原不成诗，以形式论，我们不能不承认它是诗。

诗以广义论，凡有韵是诗；以狭义论，则唯有诗可称诗。什么可称诗？《周礼·春官》称六诗，就是风、赋、比、兴、雅、颂。但是，后来赋与诗离，所谓比、兴也不见于《诗经》。究竟当日的赋、比、兴是怎样的，已不可考。

后世有人以为赋、比、兴就在《风》《雅》《颂》之中，《郑志》张逸问："何诗近于比、赋、兴？"答曰："比、赋、兴，吴札（季札）观诗时，已不歌也。孔子录诗，已合《风》《雅》《颂》中，难复摘别，篇中义多兴，此谓比、赋、兴，各有篇什。自孔子淆杂第次而毛公独旌表兴，其比、赋俄（一时）空焉。圣者颠倒而乱形名，大师偏羬（音 shì，两角直立的牛）而失邻类。"

郑康成（郑玄）《六艺论》也说：《风》《雅》《颂》中有赋、比、兴。《毛传》在《诗》的第一节偶有"兴也"二字，朱文公也就自我作古，把"比也""赋也"均添起来了。我以为《诗》中只有《风》《雅》《颂》，没有赋、比、兴。左氏说："《彤弓》《角弓》，其实《小雅》也；吉甫作诵，其风肆好，其实《大雅》也。"考毛公所附"兴也"的本义，也和赋、比、兴中的"兴"不同，只不过像乐府中的"引""艳"一样。

"六诗"本义何在？我们除比、兴不可考而外，其余都可溯源而得之：

一、风。《诗小序》："风者上以风化下，下以风刺上。"我以为风的本义，还不是如此。风是空气的激荡，气出自口就是风，当时所谓风，只是口中所讴唱罢了。

二、颂。"颂"在《说文》（《说文解字》）就是"容"字，《说文》中"容"只有纳受的意义，这"颂"字才有形容的意义。《诗·小序》谓"颂者，美盛德之形容"，我们于此可想见古人的"颂"是要"式歌式舞"（边唱歌边跳舞）的。

三、赋。古代的"赋"，原不可见，但就战国以后诸赋看来都是排列铺张的。古代凡兵事所需，由民间供给的谓之"赋"，在收纳民赋时候，必须按件点过。赋体也和按件点过一样，因此得名了。

四、雅。这项的本义，比较难以明白：《诗·小序》说："雅者，正也""雅"何以训作"正"？历来学者都没有明白说出，不免引起我们的疑惑。据我看来，"雅"在《说文》就是"鸦"，"鸦"和"乌"音本相近，古人读这两个字也相同的，所以我们也可以说"雅"即"乌"。《史记·李斯传·谏逐客书》《汉书·杨恽传·报孙会宗书》均有"击缶而歌乌乌"之句，人们又都说"乌乌"秦音也。秦本周地，乌乌为秦声，也可以说乌乌为周声。又商有"颂"无"雅"，可见"雅"始于周。

从这两方面看来，"雅"就是"乌乌"的秦声，后人因为它所歌咏的都是庙堂大事，因此说"雅"者正也。《说文》又训"雅"为"疋"，这两字音也相近。"疋"的本义，也无可解，《说文》训"疋"为

"足"，又说："疋，记也。"大概"疋"就是后人的"疏"，后世的"奏疏"，也就是记。《大雅》所以可说是"疋"，也就因为《大雅》是记事之诗。

我们明白这些本义，再去推求《诗经》，可以明白了许多。

太史公（司马迁）在《孔子世家》说："古者诗三千余篇，及至孔子，去其重，取可施于礼义，上采契、后稷，中述殷、周之盛，至幽、厉之缺，始于衽席。故曰《关雎》之乱以为《风》始，《鹿鸣》为《小雅》始，《文王》为《大雅》始，《清庙》为《颂》始，三百五篇（305篇），孔子皆弦歌之以求合韶、武、雅、颂之音。"可见古诗有三千余篇。

有人对于三千余篇，有些怀疑，以为这是虚言。据我看来，这并非是虚言。《风》《雅》《颂》已有三百余篇，考他书所见逸诗，可得六百余篇；若赋、比、兴也有此数，就可得千二百篇了。《周礼》称九德六诗之歌，可见六诗以外，还有所谓九德之歌。在古代盛时，"官箴、占繇皆为诗，所以序《庭燎》称'箴'，《沔水》称'规'，《鹤鸣》称'诲'，《祈父》称'刺'，诗外更无所谓官箴，辛甲诸篇，也在三千之数"。我们以六诗为例，则九德也可得千八百篇，合之已有三千篇之数，更毋庸置疑。

至于这三千篇删而为三百篇，是孔子所删，还是孔子以前已有人删过呢？我们无从查考。不过孔子开口就说诵诗三百，恐怕在他以前，已有人把诗删过了！大概三千篇诗太复杂，其中也有诵世系以劝戒（劝诫）人君，若《急就章》之流，使学者厌于讽诵。至若比、赋、兴虽依情志，又复广博多华，不宜声乐，因此十五流中删取其三，到了孔子不过整齐彼的篇第不使凌乱罢了。

《诗经》只有《风》《雅》《颂》，赋不为当时所称，但是到了战国，赋就出来了。屈原、孙卿（荀子）都以赋名：孙卿以《赋》《成相》分二篇题号已别。屈原《离骚》诸篇，更可称为卓立千古的赋。《七略》次赋为四家：一曰屈原赋，二曰陆贾赋，三曰孙卿赋，四曰杂赋。屈原的赋是道情的，孙卿的赋是咏物的，陆贾赋不可见，大概是"纵横"之变。后世言赋者，大都本诸屈原。

汉代自从贾生《惜誓》上接《楚辞》，《鹏鸟》仿佛《卜居》，司马相如自《远游》流变而为《大人赋》，枚乘自《大招》《招魂》散而为《七发》，其后汉武帝《悼李夫人》、班婕妤《自悼》，以及淮南、东方朔、刘向辈大都自屈、宋脱胎来的。至摹拟孙卿的，也有之，如《鹦鹉》《焦鹩》诸赋都能时见一端的。

三百篇以后直至秦代，无诗可见。一到汉初，诗便出来了。汉高祖（刘邦）《大风歌》，项羽《虞兮歌》，可说是独创的诗。此后五言诗的始祖，当然要推《古诗十九首》。这十九首中据《玉台新咏》指定九首是枚乘作的，可见这诗是西汉的产品。

至苏武、李陵赠答之诗，有人疑是东汉时托拟的。这种五言诗多言情，是继四言诗而起的，因为四言诗至三百篇而至矣尽矣，以后继作，都不能比美，汉时虽有四言诗，若韦、孟之流，才气都不及，我们总觉得很淡泊。至碑铭之类（峄山碑等）又是和颂一般，非言情之作，其势非变不可，而五言代出。

汉代雅已不可见，《郊祀歌》之流，和"颂"实相类似，四言而外，也有三言的，也有七言的。此后"颂"为用甚滥，碑铭称"颂"，也是很多的。

汉代文人能为赋未必能以诗名，枚乘以诗长，他的赋却也不甚著称。东汉一代，也没有卓异的诗家，若班固等，我们只能说是平凡的诗家。

继《十九首》而振诗风，当然要推曹孟德（曹操）父子。孟德的四言，上不摹拟《诗经》，独具气魄，其他五言、七言诸诗，虽不能如《十九首》的冲淡，但色味深厚，读之令人生快。魏文帝（曹丕）和陈思王（曹植）的诗，也各有所长，同时刘桢、王粲辈毕竟不能和他们并驾。钟嵘《诗品》评古诗《十九首》说是"一字千金"，我们对于曹氏父子的诗，也可以这样说他，真所谓："其气可以抗浮云，其诚可以比金石。"

语曰："在心为志，发言为诗。"可见诗是发于性情。三国以前的诗，都从真性情流出，我们不能指出某句某字是佳，它们的好处，是无句不佳无字不佳的。曹氏父子而后，就不能如此了。

曹氏父子而后，阮籍以《咏怀诗》闻于世。他本好清谈，但所作的诗,一些也没有这种气味。《诗品》称阮诗出于《离骚》,真是探源之论,不过陈思王的诗,也出自《离骚》,阮的诗还不能如他一般痛快。

晋初,左思《咏史诗》《招隐诗》风格特高,与曹不同,可说是独开一派。在当时他的诗名不著,反而陆机、潘岳(安仁)辈以诗称。我们平心考察:陆诗散漫,潘诗较整饬,毕竟不能及左思,他们也只可以说是作赋的能手罢了。当时所以不看重左思,也因他出身微贱,不能像潘、陆辈身居贵胄的缘故。

《诗品》评诗,也不免于徇俗,把左思置在陆、潘之下,可为浩叹!其他若张华的诗,《诗品》中称他是"儿女情多,风云气少"。我们读他的诗意,只觉得是薄弱无力量,所谓儿女情多,也不知其何所见而云然,或者我们没曾看见他所著的全豹,那就未可臆断了!

东晋清谈过甚,他们的"清谈诗",和宋时"理学诗"一般可厌。他们所作的诗,有时讲讲庄、老,有时谈谈佛理,像孙绰、许询辈都是如此。孙绰《天台山赋》有"大虚辽廓而无阂,运自然之妙有"等句,是前人所不肯用的。《诗品》说他们的诗,已是"风骚体尽",确是不错。在东晋一代中无诗家可称,但刘琨《扶风歌》等篇,又是诗中佳品,以武人而能此,却也可喜!

陶渊明出,诗风一振,但他的诗终不能及古人,《诗品》评为"隐逸之诗"。他讲"田舍风味",极自然有风致,也是独树一帜。在他以前,描写风景的诗很少,至他专以描写风景见长,如"采菊东篱下,悠然见南山"之句,真古人所不能道。

渊明以后,谢灵运和颜延之二家继他而起。谢描摹风景的诗很多,句调精炼,《诗品》说他是"初出芙蓉"。颜诗不仅描风景,作品中也有雕刻气,所以推为诗家,或以颜学问淹博之故。《诗品》评颜谓为"镂金错彩"。陶诗脱口自然而出,并非揉作而成,虽有率尔之词,我们总觉得可爱。如谢诗就有十分聱牙之处,我们总可以觉得他是矫作的。小谢(谢朓)写风景很自然,和渊明不相上下,而当时学者终以小谢不及大谢(谢灵运),或者描写风景之诗,大家都爱工巧,所以这般评论。

梁代(南朝·梁)诗家推沈约("永明体"自他出),律诗已有雏形了。古诗所以变为律诗,也因谢、颜诗不可讽诵,他因此故而定句调。

沈约的律诗，和唐后律诗又不相同。《隋书·经籍志》载他的《四声谱》有一卷，可见谱中所载调是很多的，并不像唐后律诗这么简单。他的《四声谱》，我们虽不能见，但读他的诗，比谢、颜是调和些，和陶、小谢却没有什么分别。

宋鲍照（南朝·宋鲍照）、齐江淹（南朝·齐江淹），也以诗名。鲍有汉人气味，以出身微贱，在当时不甚著称。江善于拟古，自己的创作却不十分高明。

南北朝中，我们只能知道南朝的作品。北朝究竟有无诗家，久已无从考得，但《木兰诗》传自北朝，何等高超，恐怕有些被淹没了呢！

梁末，诗又大变，如何逊、阴铿的作品，只有一二句佳绝了。在此时，古今诗辟下一大界限，全篇好是古诗的特色，一二句好是此后的定评。隋杨素诗绝佳，和刘琨可仿佛。此时文人习于南北朝的诗风，爱用典故，并喜雕琢。杨素武人不爱雕琢，亦不能雕琢，所以诗独能过人。当时文人专着眼在一二句好处，对于杨素不甚看重。所以隋炀帝为了忌嫉"空梁落燕泥""庭草无人随意绿"二佳句，就杀两诗人了。

唐初，律诗未出，唐太宗和魏征的诗，和南北朝相去不远。自四杰（骆宾王、王勃、杨炯、卢照邻）出，作品渐含律诗的气味，不过当时只有五言律，并未有七言律。四杰之文很卑微，他们的诗，却有气魄。成就五言的是沈佺期、宋之问，他们的诗，气魄也大，虽有对仗，但不甚拘束。五言古诗到此时也已穷极，五律、七古不能不产生了。唐以前七古虽有，但不完备，至唐始备全。七古初出，若李太白、崔颢的诗，都苍苍茫茫，信笔写去，无所拘忌。李诗更含复古的气味，和同时陈子昂同一步骤。

盛唐诗家以王维、孟浩然、张九龄为最。张（张九龄）多古诗，和李（李白）、陈（陈子昂）同有复古的倾向。王、孟诗与陶相近，作品中有古诗有律诗，以描写风景为最多，都平淡有意趣。

李、陈、张，三家都是复古诗家，三人中自然推李为才最高。他生平目空古人，自以为在古人之上，在我们看来，他的气（气度）自然盛于前人，说他是高于前人恐怕未必。王、孟两家是在古今之间，到了杜甫，才开今派的诗。

第一章　章太炎讲国学概论

055

　　杜甫的诗，元稹说他高于李，因为杜立排律之体为李所不及的。据我看来，李诗是成线的，杜诗是成面的，杜诗可说是和"赋"有些相像，必要说杜胜于李，却仍不敢赞同。并且，自杜诗开今流于典故的堆叠（堆砌、叠加），自然的气度也渐渐遗失，为功为罪，未可定论！至于杜的古诗，和古人也相去不远，只排律一体，是由他首创，"子美别开新世界"，就是这么一个世界罢！

　　在杜（杜甫）以前诸诗家，除颜延之而外，没有一个以多用书为贵的，自杜以后，才非用典故，不能夸示于人。或者后人才不如古，以典故文饰，可掩了自己的短处！正如天然体态很美的女子，不要借力于脂粉，那些体态不甚美的，非借此不可了。昌黎的诗，习杜之遗风，更爱用典故，并爱用难识的字，每况愈下了，但自然之风尚存，所以得列于诗林。

　　韦应物、柳宗元两家，和昌黎虽同时，而作品大不相同。他们有王、孟气味，很自然平淡的。我们竟可以说柳的文和诗截然不同。同时有元微之（元稹）、白居易二家，又和别家不同。他们随便下笔，说几句民情，有《小雅》的风趣，他们所以见称也以此。

　　晚唐，温庭筠、李义山（李商隐）两家爱讲对仗，和杜甫爱典故是一样的结合，便成宋代的诗风。"西昆体"染此风甚深，所以宋代诗话，专在这些地方留意。

　　宋初，欧阳修、梅圣俞（梅尧臣）对于西昆体很反对，但欧阳修爱奇异的诗句，如"水泥行郭索（这句是咏蟹，"郭索"两字见扬子《太玄经》），云木叫钩辀（这句是咏鸠，"钩辀"两字见陆玑《毛诗草木鸟兽虫鱼疏》）"二句，已不可解，他却大加赞赏，和他的论文大相抵触的。梅圣俞的诗，开考古之源，和古人咏古的诗，又大不相同了。总之，宋人的诗，是合"好对仗，引奇字，考据"三点而成，以此病入膏肓。

　　苏轼的诗，更打破唐诗的规模（规则和模式），有时用些佛典之法理，太随便了。王荆公（王安石）爱讲诗律，但他的诗律，忽其大者而注重小者，竟说："上句用《汉书》，下句也要用《汉书》的。"（按原话为："用汉人语，止可以汉人语对。"见《石林诗话》）自此大方气象全失；我们读宋祁"何言汉朴学，反似楚技官（见《史记·吴起传》）"之句，再看王维"正法调狂象（见佛法），玄言问老龙（见《庄子》）"之句，真有天壤之判呢！有宋一代，诗话很多，无一不深中此病。唯《沧浪诗话》和众不同，他说"诗有别才，不关学也；诗有别趣，不关理也"。此种卓见，可扫宋人的习气了。

南宋，陆放翁含北宋习气也很深，唯有范石湖（范成大）、刘复村（刘克庄）自有气度，与众不同。黄山谷（黄庭坚）出，开江西诗派之源。黄上学老杜，开场两句必对仗，是他们的规律，这一派诗无足取。

元、明、清三代诗甚衰，一无足取。高青邱（高启）的诗失之靡靡，七子（此处指前七子）的诗失之空门面，王渔洋（王士禛）、朱彝尊的诗失之典泽过浓，到了翁方纲以考据入诗，洪亮吉爱对仗，更不成诗。其间稍可人意的，要推查初白（查慎行）的，但也不能望古人之项背。洪亮吉最赏识"足以乌孙涂上茧，头几黄祖座中枭"二句，我们读了只作三日呕！

诗至清末，穷极矣。穷则变，变则通；我们在此若不向上努力，便要向下堕落。所谓向上努力就是直追汉、晋，所谓向下堕落就是近代的白话诗，诸君将何取何从？提倡白话诗人自以为从西洋传来，我以为中国古代也曾有过，他们如要访祖，我可请出来。

唐代史思明（夷狄）的儿子史朝义，称怀王，有一天他高兴起来，也咏一首樱桃的诗："樱桃一篮子，一半青，一半黄；一半与怀王，一半与周贽。"那时有人劝他，把末两句上下对调，作为"一半与周贽，一半与怀王"，便与"一半青，一半黄"押韵。他怫然道："周贽是我的臣，怎能在怀王之上呢？"如在今日，照白话诗的主张，他也何妨说："何必用韵呢？"这也可算白话诗的始祖吧。一笑！

第五讲
国学如何进步

中国学术，除文学不能有绝对的完成外，其余的到了清代，已渐渐告成，告一结束。清末诸儒，若曾国藩、张之洞辈都以为一切学问已被前人说尽，到了清代，可说是登峰造极，后人只好追随其后，绝不再能超过了。

我以为，后人仅欲得国学中的普通学识，则能够研究前人所已发明的，可算已足，假使要求真正学问，怕还不足罢！即以"考据"而论，清代成就虽多，我们依着他们的成规，引而伸之，也还可以求得许多的知识。在他们的成规以外，未始没有别的途径可寻，那蕴蓄着未开辟的精金正多呢！

总之，我们若不故步自封，欲自成一家言，非但守着古人所发明的于我未足，即依律引伸（引导、延伸），也非我愿，必须别创新律，高出古人才满足心愿。这便是进步之机。

我对于国学求进步之点有三：

一、经学，以比类（类比）知原求进步。

二、哲学，以直观自得求进步。

三、文学，以发情止义求进步。——毕竟讲来，文学要求进步，恐怕难能呢？

清代治经学较历代为尤精，我在讲经学之派别时已经讲过。我们就旧有成规再加讲讨，原也是个方法。不过"温故知新"仅"足以为师"，不足语于进步。我们治经必须比类知原，才有进步。因前人治经，若宋、明的讲大体，未免流于臆测妄断；若清代的订训诂，又仅求一字的妥当，一句的讲明，一制的考明，"擘绩补苴"（对衣物进行反复缝补，此处指反复修订优化前代的学术），不甚得大体。我们生在清后，那经典上的疑难，已由前人剖析明白，可让我们融会贯通再讲大体了。

从根本上讲，经史是绝不可以分的。经是古代的历史，也可以说是断代史。我们治史，当然要先看通史，再治断代的史，才有效果，若专治断代史，效果是很微细的。治经，不先治通史，治经不和通史融通，其弊与专治断代史等，如何能得利益？前人正犯此病。所以我主张比类求原，以求经史的融会，以谋经学的进步。如何是比类求原？待我说来！经典中的《尚书》《春秋》，是后代"编年""纪传"两体之先源。刘知几曾说"纪传"是源于《尚书》，"编年"是源于《春秋》。章学诚也曾说后代诸史皆本于《春秋》。这二人主张虽不同，我们考诸事实，诸史也不尽同于《尚书》《春秋》，而诸史滥觞于彼，是毫无疑义的。

所以治经，对于"制度"，下则求诸《六典》《会典》诸书，上以归之于《周礼》《仪礼》。对于地理，下则考诸史及地舆志，上以归之于《尚书·禹贡》及《周礼·职方志》。即风俗道德，亦从后代记载上求源（寻求根源）于经典。

总之，把经看作古代的历史，用以参考后世种种的变迁，于其中看明古今变迁的中心。那么，经学家最忌的武断、琐屑二病，都可免除了。未来所新见的，也非今日所可限量呢！

中国哲学在晋代为清谈，只有口说，讲来讲去，总无证据。在宋、明为理学，有道学问、尊德行之分，自己却渐有所证。在清代专在文字上求，以此无专长者，若戴东原著《孟子字义疏证》，阮芸台讲性命。陈兰甫著《汉儒通义》，也仅在文字上求、训诂上求，有何可取！要知哲理非但求之训诂为无用，即一理为人人所共明而未证之于心，也还没有用处的，必须直观自得，才是真正的功夫。

王阳明辈内证于心，功夫深浅各有不同，所得见解，也彼此歧异，这也是事实上必有的。理，仿佛是目的地，各人所由的路，既不能尽同，所见的理，也必不能尽同；不尽同和根源上并无不合呢！佛家内证功夫最精深，那些堕落的就专在语言文字上讲了。

西洋哲学，文字虽精，仍是想象如此，未能证之于心，一无根据，还不能到宋学的地步，所以彼此立论，竟可各走极端的。这有理论无事实的学问，讲习而外，一无可用了！近代法国哲学家柏格森（亨利·柏格森，诺贝尔奖获得者）渐注重直觉，和直观自得有些相近了。

总之，讲哲理决不可像天文家讲日与地球的距离一样，测成某距离为已精确了。因为日的距离，是事实上绝不能量，只能用理论推测的，那心像是在吾人的精神界，自己应该觉得的。所以，不能直观自得，并非真正的哲理，治哲学不能直观自得便不能进步。

文学如何能求进步？我以为要发情止义。何为发情止义？如下述："发情止义"一语，出于《诗序》。彼所谓"情"是喜怒哀乐的"情"，所谓"义"是礼义的"义"。我引这语是把彼的意义再推广之："情"是"心所欲言，不得不言"的意思，"义"就是"作文的法度"。

桐城派的文章，并非没有法度，但我们细读一过，总觉得无味，这便因他们的文，虽止乎义，却非发乎情。他们所作游记、论文，也不过试试自己的笔墨罢了。

王渔洋的诗，法度非不合，但不能引人兴趣，也因他偶到一处，即作一诗，仿佛日记一般，并非有所为而作的。清初侯方域、魏叔子以明代遗民，心有不平，发于文章，非无感情，但又绝无法度。

明末大儒黄梨洲、王船山，学问虽博，虽有兴亡感慨；但黄文既不类白话，又不类语录，又不类讲章，只可说是像批语；王船山非常生硬，又非故意如此，都可说是不上轨道的。

所以，文学非但要"止乎义"，还要"发乎情"。那初作文，仅有法度，并无情，用以练习则可，用以传世则不可，仿佛习字用九宫格临帖，是不可以留后的。韩昌黎自以为因文生道，顾亭林对于这话有所批评。实在昌黎之文，并非无情无义，若《书张中丞传后》，自是千古必传的，可惜他所作碑志太多，就多止于义、不发于情的了。苏东坡的史论，有故意翻案的，有不必作的，和场屋（应试）文一般，也非发于情之作。古文中非无此流，比较的少一些，诗关于情更深，因为诗专以写性情为主的。若过一处风景，即写一诗，诗如何能佳？宋代苏、黄的诗，就犯此病。苏境遇不佳，诗中写抑郁不平的还多，而随便应酬的诗也很多，就损失他的价值了。

唐代杜工部身遇乱世，又很穷困，诗中有情之作，可居半数，其他也不免到一处写一首的。杜以前诸诗家，很少无情之作，即王、孟也首首有情的。至古代诗若《大风歌》《扶风歌》全是真性情流出，一首便可传了！

诗文二项中，文有有法无情的，也有无法有情的；诗却有情无法少，有法无情多；近代诗虽浅鄙，但非出乎轨外。我们学文学诗，初步当然要从法上走，然后从情创出。那初步即欲文学太史公，诗学李太白的，可称狂妄之人呢！我们还要知文学作品忌多，太多必有无情之作，不足贵了。

二三十年前，讲文学，只怕无情，不怕无义。梁任公说我是正统派，这正统派便能不背规则的。在现在有情既少，益以无义，文学衰堕极了。我们若要求进步，在今日非从"发情止义"下手不可。能发情止义，虽不必有超过古人之望，但诗或可超过宋以下诸诗家，文或可超过清以下诸文家！努力！

第二章
王国维讲诸子学说（节选）

　　王国维（1877年12月~1927年6月），初名国桢，字静安，亦字伯隅，号礼堂、观堂、永观，谥忠悫，浙江省嘉兴市海宁人，中国近现代享有国际声誉的学者。他把西方哲学、美学思想与中国古典哲学、美学相融合，研究哲学与美学，形成了独特的美学思想体系，继而攻词曲戏剧，后又治史学、古文字学、考古学。他在教育、哲学、文学、戏曲、美学、史学、古文学等方面均有深诣和创新。

　　除了《人间词话》外，王国维的国学造诣也很深，尤其是讲诸子学说时见解独到。在诸子学说中，王国维深入研究了老子学说、孔子学说、墨子学说、列子学说、孟子学说以及荀子学说。本书节选其老子学说和孔子学说，以便广大读者朋友目睹王国维的国学风采。

第一讲
老子学说

　　此文是王国维于 1906 年 4 月发表于《教育世界》122 号的文章，全面深入探讨他对老子学说的看法，对广大读者了解老子以及道教思想有非常大的启发作用。

传及著书

　　老子名儋，周之太史也，或云楚人。其出盖不可得而详云。江都汪氏中《老子考异》曰：

　　《史记·孔子世家》云：南宫敬叔与孔子俱"适周问礼，盖见老子云"。《老庄申韩列传》云："孔子适周，（将）问礼于老子。"（按，老子言行，今见于《曾子问》者凡四，是孔子之所从学者，可信也。）夫助葬而遇日食，（然）且以见星为嫌，止柩以听变，其谨于礼也如是；至其书，则曰："礼者，忠信之薄而乱之首也。"下殇之葬，称引周召、史佚，共尊信前哲也如是；而其书则曰："圣人不死，大盗不止。"彼此乖违甚矣！故郑注谓古寿考者之称。黄东发《日钞》亦疑之，而皆无以辅其说。其疑一也。本传云："老子，楚苦县厉乡曲仁里人也"；又云："周守藏室之史也。"（按，周室既东，辛有入晋［《左传》昭二十年］，司马适秦［《太史公自序》］，史角在鲁［《吕氏春秋·当染》篇］。）王官之族或流播于四方。列国之产，惟晋悼尝仕于周，其他固无闻焉。况楚之于周,声教中阻,又非鲁郑之比。且古之典籍旧闻,惟在瞽史,其人并世官宿业,羁旅无所置其身。其疑二也。本传又云:"老子,隐君子也。"身为王官,不可谓"隐"。其疑三也。今按《列子》《黄帝》《说符》二篇,凡三载列子与关尹子问答[答问]之语,而列子与郑子阳同时,见于本书。《史记·六国表》:"郑杀其相驷子阳",在韩列侯二年,上距孔子之没,凡八十二年。关尹子之年世既可考而知,则为关尹著书之老子,其年世亦从可知矣。《文子·精诚》篇引老子曰:"秦楚燕魏之乐[歌],异传而皆乐。"(按,燕,终春秋之世,不通盟会。)《文子·精诚》篇称:燕自文侯之后,始与冠带之国。文公元年,上距孔子之没,凡百二十六年。老子以"燕"与秦楚魏并称,则老子已及见文公之始强矣。又,魏之建国,上距孔子之没,凡七十五年。而老子以之与三国齿,则老子已及见其侯矣。《列子·杨朱[黄帝]》篇载老子教杨朱事。《列子·杨朱》篇:"禽子曰:'以子之言问老聃、关尹,则子言当矣;以吾言问大禹墨翟,则吾言当矣。'"然则朱固老子之弟子也。子云:"端木叔者,子贡之世也。"又云:"其死也,无瘗埋之资。"又云:"禽滑厘曰:'端木叔狂人也,辱其祖矣!'""段干生曰:'端木叔达人也,德过其祖矣!'"朱为老子之弟子,而及见子贡之孙之死,则朱所师之老子不得与孔子同时也。《说葬[苑]·政理》篇:"杨朱见梁王,言治天下如运诸掌。"梁之称王,自惠王始。惠王元年,上距孔子之没,凡百十八年,杨朱已及见其王,则朱所师事之老子,其年世可知矣……由是言之,孔子所问礼者,聃也。其人为周守藏室之史,言与行,则《礼记·曾子问》所载者是也。周太史儋见《秦献奎本纪》,在献公十一年,去魏文侯之没十三年。而老子之子宗为魏将,封于段干。《史记·魏世家》:安厘王四年,魏将段干子请予秦南阳以和。《国策》:华阳(军)之战,魏不胜秦。明年,将使段干崇割地而讲。《史记·六国表》:秦昭王三十四年,白起击魏华阳军。(按,是时上距孔子之卒凡二百[一]十年。)则为儋之子无疑。而言道德之意五千(余)言者,儋也。其入秦见献公,即去周至关之事。本传云:"或曰,儋即老子",其言虽矣。至孔子称老莱子,今见于太傅礼《卫将军文子》篇。《史记·仲尼弟子列传》亦载其说,而所云"贫而乐"者与"隐君子"之文正合。老莱子之为楚人，又见《汉书·艺文志》，盖即"苦县厉乡曲仁里"人（按，此字衍）也。而老儋（聃）之为楚人，则又因老莱子而误。故本传：老子语孔子："去子之骄色［气］与多欲，态心［色］与淫志"，而《庄子·外物》篇则曰：老莱子谓孔子："去汝躬矜与汝容知。"《国策》载老莱子教孔子语，《孔丛子·抗志》篇以为老莱子语子思，而《说苑·敬慎》篇则以为常枞教老子。然则老莱子之称老子（也）旧矣。实则三人不相蒙也。若《庄子》载老聃之言，率原于道德之意，而《天道》篇载"孔子西藏书于周室"，尤误后人。"寓言十九"，固已自揭之矣。

其与汪氏之说相反对者，则有仪征阮氏（元）之说，谓老子本深于礼，以《曾子问》及《史记》"孔子问礼"观之，可知。其所以厌弃礼法者，则由暮年心理上之反动而然耳。此说虽属可通，然出于想象，不如汪氏之说之本于事实，为不可动也。

老子之书分上下二卷。自思想上观之，则此种思想，经列子、庄子，一用于韩非，而再行于汉初，故其书之为古书，无可疑也。自文字上观之：（一）以书中多叶韵，足证其为古书；（二）以其并称"仁义"，似属孟子以后之作。然据《大戴记》《左传》，则曾子、左邱明已说"仁义"，不自孟子始。老子之生年距曾子、左邱明不远，则其兼称"仁义"，固其所也。又，此书文体简短纯一，为后人所插入者甚少，其为战国初期之书，当无疑义也。

形而上学

孔子于《论语》二十篇中，无一语及于形而上学者，其所谓"天"不过用通俗之语。墨子之称"天志"，亦不过欲巩固道德政治之根柢耳，其"天"与"鬼"之说，未足精密谓之形而上学也。其说宇宙之根本为何物者，始于老子。其言曰：

有物混成，先天地生。寂兮寥兮！独立而不改，周行而不殆，可以为天下母。吾不知其名，字之曰"道"。（《老子》第二十五章）

道冲而用之或不盈。渊兮似万物之宗。挫其锐，解其纷，和其光，同其尘。湛兮似或存。吾不知谁之子，象帝之先。(《老子》第四章)

此于现在之宇宙外，进而求宇宙之根本，而谓之曰"道"。是乃孔墨二家之所无，而我中国真正之哲学，不可云不始于老子也。而试问此宇宙之根本之性质如何？老子答之曰：

道之为物，惟恍惟惚。惚兮恍兮，其中有象；恍兮惚兮，其中有物。窈兮冥兮，其中有精。其精甚真，其中有信。(《老子》第二十一章)

致虚极，守静笃。万物并作，吾以观复。夫物芸芸，各复归其根。归根曰静，静曰复命。复命曰常。(《老子》第十六章)

以此观之，则老子之所（谓）"道"：惚也，恍也，虚也，静也，皆消极的性质，而不能以现在世界之积极的性质形容之。而恍惚虚静之道，非但宇宙万物之根本，又一切道德政治之根本也。曰：

昔之得一者：天得一以清，地得一以宁，神得一以灵，谷得一以盈，万物得一以生，侯王得一以为天下贞。其致之，一也。(《老子》第三十九章)

伦理政治论

宇宙万物无不相对者：天与地对，日与月对，寒与暑对，人与物对，皆相对的也。道者，宇宙万物之根本，无一物足与之相对者，故绝对的也。此老子所以称道为"一"者也。不独宇宙万物而已，人事亦然：有恶斯有善，有丑斯有美。故曰：

上德不德，是以有德。下德不失德，是以无德。(《老子》第三十八章)

又曰：

天下皆知美之为美，斯恶已；皆知善之为善，斯不善已。(《老子》第二章)

又曰：

大道废，有仁义。慧智出，有大伪。六亲不和有孝慈，国家昏乱有

忠臣。(《老子》第十八章)

又曰：

唯之与阿，相去几何？美之与恶，相去何若？(《老子》第二十章)

故道德政治上之理想，在超绝自然界及人事界之相对，而反于道之绝对。故曰：

绝圣弃智，民利百倍。绝仁去义，民复孝慈。绝巧去利，盗贼无有。此三者以为文不足。故令有所属。见素抱朴。少私寡欲。(《老子》第十九章)

又曰：

不尚贤，使民不争。不贵难得之货，使民不为盗。不见可欲，使民心不乱。(《老子》第三章)

其论有道者之极致，曰：

众人熙熙，(如享太牢)，如登春台。我独泊兮其未兆。如婴儿之未孩。儽儽兮若无所归。众人皆有余，而我独若遗。我愚人之心也哉！沌沌兮！众人昭昭，我独昏昏。众人察察，我独闷闷。澹兮其若海。飂兮若无止。众人皆有以，而我独顽似鄙。我独异于人而贵食母。(《老子》第二十章)

若人人之道德达此境界，则天下大治。曰：

小国寡民。使民有什伯之器而不用，使民重死而不远徙。虽有舟舆，无所乘之；虽有甲兵，无所陈之；使民复结绳而用之。甘其食，美其服，安其居，乐其俗。邻国相望，鸡犬之声相闻，民至老死不相往来。(《老子》第八十章)

此老子政治上之理想也。其道德政治上之理论，不问其是否 [非] 如何，甚为高尚。然及其论处世治国之术也，则又入于权诈，而往往与其根本主义相矛盾。其论处世术也，曰：

坚强者死之徒，柔弱者生之徒。(《老子》第七十六章)

其论治国也，曰：

将欲歙之，必固张之；将欲弱之，必固强之；将欲废之，必固兴之；将欲夺之，必固与之。是谓微明。柔弱胜刚强。鱼不可脱于渊，国之利器不可以示人。(《老子》第三十六章)

又曰：

古之善为道者，非以明民，将以愚之。民之难治，以其智多。故以智治国国之贼，不以智治国国之福。（《老子》第六十五章）

又曰：

以正治国，以奇用兵，以无事取天下。（《老子》第五十七章）

程伊川谓："老子书，其言自不相入处，如冰炭。其初意欲谈道之极元妙处，后来却做入权诈上去。"可谓知言者矣。

第二讲
孔子学说

　　自汉武帝"罢黜百家，独尊儒术"以来，孔子学说在中国具有独特地位。在国学中，孔子学说非常耀眼。王国维对孔子学说进行了深入研究，并提出了深刻独到的看法。此文是王国维于 1907 年 11 月至 1908 年 1 月发表在《教育世界》第 161 号至第 165 号连续 5 期上的有关孔子学说的看法，对广大国学爱好者认识孔子学说非常有帮助。

叙　论

　　伦理学者，就人之行为以研究道德之观念、道德之判断等之一学科也。为人间立标准、定价值，命令之、禁止之，以求意志之轨范，以知人间究竟之目的，即如何而可至最善之域是也。故此学乃研究道德之学理者，知的而非实践的也。知与实行有别，知学理者不必能实践之，不知学理者或能实践之。盖以学理为知，实践关于意志故也。伦理学与实践道德之殊别如此。然善云伦理学纯为知的，故不能实践，是语亦未免太过。何则？由纯正之智识，知完全之学理，则可为实行之指导，达所欲至之目的地，其裨益岂浅鲜哉？故学理与实践当相伴而不相离，实践之先不可不研究学理也。

　　泰西（旧时泛指西方国家）之伦理，皆出自科学，惟骛理论，不问实行之如何。泰东（与泰西相对应，指东方国家）之伦理，则重修德之实行，不问理论之如何。此为实行的，彼为思辨的也。是由于东西地理及人种关系之异，又其道德思想之根本与道德的生活之状态亦异，故有此差别也。夫中国一切学问中，实以伦理学为最重，而其伦理学又倾于实践，故理论之一面不免索莫。然吾人欲就东洋伦理根本之儒教，完全第一流之道德家孔子之说，于知识上研究之，亦非全不可能也。然儒家之伦理说以行为主，即最实践者，故欲以科学之方法研究之，自极困难。但欲为此种研究，不得不先述中国先秦之二大思潮焉。

周末（周朝末期，春秋战国时代）时之二大思潮，可分为南北二派。北派气局雄大，意志强健，不偏于理论而专为实行。南派反之，气象幽玄，理想高超，不涉于实践而专为思辨。是盖地理之影响使然也。今吾人欲求其例，则于楚人有老子，思辨之代表也；于鲁人有孔子，实践之代表也。孔子之思想，社会的也；老子之思想，非社会的也。老子离现实而论自然之大道，彼之"道"超于相对之域而绝对不变，虽存于客观，然无得而名之。老子以此"道"为宇宙一切万象之根本原理。故其思辨也，使一切之现象界皆为于相对的矛盾的之物而反转之。如"知其雄，守其雌""知其白，守其黑""知其荣，守其辱"；或云"有"，或云"无"，或云"盈"，或云"虚"，或云"强"，或云"弱"：皆为相对之矛盾观念，常保消极以预想积极者也。

故其伦理及政治思想专为消极主义，慕太古敦朴（敦厚朴素）之政，而任人性之自然，以恬淡而无为为善。若自其厌世的立脚地观之，则由激于周季之时势，愤而作此激越非社会的之言者也。孔子则反之，综合尧舜三代先王之道而组织之，即欲依客观之礼以经纶社会也。至其根本原理则信天命，自天道绎之而得"仁"，即从"天人合一"观以立人间行为之规矩准绳。故孔子者北方雄健之意志家也，老子者南方幽玄之理想家也。

继彼幽玄之理想者为列子，列子之后有庄子。发挥此雄健之意志者有子思、孟子、荀子。要之，儒与道之二大分派，对立于先秦之时，而传其二大思潮于后世。此外，尚有墨翟唱"兼爱"功利之说，似儒家；杨朱唱利己快乐说，似道家；鹖冠子为折衷（折中）派；韩非子为法家等。诸子百家之说，纵横如云，灿然如星，周末之文华极一时之炳耀。

是盖因成周封建政体之坏颓，唤起各人思想界之自由，洵可谓之为希世（世间稀有）之壮观也！

老庄之说通行于两汉，至魏晋而大盛，其弊流于清谈，以任放旷达自喜，或作为神仙说，经六朝至唐时复大盛，至追谥老子为太上玄元皇帝。然而当汉之末也，佛教侵入，经三国至六朝之际，至于梁而最盛。其势力之伟大渐驾儒道而上之。入隋，遂有唱三教一致论者。其后复大盛于唐，经宋元明至今焉。

儒教因汉武帝之奖励，出董仲舒，而继先秦之思潮，回复秦火之厄。至西汉之末有扬雄者，合儒与道，立一家言。六朝之际，儒为佛老所抑。至隋有王通，用之作策论。有唐一代，唯韩愈一人维持之。经五代至宋，复勃然而兴，几有凌先秦儒家而上之之势。即北宋时二程子（程颐程颢）唱"性命穷理"说，南宋时经朱子（朱熹）手而大成，作"理气"论。同时有陆象山（陆九渊）之"心即理"说。入明，而为王阳明之"知行合一"说。其后至国朝，考证学大行（非常流行）。故中国亘古今而有最大势力者，实为儒教。国家亦历代采用之。何则？儒教贵实践躬行，而以养成完全之道德政治家为目的，而有为之人才亦皆笼罩于此中故也。

孔子者，"述而不作，信而好古"，实践躬行之学者也。上至三皇五帝，下至夏殷周诸圣贤之学说，无不集合而组织之，以大成儒教；其圆满之德如春，深渊之智如海。又多才艺，至其感化力之伟大，人格之完全，古今东西，未见其比。其说主好古、实践，故欲研究之者，当先研究夫子所研究之《诗》《书》《易》《礼》等古书，及夫子之遗书《大学》《论语》《孝经》，子思之《中庸》，孟子之书等，以考察其说。夫子晚年所最研钻者为《易》，读之"韦编三绝"。虽有谓《易·十翼》非孔子之作者，然余欲述孔子之形而上学，姑引用而论断之。

天道及天命

儒家"天道""天命"之天之观念，其意义有数种，今分之为有形之天、无象之天二者，更分无象之天（为）主宰之天、自然之理法、宇宙之本原及命四者。"天道"云者，乃自然理法宇宙本原之活泼流行之原动力也；"命"者，则其实现以分诸人者也。

有形之天

苍苍者天，茫茫者天，悠悠者天，无涯无际，日月星辰森然罗列，以运行焉，以代谢焉。岳岳者地，漠漠者地，草木繁荣，禽兽滋殖，其广也载华岳而不重，其厚也振河海而不泄。天地上下之间，风霜雨露，一阴一阳以为消长，一寒一暑以为往来，参差交错，变化而无穷者，是形体之天也。

《诗》（《诗经》）曰："悠悠苍天"，"彼苍者天"，"谓天盖高，不敢不跼；谓地盖厚，不敢不蹐"，"倬彼云汉，昭回于天"，"鸢飞戾天"等。

《论语》："巍巍乎唯天为大。"《易》（《周易》）上《象》传："日月丽乎天。"下《象》："日月得天而能久照。"《系辞》："天尊地卑，乾坤定矣。""在天成象，在地成形。"

是皆言形体之天也。

无象之天

一、主宰之天

前所言有形之天，惟为形体者；今所言无象之天，则为思索者，故最不可不研究之。

主宰者，谓一神灵之物，管理命令一切万物之义也。如上帝、皇天、神、造物主等，皆为神秘不可知者也。

当太古蒙昧之时，人人概为感想的，而智识尚未发达。故现象界有变化，见风雨、电雷、日月蚀（日食、月食）、星异、地震等时，忽生恐惧之念，遂以为天有一种人间以上之不可思议之灵力，因畏之敬之，至欲避之。其弊遂陷怪诞迷罔，至惴惴然以礼拜形体。盖知天之神秘，实自天地之形体始。故古人之神秘感想，至此遂将无象之主宰力，与形体同一视之，此所以崇拜形体之天者也。无论何国之民，其原始时代莫不如是。今吾先论天之观念，然后再论自然之理法、宇宙之本原等。主宰之天之证如左（下）：

《书经·益稷》："禹曰：'安止汝，惟几惟康，其弼直，惟动丕应徯志，以昭受上帝，天其申命用休'。"

又，《秦［泰］誓》："惟天地，万物父母。"

又，"敢用玄牡，敢昭于上天神后。"

《大［太］甲》："先王顾諟天之明命，以承上下神祇，社稷宗庙。"

又，"皇天眷佑有商，使嗣王克终厥德。"

《金縢》："秋，大熟，未获，天大雷电以风，禾则尽偃，大木斯拔，邦人大恐。"

《易》："自天佑之，吉，无不利。"

主宰之例证甚多，散见于《书》《易》等古书中。至有灵感想之天，则散见于《尚书》中。自然理［法］之天，则尤多见于《周易》中。

孔子对是等感想的感念，于知识上思惟之，此孔子伦理说之渊源，且其观念之所以高远者也。

二、自然之理法与宇宙之本原

浩浩乎无涯无际之天地间，气化生生流行不息，一切之现象界，皆被时间、空间之二形式，与原因结果之律此三者所管理者也。

时间者，谓统一切现象之变化，而一切现象于其中，自一状态而变为他状态，能无限分截之延长之之谓也。空间者，谓一切现象物于其中，常在及继在且俱在者，亦可以无限分截之延长之。至是二者之异，则空间为俱在，时间为继起。今若唯有时间而无空间，则物之俱在，决不得证明之。何则？盖空间离俱在，即不能存在；既无俱在，则无常在、继在之理；常在、继在而不存在，则无充塞时间中之物，故时间自身亦不能自进行经过也。若反之，唯有空间而无时间，则物之继起，决不能证明之。既无继起，则物之俱在不得而知之。何则？盖客观之常在，对于俱在之中之变化而言之，即与继在俱在相对者也。因继起之变化，乃知常在之不变化；因常在之不变化，乃知继起之变化。无继起之变化，即不能知常在之不变化；无常在之不变化，则不能知继起之变化。要知此二者，吾人自思想上之论理见之，见虽相同一，然若继起之时间既消灭，则物象变化之思想亦消灭，现象界毕竟归于虚无。空间不能据自身证其俱在也。故时间之继起，空间之俱在，其特性虽大相异，然皆不能相离，若相分离，则现象界之事尽虚无迷妄，遂不可解。故知两者之相关，直不可须臾离也。此两者合而为一，即为吾人之悟性，以应用原因结果之律，是彼叔本华氏（叔本华）之卓论也。吾人今当更进一步，以考察因果律之如何。

在客观界经验之实体，呈错综之状态。其状态决非始终不动者，而或生或灭，彼等因其生灭之状态相连络，不问如何，必无有单独自存者。盖彼等悉因其前后之事实，以受规定，互相倚赖。今若于客观界中生一状态，则先之者必有他状态，然后新状态始生。又若其前之状态尚存，则次生之新状态必不能起。此新旧相继之现象，是曰继起。故此等状态，因继续而生者，皆有相互之关系。其始生之状态，吾人名之曰"原因"，后起者名之曰"结果"。故结果者决不能存在于其生来以前，纯然为一新状态。盖结果之名，即由此前之原因而始生。故结果之生，变化也。所谓结果原因之规律者，则即关于此变化之规则，即所以管理之之理法也。此律之唯一应用之范围，唯在变化。此而有一结果，则已示变化之存在；此而有一变化，则已示原因。而凡一切原因，又不可无共于其原因之原因，盖于时间继起之原因结果，相连续而发生，是谓之连锁。

既如上说，则因果律者，乃一状态变而为他状态时必然之理法也。因时间上之异，而名前者为原因，后者为结果。而吾人当论自然之理法之天道时，所得于叔本华氏者，岂浅鲜哉！

夫一切之生灭变化恍惚无常者，皆吾人经验之客观现象界所在之状态也。因果律之继起存在，虽前已详言之，然而因果律虽为行于现象界之法则，然应用此律之原理究如何乎？康德氏之说曰：吾人之知识，惟存于现象界中，不能人本体界也。彼于《纯理二律相背论》中云：宇宙不可无第一原因，又第一原因非实在。盖一论现象界，而一预想现象界以外之物者也。叔本华氏之意与之同，以为无第一原因。然叔氏谓存于现（象）界之变化外者，尚有"物质"与"物力"。物质者，为一切变化发生之根本，不为变化所侵，不增不减者也。物力者，已不变化，而能使一切变化，不增不减者也。是二者超然于时间空间以外。此外，叔氏又说世界之本体之"意志"是盲目的冲动，而使现象界发现之根本力，又超绝时间、空间、因果律，而为绝对无差别之物也。要之，物质与物力乃生原因结果之原子，而意志则统一切万有，而使之发现之大活力，即世界之本体也。

孔子亦以宇宙间一切现象，自时间、空间、因果律三者规定之，是实千古之卓识，而与叔本华氏稍相合也。

仰视茫茫之宇宙，则见一切之现象界，皆以一定不易之法则行于其间。如日月之代谢，尽夜之昼迁，四时之推移，风雨霜露云雾雷电等皆然也。又如禽兽虫鱼草木人类等之有雌雄二性者，无一非相对的法则之消长。是法则即《易》所云之"阴阳二气"。阴阳二气进动，则于时间中生万物；其静止也，则于空间中见物象。自其进动之方面，即自时间上观之，时必不可无变化，是即因果律之所由生也。故孔子以一切现象世界为阴阳二气之流行，即阳动而阴静，以为盈虚消长，新陈代谢，变化无穷，因果律即自行于其中。统括是等之原理，即为"天道"即"理"。"理"为充满宇宙之生生活泼的本原，超绝一切之现象界，而管理流行于一切现象间之阴阳二气等，而亘永久而不变不灭者也。若自流行于一切之现象界观之，是名"天道"，即自然之理法。自其超绝一切现象界，统括管理此等之力观之，即名"天理"，即宇宙之本原。故《易》曰：

"易有太极，是生两仪，两仪生四象。"《象》辞曰："大哉乾元！万物资始，乃统天，云行雨施，品物流形。"

"天行健，君子以自强不息。"

"一阴一阳之谓道。"

"生生之谓易。"

"太极"谓无差别的始原也。"乾元"谓天之原理。"云行雨施"，"一阴一阳"，"生生"等，谓之自然。所谓"天行健"者，合自然之理法与宇宙之本原相言之也。又《论语》曰：

逝者如斯夫，不舍昼夜！

言自然之理法生生而无间也。

《论语》："子贡曰：'子如不言，则小子何述焉？'子曰：'天何言哉！四时行焉，百物生焉，天何言哉！'"（《论语·阳货》）《礼记·哀公问》："哀公曰：'敢问君子何贵乎天道也？'孔子曰：'贵其不已，如日月东西相从而不已也，是天道也。无为而成，是天道也。已成而明，是天道也。'"

是等皆言自然与原理者也。

《中庸》："诚者，天之道也。诚之者，人之道也。诚者不勉而中，不思而得，从容中道，圣人也。诚之者，择善而固执之者也。"

子思自孔子之说出，故更进一步，以"诚"为宇宙万有之根本的原理，而宇宙之万有则自此本体所发现之现象也。万有从本体发现为"高明""博厚"二形式。高明为天，有继起性，即时间的也。博厚为地，有延长性，即空间的也。合而为一，则无限无穷，经"悠久"而不已。

今以《易》理、叔本华氏之说互相比较，则其原理虽大有径庭，然叔氏之物质、物力与《易》之阴阳二气，皆使物变化之本质或动力，在其变化以外，则二者之说相似也。此外，因果律为伴一切变化之法则，故有变化即有因果律。孔子虽不说此，然儒之"天理"，子思之"诚"，叔本华之"意志"，皆为宇宙之本原，发现万有之一大活动力，固不甚相异也。

若夫老子之"道"为"恍兮惚兮""窈兮冥兮"，绝对的自然之道，与斯披诺若之一元的"理"相似。若自彼所云"有物浑成，先天地生"观之，则万物开发之本体，皆恒久不变者。故曰"名"，无可名。"无名，天地之始；有名，万物之母"也。何则？若云"无"，则已与"有"相对，故曰此道无可名，而静寂自然，绝对无差别的也。一切之规定皆法此静寂自然之化。《易》哲理反之，以"生生"为活泼进动（向前发展）的，一切之人间行为则之，是实其大异之所存也。

以上自然之理法皆依据于《易》者。是书孔子尝极力研究之，故得视为夫子之思想。然孔子为实践躬行者，故据最可凭信之《论语》观之，则可以明道德为人之先天的自然。故于下"有命说"中当引《论语》为证。

三、有命说

于上章既略论孔子以前之"天"之观念，孔子于《易》，但言"天道"，但其实在本人性之自然以立"人道"，故略说人道之本源之天道耳。故《论语》曰："子罕言利，与命，与仁。"又曰："夫子之言性与天道，不可得而闻也。"则其置重人道，而不详言高远之天道可知。"命"者何？自然之理之实现，而分配于人之运命也。孔子以此"命"为知的，情的。"知的"务主言自然之理，"情的"兼理法与主宰而言之。二者易混，欲详细别之。至难也。今引二三例以示其别。

《论语·为政》："四十而不惑，五十而知天命。"《尧曰》（《论语·尧曰》）："不知命，无以为君子也。"

《里仁》（《论语·里仁》）："朝闻道，夕死可矣。"

观此诸说，则命由于智识，而为自然之理也。（是言道德观念之本原为天，而天即自然也。）又从情上观之如左（下）：

《论语·雍也》："伯牛有疾，子问之，自牖执其手，曰：'亡之！命矣夫！'"

《先进》（《论语·先进》）："颜渊死，子曰：'噫！天丧予！天丧予！'"

《宪问》（《论语·宪问》）："公伯寮愬子路于季孙"节："道之将行也与，命也！道之将废也与，命也！公伯寮其如命何！"

《雍也》（《论语·雍也》）："子见南子，子路不悦。夫子矢之曰：'予所否者，天厌之！天厌之！'"

《述而》（《论语·述而》）："天生德于予，桓魋其如予何！"

《子罕》（《论语·子罕》）："子畏于匡，曰：'文王既没，文不在兹乎！天之将丧斯文也，后死者不得与于斯文也！天之未丧斯文也，匡人其如予何！'"

《八佾》（《论语·八佾》）："获罪于天，无所祷也。"

《季氏》（《论语·季氏》）："君子畏天命，小人不畏天命。"

此等其中皆含有感激悲愤之意，故知为情也。然原本为理，而发为情，故决非迷妄（迷惑、狂妄）的感想。征彼之"不语怪力乱神"，则孔子之遵道理明矣。但信念本为感情的，故在自然之理法中，亦与主宰的之思想相混同。

盖孔子由知，究理，依情，立信念。既立之后，以刚健之意志守之，即"知""情""意"融和，以为安心立命之地，以达"仁"之观念。盖"仁"与"天"即"理"，同为一物。故孔子既合理与情，即知道，知体道，又信之以刚健之意志，保持行动之，是以于人间之运命，死生穷达吉凶祸福等，漠然视之，无忧无惧，悠然安之，唯道是从，利害得丧，不能撄其心，不能夺其志。是即儒教之观念所以高洁远大，东洋之伦理之所以美备也。

《论语·雍也》："谁能出不由户？何莫由斯道也？"

又

《里仁》（《论语·里仁》）："富与贵，是人所欲也，不以其道得之，不处也。贫与贱，是人之所恶也，不以其道得之，不去也。"

《述而》（《论语·述而》）："富而可求也，虽执鞭之士，吾亦为之；如不可求，从吾所好。"

《学而》（《论语·学而》）："子贡曰：'贫而无谄，富而无骄，何如？'子曰：'可也，未若贫而乐，富而好礼者也。'"

《里仁》（论语·里仁）："不仁者不可以久处约，不可以长处乐。仁者安仁，知者利仁。"

《述而》（《论语·述而》）："子曰：'饭疏食饮水，曲肱而枕之，乐亦在其中矣。不义而富且贵，于我如浮云。'"

《子罕》（《论语·子罕》）："岁寒然后知松柏之后凋也。"

《颜渊》（《论语·颜渊》）："爱之欲其生，恶之欲其死。既欲其生，又欲其死，是惑也。"

《子路》（《论语·子路》）："子曰：'不怨天，不尤人，下学而上达，知我者其天乎！'"

不为显荣利达所束缚，知斯道，安斯道，乐天知命，故其胸襟如光风霁月，其德行则圆满潇洒也。

要之，理想与实际，往往冲突龃龉，而人间之运命，又有善恶。故人言善人不必得幸福之运命，恶人不必得悲惨之运命，行德者不必得福，不德者不必罹祸。实亦不然。须视其时代境遇如何，不能一定也。如孔孟（孔子和孟子）之坎坷穷厄，苏格拉底、基督（耶稣）之惨死，颜渊之夭，盗跖之寿，始皇（嬴政）之暴戾，曹孟德（曹操）司马昭之逆，克林威尔（克伦威尔）之悖理，或如楠正成，或如足利尊氏等，征诸古今之例，有大德之人常悲惨，大不德之人常侥幸，成败利达［钝］，洵（实在）不可以一定也哉！

人本来有自由意志，故人间之运命，皆因人为之如何而如何耳。盖运命者，皆因其时代之趋潮（趋势、潮流），其人之门阀、境地、才识、技俩（技能）等以为变迁者也。若时有大豪杰出，虽能自造运命，然自然之因果律常干涉之，终至不得伸张其自由意志也。盖有一原因，必有一结果，一结果后，或为他原因而复生他结果。故社会之事，复杂错综，个人之力终不得不受一限制。故前所述时代、身干（身躯）、境地、才识等数者相一致，则得幸运。若此中有不一致之处，则不免于不幸。是实运命之所以不定者也。故于某度意志得以自由，至此以上，亦不得不遵自然之理法。故孔子欲遵道理，即顺自然之理法，实行吾意志之可成则为善，不可能则守其分，可以进则进，可以退则退，可以行则行，可以止则止，可以取则取，可以合则合，一切如道理而行之。此孔子之"任天主义"也。

盖孔子明知道德为善，遵之行之，人人必受幸福。然世有盛衰，社会有污隆，行道德者不必获福，故依道德以立命安心。此孔子所以执"自由意志说"与"宿命论"之中庸，即所谓"有命说"是也。

自由意志论者，以人间意志本自由，不受如运命之规定之限制，唯由人力主张之者也。宿命论反之，以宇宙万物一切皆天之所命，而皆受其限制，虽人间之意志，决不能自由。人间之运命既定于先天，而人力之所无如何者也，故不如各安其分。是最极端之说，而与今日进化之理法决不相容者也。若一切从宿命说，则流于保守退步，志气委靡（萎靡），遂不能转其境地。

《论语》：子夏谕司马牛曰："商闻之：死生有命，富贵在天"，往往有解为极端之宿命说者，然是决非孔子之意。顺当生之道而生，顺当死之道而死，是自然也。顺道而得富贵则善，不得则从吾所好而安命，是亦自然也。孔子之有命说，当如此解。然若从宿命说，死生既于先天中定之，富贵亦从先天中定之，毕竟后天之人力归于无用，不得不陷于委靡也。

人间自由意志论，虽为今日最有力之进取的说，但失之极端，亦非无弊也。其弊则以意志能自由，为善亦能自由，为恶亦能自由。故至争名趋势以陷于变诈虚妄，而不能安于吾之素位，龊龊卑鄙，逐世之潮流以为浮沉，是洵不知自己之力欲造运命而却漂没于世之潮流者，故青年血气之人，不可不反省也。

比较前所言，则孔子之说，既非极端之宿命说，亦非极端之自由说，盖居于此二者之间，尽吾人力，即顺自然理法之道以行动云为者也。即可进则进，若不能则已，安吾素以乐吾道，极平和之说也。然而后世腐儒等，不能知生生的（世世代代的）进化，唯以保守的解释之，亦非夫子之旨也。

不知儒教有一种之功名的活气。《论语》云："去仁，恶乎成名？"又云："君子疾没世而名不称焉。"据此即足以知彼现实功名的之意志矣。

要之，孔子之命，即"任天主义"。深信自然之理，养绝对之观念，遵一切道理之动静，不问死生、穷达、荣枯、盛衰等，纯反于惯惯之功利快乐主义，故于道德实践上大有价值也。

"天人合一"与"仁"

吾人于前章既略解"天"之观念，自《易》之哲学说，明自然之理法，今当述"天人合一"与"仁"之观念。

据《易》之说，则基天地之二大法则，以立人道，而说仁义之道德律。

《说卦》曰："昔者圣人之作《易》也，将以顺性命之理。是以立天之道，曰阴与阳；立地之道，曰柔与刚；立人之道，曰仁与义。兼三才而两之。"

又，

《系辞》："《易》之为书也，广大悉备：有天道焉，有人道焉，有地道焉。"

由是等观之，仁配阴柔，义合阳刚，准据天地之自然的法则以立人道，即仁义。然从此说，则仁义毕竟为客观的、他律的。故当更进一步如左（下）。

一阴一阳之谓道，继之者善也，成之者性也。仁者见之谓之仁，知者见之谓之知。

阴阳为天地间自然流行之气，化万物成其性，在人则成男女性，自然有道德的性故。

《序卦》："有天地然后有万物，有万物然后有男女，有男女然后有夫妇，有夫妇然后有父子，有父子然后有君臣，有君臣然后有上下，有上下然后礼义有所错。"

即言从自然之作用以生成道德，而为客观之次序。

《系辞》："天地设位，而易行乎其中矣，成性存存，道义之门。"

又，

《说卦》："和顺于道德而理于义，穷理尽性以至于命。"

《文言》："夫大人者，与天地合其德，与日月合其明，与四时合其序，与鬼神合其吉凶，先天而天弗违，后天而奉天时。天且不违，而况于人乎？况于鬼神乎？"

天地间自然之气化流行，生生化化，行于其间，成自然之性。性之根原即天。究理则知性，知性即知天，是为宋儒性命穷理说之渊源。天人合其德，至此成所谓《易》之"天人合一"观。今再进一步，论他书中之合一观。

《诗》："天生烝民，有物有则。民之秉彝，好此懿德。"

《中庸》："天之生物，必因其材而笃焉。"

又，

"诚者，天之道也；诚之者，人之道也。'诚'者，不勉而中，不思而得，从容中道，圣人也。'诚之'者，择善而固执之者也。"

《诗》言德性为先天的。《中庸》之"诚"即天人合一之观念，而宇宙之根本的活动力也。子思演绎之曰：

"天命之谓性，率性之谓道，修道之谓教。"

又，

"自诚明，谓之性；自明诚，谓之教。诚则明矣，明则诚矣。唯天下至诚为能尽其性；能尽其性则能尽人之性，能尽人之性则能尽物之性，能尽物之性则可以赞天地之化育，可以赞天地之化育，则可以与天地参矣。"

吾人（我们）之道德性自先天有之，决非后天者也。故宇宙之根本原理之纯［绝］对的"诚"，能合天人为一。天道流行而成人性，人性生仁义。仁义在客观则为法则，在主观则为吾性情。故性归于天，与理相合。天道即诚，生生不息，宇宙之本体也。至此儒教之天人合一观始大成。吾人从此可得见仁之观念矣。

《系辞》："天地之大德曰生。"

又，

"生生之谓易。"

夫"仁"为平等、圆满、生生、绝对的之观念。自客观的观之，即为天道，即自然理也，实在也。自主观的解之，即具于吾性中者也。其解虽有异，至究竟则必须此两者合而为一，始能至无差别绝对之域。故仁之观念为生生的（世世代代的）理，普遍于万物，不能为之立定义也。

《论语》："天何言哉！四时行焉，百物生焉，天何言哉！"

言自然的即无意识的理法之活动也。又云：

吾道一以贯之。

融合天人，以"仁"贯之。其欲达之之方法则为"忠恕"。忠尽我心，恕及于人之道，是为社会的仁之发现。能超然解脱、悠然乐者，即得达此仁之理想之人，安心立命之地，皆自此理想把持之。

《论语》："'莫春者，春服既成，冠者五六人，童子六七人，浴乎沂，风乎舞雩。咏而归。'夫子喟然叹曰：'吾与点也！'"

顺应自然之理法，笃信天命，不为利害所乱，无窒无碍，绰绰裕裕，浑然圆满，其言如春风和气。吾人至此，能不言夫子"仁"之观念为最高尚远大者乎！

孔子知致物格，经五十年而后始"知天命"，以达此绝对的"仁"

之观念。抑绝对者，何谓也？绝对云者，超乎相对或差别之境，以抵不变不灭之域，必无我自然，始能至之。此理想的天，即仁之观念。达此境地时，中心浩瀚，无所为而行者（无）不合于道。

《子罕》："颜渊喟然叹曰：'仰之弥高，钻之弥坚，瞻之在前，忽焉在后。''欲罢不能，既竭吾才，如有所立，卓尔，虽欲从之，末由也已！'"

《述而》："子谓颜渊曰：'用之则行，舍之则藏，惟我与尔有是夫！'"

其理想之高远，能因用合行藏之时，权变自在，斯可谓智德圆满无碍，而行为亦无凝滞也矣。孟子曰："可欲之谓善，有诸于己者之谓信，充实之谓美，充实而有光辉之谓大，大而化之之谓圣，圣而不可知之（之）谓神"，即是也。

以上综合主宰、自然本原等天之观念，与天人合一，与仁之观念言之。而孔子之形而上学根本观念既终，今更进一步，而于下章论孔子之伦理说。

道德标准

社会之仁

人之生于此世也，各依其目的而动。惟其目的有大小，小者为大者所包括，大者又为更大者所包，由此递进，其究竟之目的果何在乎？

人本社交的动物，自有道德的本性，与其他互相倚赖关系以立社会，故其行亦互有影响。自己意志受社会意志之制裁，以生个人与社会、社会与国家、君臣父子夫妇长幼朋友男女贵贱亲疏等错杂之关系。于是遂有道德律以规定人间之行为，而达正确圆满之目的地者，惟道德能之。行为之合于道德则善，反于道德则恶。故人间究竟之目的，在据纯正之道理，而修德以为一完全之人。既为完全之人，则又当己立立人，己达达人，人己并立，而求圆满之幸福。所谓人生之目的不过如是而已。

就人间行为之判断，于西洋有动机论、结果论二派。动机论者，行为之善惟在动机之纯正耳，结果之如何，非所顾也。结果论者，日日行为之结果善，则其行为亦善，动机之如何，可不问也。前者为直觉派，后者为功利派。儒学直觉派也。然自今日之伦理学上观之，则前二说皆有所偏倚，即非动机、结果二者皆善，不足为完全无缺之行为。然东洋之伦理说，惟取动机不顾结果之处亦不少，如"杀身成仁"等是也。

孔子自天之观念演绎而得"仁"，以达平等圆满绝对无差别之理想为终极之目的。至其绝对的仁，则非聪明睿知之圣人，不易达此境。欲进此境，必先实践社会的仁。社会的仁，忠恕是也。故欲进绝对之境，不可不自差别之境进也。故仁自其内包观之，则为心之德，而包括一切诸德；然自其外延观之，则抽象的概念而普通〔遍〕的形式也。此形式虽不变，其内容则因时与处而殊。故自特别观之，则名特别之仁；自普遍观之，则名普遍之仁。普遍之仁，为平等之观念，包括其他之礼义智信等。特别之仁为特别的狭义之仁，如"智仁勇"之仁是也。仁于主观，则为吾性情；仁于客观，则发现于社会，为礼义之法则。

一、普遍（之仁）

普遍之仁乃博大之观念为之，如忠恕，如博爱等，有总括社会广泛之意义，而礼义智孝弟忠信等皆包于此中。当其实现于社会上，则为礼为义为智孝为弟为忠为信，仁之别也。曰孝曰弟者，事吾父兄尊长之仁也；曰忠曰信者，社交之仁。故爱先自吾家族以及他家族。观《论语》言孝弟"为仁之本"，可知即其根本自亲以及疏之义也。此仁之差别义也。

《中庸》曰："天下之达道五，所以行之者三。曰：君臣也，父子也，夫妇也，昆弟也，朋友之交也。五者，天下之达道也。知仁勇三者，天下之达德也。所以行之者一也。"

是为孔子所述之五伦，曰：君臣之义、父子之亲、夫妇之礼、昆弟之序、朋友之信。知此五者，所谓"知"也；知此五者而体之，"仁"也；体此五者而行之，"勇"也。此五者又为仁义礼智信之五常。是等尽为仁之内容，而自其差别的方面观之。若普遍之仁则总括是等一切者也。

《论语·里仁》："'吾道一以贯之。'曾子曰：'夫子之道，忠恕而已矣。'"

又，

《雍也》："夫仁者，己欲立而立人，己欲达而达人。"

《卫灵公》："子曰：'其恕乎！己所不欲，勿施于人。'"

《颜渊》："子曰：爱人。"

《学而》："泛爱众，而亲仁。"

《公冶长》："子曰：'老者安之，朋友信之，信少老（者）怀之。'"

是皆说普遍之仁者也。

要之，孔子仁之观念，若自普遍言之，则为高远之理想；若自实际言之，则为有义礼智孝弟忠信等之别，以为应用之具。故能全达此等之义礼智孝弟忠信等，即为普遍之仁。

至达仁之法则，孔子因弟子之才力而作种种之说。于颜渊，则为"克己复礼"；仲弓，则曰："出门如见大宾，使民如承大祭。己所不欲，勿施于人。在邦无怨，在家无怨"等；司马牛，则曰："'仁者其言也切。'曰：'其言也切，斯谓之仁已乎？'子曰：'为之难，言之得无切乎！'"樊迟，则曰："仁者先难而后获，可谓仁矣。"皆自其人与时地而变化者。由是观之，则仁之内容毕竟非可一定言之明矣。故"子曰：可与共学，未可与适道；可与适道，未可与立；可与立，未可与权。"

或人以孔子之仁爱，似英国之"爱他"说，是语吾人尚不可全以为然。如彼英人阿当斯密斯氏之"同情"，哈提孙氏之"情操"，巴特拉氏之"良心"说等，均视为"爱他"之根原出于天性，遂以此为行为之标准，与孟子之"良心"说稍相类似。然孔子不明言人性之善恶，其仁之观念则从高大之天之观念出，其爱又复如前章所述，因普遍而生差别。故其根柢上已大相异。惟孔子重感情之处稍与彼说相似。今若必欲论孔子，则孔子为唱理性之直觉论者，自其克己严肃处观之，实与希腊斯特亚学派及德之康德之说有所符合。盖孔子之说为合乎情、入乎理之圆满说也，其伦理之价值即在于此。

二、特别之仁

即狭义之仁论，达普遍之一部，或普遍之仁之方法者。如：

《论语·宪问》："仁者必有勇，勇者不必有仁。"又"仁者不忧，知者不惑，勇者不惧。"

《雍也》："知者乐水，仁者乐山。知者动，仁者静。知者乐，仁者寿。"

《中庸》："知仁勇三者，天下之达德也。"

等将知仁勇分为三者，各相对立，则非"普遍"可知。其言仁者安静，知者流动，勇者敢为，已异其用。故自知仁由知、行仁由勇观之，则仁究不属于知勇二者，故自差别之方面狭义解说之，为特别仁。

三、至善

孔子大理想之仁，非容易达之。欲达之者，宜先自卑近之差别渐进；欲自卑近渐进，当就个人之行为判别善恶；判别善恶，在致知格物。

《大学》曰："欲修其身者，先正其心；欲正其心者，先诚其意；欲诚其意者，先致其知；致知在格物。"又："物有本末，事有终始，知所先后，则近道矣。"

就致知格物而言之，朱子（朱熹）曰："欲致吾之知，在即物而穷其理也。盖人心之灵，莫不有知，而天下之物，莫不有理。惟于理有未穷，故其知有不尽也。是以大学始教，必使学者即凡天下之物，莫不因其已知之理而益穷之，以求至乎其极。至于用力之久，而一旦豁然贯通焉，则众物之表里精粗无不到也，而吾心之全体大用无不明矣。此之谓格物，此之谓知之至也。"是二者谓心有知悉万里之灵能，即理性，故穷客观的之物理，以扩大其知，以判别善恶。

王阳明曰："致知者，致吾良知之所知。格物者，就吾意所发之事物，去其不正，而归于正。诚意者，良知与意念相一也。"要之，王阳明说良知判断善恶，纯为主观的；朱熹穷客观的物理以扩吾理性而判断善恶；即一行而一知，一简易而一繁衍是也。故各持一理，一基良心，一唱理性，是以其说之分离而不相入也。

从孔子之重行贵知处思之，则致知格物，可谓会此二说而一者。故自知之一面观（之），则朱子之说是；自行之一面观之，则阳明之说近也。

人生究竟之目的，在遵道理以求完全圆满之幸福，故《大学》言究竟之目的，在"止于至善"。

知止而后有定，定而后能静，静而后能安，安而后能虑，虑而后能得。

"至善"即绝对善。"止至善"则定、静而安，是为终极之理想，即"仁"也。故仁为完全圆满之目的地。欲达此境域者，即以致知格物、诚意修身为根本。故知孔子贵理性。

孔子以至善为终极标准，故一切之事之违仁者，皆为不善。是以

《里仁》："子曰：不仁者不可以久处约，不可以长处乐。"

又曰："我未见好仁者，恶不仁者。好仁者无以尚之；恶不仁者，其为仁矣，不使不仁者加乎其身。"

不仁，恶也，不时发动以破坏仁者也。故欲向仁，务避不仁之行动，是以致知格物、修身诚意之必要也。

吾人可据是分孔子之说，为直觉、中庸、克己、忠恕等，而细论之。

（一）直觉说

吾人于前章说孔子之天人合一观，兹当论孔子之为直觉派。如前所论，孔子既说知与行之相关，又兼重理与情。后之学者往往自见解之如何而互相分离。今先就孔子之人性问题论。

孔子不就人性问题而论善恶，唯就行为而论善善恶恶。

《论语·阳货》："性相近也，习相远也。"

是言谓人性本无善恶，唯因其习惯之如何，而为善为恶至相隔绝耳。又

《卫灵公》："子曰：'有教无类。'"

谓人之善恶之别者，皆以习惯之故，有教育即可有善而无恶矣。又

《季氏》："子曰：'生而知之者，上也；学而知之者，次也；困而学之，又其次也。困而不学，民斯为下矣。'"

谓人性有四品，故程朱即此而分为气质之性，及理义之天性。孔子又论情之方面：

"《诗》（曰）：'天生烝民，有物有则，民之秉彝，好此懿德。'孔

子读之曰：'为此诗者，其知道乎！'"

谓人性好善，是为孟子性善论之根原。孔子于人性问题，不精细研究，故不言善恶。唯自其天人合一观而曰：

诚者，天之道也。诚之者，人之道也。

二者乃道德人中所自有者。又

子曰："道不远人。人之为道而远人，不可为道。"

《论语·卫（灵）公》："人能弘道，非道弘人。"

是则无论何人，皆有先天的能性。更进一步，则《季氏》"生而知之者上也"，《雍也》"人之生也直，而罔之生也幸而免"之说，皆可以证明。

第一（条），备言人能直觉辨别是非善恶；但是非谓常人，谓睿智之圣人也。第二条，程子解"直"为"理"，而杨龟山以之为"情"。但孔子以为理与情并重，又因时与地而异。其"直"之解释，如"斯民也，三代之所以直道而行也"之解"直"为理，答叶公之问之"直"，则情也。故"人之生也直"之（直），解之为"理"，或稍妥也。以上可知孔子为"贵理性之直觉派"也。

故孔子恰如康德为动机论者，动机纯正则其结果之善恶如何可不顾。故《论语》曰：

"志士仁人，无求生以害仁，有杀身以成仁。"

又，

"殷有三仁。"

仁，动机也。苟能行仁，则其结果如何可不顾。是所以谓直觉说也。

孔子就人之行为以言情与理之当调和。

《子路》："叶公谓［语］孔子曰：'吾党有直躬者，其父攘羊，而子证之。'孔子曰：'吾党之直者异于是，父为子隐，子为父隐，直在其中矣。'"

自情解之，则理纵令公平，但不适于情时，则不得以之为善。

《宪问》曰："以德报怨，何如？子曰：'何以报德？以直报怨，以德报德。'"

"以德报怨"者，去差别之平等仁也。故《礼记》夫子言宽身之仁。"以直报怨"者，有差别的义也，理也。情与理二者以调和为务。此孔子之说所以最蕴藉、最稳当者也。

（二）中庸说

孔子恐人之行为之走于极端，因言执中即义，养中庸的良心。然欲达此标准，其事至难。故孔子自曰："天下国家可均也，爵禄可辞也，白刃可蹈也，中庸不可能也！"中庸之德，希腊之阿里士多德氏（亚里士多德）亦尝言之，其说曰：勇在粗暴与怯懦之中间。言其本质、关系、分量，及时与地等，然后能之。盖（大概）人之行动云为皆由于知情意之合同关系。故中庸当视其本质、关系、分量、时地等，若是等均不得其宜，则决不能中庸。故

《中庸》曰："道之不行也，我知之矣：知者过之，愚者不及也。道之不明也，我知之矣：贤者过之，不肖者不及也。"

《论语·先进》："子曰：师也过，商也不及。"

"子曰：过犹不及。"

《子路》："不得中行而与之，必也狂狷乎！狂者进取，狷者有所不为也。"

《雍也》："中庸之为德，其至矣乎！民鲜能（久）矣。"

据此观，则中庸者，无知行之过不及，并立而调和者也。此中庸又因时与地而变化，是实至难之事，所谓"可与立，未可与权"是也。

德者，中庸的良心之我完备之状态也。道者，对于他而行之也。故德者主观的，道者客观的。要之，此中庸的良心，非所谓先天的良心之情，乃因理性而治成之情，换言之，即理与情融和适宜，而行之以公正之意志是也。

中庸的良心，虽为主观的，但制中庸，则为客观的之礼。故通社会国家上下贵贱皆须普遍的或差别的之法，此法即礼是也。礼之本质为情，形式为文，此本质与形式相合而为礼。恭敬辞逊之心之所动者，情也；动容周旋之现于外、形者，文也。弃本质而尚形式，是为虚礼；弃形式而守本质，是为素朴。故

《雍也》："质胜文则野，文胜质则史。文质彬彬，然后君子。"

文与质整然中和，此中庸。君子尚难之。故孔子忧失其本，于《八佾》言曰：

"礼，与其奢也，宁俭。丧，与其易也，宁戚。"

又"绘事后素。曰：'礼后乎？'子曰：'起予者，商也！始可与言诗已矣！'"

前者言礼之本质为情，故曰与其走于形式，不若守本质。后者言礼之本质，别（虽）为情，然无文饰之之形式，则难名之为礼。于是比较上虽若以情为重，但此二者若不中和，则究不得名之为真礼。故

《礼记·仲尼燕居》："子曰：师也，尔过；而商也不及。""夫礼，所以制中也。"

如此之礼，虽自主观的本质与客观的形式相合而成，但当实际行之也，则当据义以断之。义为判别事物之知力（才智能力），故为行礼必然之要素。

《卫灵（公）》："子曰：君子义以为质，礼以行之。"

义与礼之异同：礼主敬，义知敬，是其相似处；义为判别，即知也，礼为文饰，即形式的，是其异处。孟子曰："义，路也。礼，门也。"实则此二者互相关联而不可离者也。礼为体，而其内容中有义为之用。欲行义，则礼必从之。故礼兼义而义亦兼礼。礼与义分离，则礼为恭敬辞让玉帛交际等，义为辞受取予死生去就等。

至此，礼之本质即情，其形式即文，与义相合。其体虽整然，然用之不得，失于严酷，宜流动贯通，情意相和。

《学而》："有子曰：礼之用，和为贵。"

但若过于流动，一任于情，则又失礼之谨严。故又曰：

有所不行，知和而和，不以礼节之，亦不可行也。

此礼谓谨严之体也。

吾人至此于礼之为何物，当了然矣。盖孔子实以此礼为中正之客观的法则，以经纬社会国家者也。

《礼记·经解》："（礼）之于正国也，犹衡之于轻重也，绳墨之于曲直也，规矩之于方圆也。故衡诚悬，不可欺以轻重；诚陈绳墨，不可欺以曲直；规矩陈（诚）设，不可欺以方圆。审礼君子不可诬以奸诈。是故隆礼由礼，谓之有方之士；不隆礼不由礼，谓之无方之民。敬让之道也。故以奉宗庙则敬；以入朝廷，则贵（贱）有位；以处家室，则父子

亲，兄弟和；以处乡里，则长幼有序。孔子曰：'安上治民，莫善于礼。'此之谓也。"

礼如衡、绳墨、规矩等之轻重规定、曲直、方圆以错杂之。社会国家中之一切行动云为，人从之者善，背之者恶。此礼所以为中庸的，又客观之法则也。《礼记》立人之十伦，曰：

事鬼神之道，君臣之义，父子之伦，贵贱之等，亲疏之杀，爵赏之施，夫妇之别，政事之均，长幼之序，上下之际。

是我（均）社会的秩序也，又其为中庸的：

《论语·泰伯》："恭而无礼则劳，慎而无礼则葸，勇而无礼则乱，直而无礼则绞。"

（三）克己说

孔子之学，即欲达其理想之仁，先当励精克己，屏己之私欲。既克则当傅（博）学明理，以锻成刚健正大之意志。既锻成刚建（健）正大之意志，始能处道而实行之。其说虽稍偏于情之一面，但于个人之严肃端庄，于伦理实践上有非常之价值。

《子罕》："子绝四：毋意，毋必，毋固，毋我也。"

《卫灵公》："子曰：君子求诸己，小人求诸人。""躬自厚而薄责于人，则远怨矣。"

又曰："不曰如之何如之何者，吾（未）如之何也已矣！"

《宪问》："不患人之不己知，患其不能也。"

是谓修克励精自德，为之己而非有待于他也。

《公冶长》："颜渊曰：'愿无伐善，无施劳。'"

谓修养温厚克己之德以推及于人也。

克己、修德、博学、明理，若不实行，往往陷极端之弊害。故

《阳货》：子六言六蔽说，曰："好仁不好学，其蔽也愚。好知不好学，其蔽也荡。好信不好学，其蔽也贼。好直不好学，其蔽也绞。好勇不好学，其蔽也乱。好刚不好学，其蔽也狂。"

于希腊有西尼克派，即（犬）儒派之极端克己说，及斯特亚学派之克己说，德国有康德之严肃主义等，皆此说也。而其中如斯特亚学派，为重自然、安天命、贵理性，以实践励行为目的，最似儒教。然孔子之

克己说，非若他说尽绝诸情，不过从实践励行上立此说。故其归著为中庸，为复礼。

《论语·颜渊》："颜渊问仁，子曰：'克己复礼为仁。一日克己复礼，天下归仁焉。为仁由己，而由人乎哉？'颜渊曰：'请问其目？'子曰：'非礼勿视，非礼勿听，非礼勿言，非礼勿动。'"

是言为仁之法在克我私欲，复中庸之礼，使一切之视听言动，皆顺于礼，始为实行仁也。

要之，此说在励精苦学，修吾之行，以练习刚健不屈之意志而实践之。至其归著，则仍在复中庸之礼，以达于仁。夫一切克己说，皆在严肃端正，锻炼个人，虽于道德实行之点，迥非俗所能比拟，然于情之一面，弃而不顾，故往往不免失之过甚，如西尼克则此弊尤甚，独孔子能以中庸防此弊耳。

（四）忠恕说

吾人于前章中，既详论直觉、中庸、克己诸说，今当论其最广大、最主要之忠恕说。

忠，尽吾心也；恕，推己以及人也。自普遍上观之，则为社会上之博爱，洵足以一贯诸说，以达于完全圆满之仁之理想。故

《论语·里仁》："子曰：'参乎！吾道一以贯之。'"又"曾子曰：夫子之道，忠恕而已矣。"

《卫灵公》："子贡问曰：'有一言而可以终身行之者乎？'子曰：'其恕乎！己所不欲，勿施于人。'"

又

"'赐（也）！女以予为多学而识之者与？'对曰：'然，非与？'曰：'非也，予一以贯之。'"

又《雍也》："夫仁者己欲立而立人，己欲达而达人。"

是盖谓用此以包括其他一切之语言，使之一贯，使之普遍，而为必不可不行之道。但忠恕究何故不可不行乎？则自孔子之天人合一观观之，则以在人之理性为先天的，即以人为有道德性之社交的动物。故

《论语》："人之生也直。"

《序卦》："有天地然后有万物，有万物然后有男女，有男女然后有

夫妇，有夫妇然后有父子，有父子然后有君臣，有君臣然后有上下，有上下然后礼义有所错。"

即谓人道乃自然顺人之道德的能性以生成者，即礼义之（所）由生。盖以人本为社交的动物。故曰："仁者，人也，亲亲为大。"故吾人不可不据己之性情以行仁。其故以道德本为自律的，仁又为人性之所本有，开发之即为人道故也。仁，差别的也：自亲而疏，自近而远；普遍的也，欲推己及人，则当以己心为标准。其途有二种：

一正面的：

夫仁者，己欲立而立人，己欲达而达人。

是为希望他人与己同一发达，故合于是者，仁也，善也。

一反面的：

己所不欲，勿施于人。

是为禁止之言，背此者，不仁也，恶也。

故此忠恕说，为网罗君臣父子夫妇兄弟朋友贵贱亲疏等一切社会上、国家上之差别，而施之以平等之诚与爱之道，即达普遍一贯之仁之道。

《公冶长》："子曰：'老者安之，朋友信之，少者怀之。'"

自老者、朋友、少者三者而观之，虽似有差别，然而自总合是等一切社会而观之，则普遍之仁也。

要之，忠恕者，在达己达人，即以己与人共立于圆满为目的。故是非个人的，乃社会的。是实此说所以凌驾一切诸说，亦其意义之所以广泛也。

德

德之意义与仁之内容

德有二意：一伦理的感觉，照之于理性，以养高尚之情操，由意志而实现习练之，则吾性可善，即所谓道德的德是也。一为关于研究真理，或以之教人等知的德也。于东洋之德，仅有前者。虽孔子亦尝言知，然非独立，而但为道德上之知也。

韩愈曰："博爱之谓仁，行而宜之之谓义，由是而之焉之谓道，足（乎）己于无待于外之谓德。"道者，必不可不行之法则也，是为客观的。德者，谓吾心得是道而行之之，生（是）主观的状态也。

吾人既于前章论孔子之仁，为包容其他一切诸德之普遍之德，即对己之德，与对家族及社会国家等之德，皆存于此中。但先以家族间之德为根本，然后渐逐（渐渐、逐步）推及社会国家。故以孝弟为本，而综合忠信义礼智等诸德，即普遍之仁。故仁为德之全称，其他不过为其一部分而已。

孔子何故因时与地，应其人而言抽象之仁，而不与之以具体的定义乎？是为吾人最不可不注意者。盖孔子明知进化之理：今日之人之德，不必即为后世之德；后世之德，不必即为今日之德。其故因德乃随各时代以进化，与政体风俗人情等有种种之关系，而生种种之差别者也。故孔子以为，于未来之世，或生大学问家，或生大德行家，此等学问家德行家之德之行，反胜于今日，亦未可知。故于

《子罕》曰：后生可畏，焉知来者之不如今也。

是语谓未来之进化，不可预想。知是语就人物一面观之，因为生生的（世世代代的）进化，但其意义不惟止于人物，虽德亦然。又

曰："由！知德者鲜矣。"

又

"中庸之为德，其至矣乎！民鲜能久矣！"

是盖谓得德之难也。

以此之故，孔子于"仁""德"，不与一定之意义，惟抽象普遍形容之。至其内容，诸德则因时与地与人以为变更，是实为科学的分解之所难，亦为孔子之说明巧处。孔子之德，分解列举之虽甚难，但今亦不能不举其大要于左（下），以研究其种类。

德之种类

仁 仁，前已再三论之，为普遍的之仁。表中一切诸德，莫不为其所网罗包容，即博爱、忠恕、一贯的之仁是也。但于殊别之时，则为慈惠或爱等。

可知、勇、克己、中庸、敏、俭，皆对己之德。对人之德分两端：一为家族，一为社会及国家。

关于家族之德，曰：孝弟、慈严、夫妇之礼、友爱等，而尤以孝弟为百行之本。关于社会及国家之德，曰：忠、信、直、宽、惠、温、良、恭、让等，而尤以礼为普遍，又为社会上之秩序，又义亦普遍而差别的。

今将对己之德以及对他之德略解之于下。

（甲）对己

知 知者，知也，含有智慧之意；若扩大其意，则为智识。故臣子妇弟友君父昆朋欲得真智识，必不可不学。盖学非为人也，为我也。孔子已尝明言为自己之德矣。其注重在研究一切学问以明智，则当事物而无疑惑。故孔子曰："智者不惑。"但此知乃欲行道之本，即王阳明所言之"知行合一"，乃与行相关者也。

勇 勇为决行（坚决执行）吾意志之力，虽属于己，而不受仁与义之指择。故曰："见义不为，无勇也。"又曰："仁者必有勇。"曰："勇者不惧。"但勇与知有密切之关系，不可或离。故曰："好勇不好学，其蔽也乱。"其义即非道德之智识所生之勇，则不得为德。要之，知与勇实际上为合成其他诸德所生者，故不可分离。知者知道德，勇者实行之。

克己 克己前章已论之，兹不再详言，约而论之，为抑自己之私欲而克之，刻苦励精以达于道，是为自己之德，勤勉等属之是也。

中庸 中庸前章亦论之，兹惟撮其要曰：中庸者无过不及之中庸的良心，是亦为自己德，客观的礼、主观的节制等皆属之。

敏 敏，敏捷也，对事务而言。故曰："敏则有功。"（按，《阳货》）顺于道而敏捷处事，自己之德也。

俭 俭，节俭也，节省冗费以俟他日之利用。"与其奢也宁俭"之类，是亦为属自己之德，然与其他有关系。

（乙）对人

家族的

孝 孝之为德，为德行之根本，人伦之第一，事亲能尽爱敬之谓也。孝者，子对于亲之纯粹爱情，即人之天性也。

《论语》曰：孝弟"为仁之本"。

《孝经》曰："子曰：夫孝，德之本也，教之所由生也。"又曰："夫孝，天之经也。"

又曰："天地之性，人为贵。人之行莫大于孝。"

而孝以爱与敬为主。故

《孝经》曰"子曰：爱亲者不敢恶于人，敬亲者不敢慢于人。爱敬尽于事亲，而德教加于百姓，刑于四海。盖天子之孝也。"

又曰："资于事父以事母而爱同，资于事父以事君而敬同。故母取其爱，君取其敬，兼之者父也。"

又曰："教民亲爱，莫善于孝。"

又曰："君子之事亲孝，故忠可移于君。"

自家族的爱敬进推及天下，以孝为治国家之根本。

《论语》："孟懿子问孝。子曰：无违。""子曰：生事之以礼，死葬之以礼，祭之以礼。"

《孝经》："身体发肤，受之父母，不敢毁伤，孝之始也。立身行道，扬名于后世，以显父母，孝之终也。夫孝始于事亲，中于事君，终于立身。"

前者谓终亲之生，勿违于理，惟以礼将其爱敬而事之，既殁则终以葬祭之礼。后者谓事亲又以事亲之道事君，而终之以立身，是孝为最大者也。此外孔子应弟子之问，而从多方面言之者：

《谓（论）语》："孟武伯问孝。子曰：'父母唯其疾之忧。'子游问孝。子曰：'今之孝者，是谓能养，至于犬马，皆能有养，不敬，何以别乎？'子夏问孝。子曰：'色难。有事，弟子服其劳，有酒食，先生馔，曾是以为孝乎！'"（此句本于《礼记》："孝子之有深爱者，必有和气；有和气者，必有愉色；有愉色者，必有婉容。"言事亲之际，惟色为难耳。)

以上之说，皆以情即诚实为本，而节以礼。故孔子以孝德为重大可知。

弟 弟，事兄顺长之德也，姊妹间亦同，在家族中与孝相关系，而发而为敬为义，然后推及社会。故

《孝经》："以弟（敬）事长则曰顺。"又"事兄弟（悌），故顺可移于长。""教民礼顺，莫善于弟（悌）。"

又

"教以弟，所以敬天下之为人兄者也。"

又

"长幼顺故上下治。"

"孝弟之至，通于神明，光于四海，无所不暨。"

弟者，谓对长者敬而从顺之也，是为家族的关系之本，扩之即可以治社会国家。故孝弟为一切德行之起原。又孝在社会国家则为仁，弟在社会国家则为义，故为人伦大本也。而不孝不弟，即为乱伦。

慈与严：东洋风行家长制度，故论卑对尊之道则甚详，论尊对于卑之道则甚疏。然亦有论及者。

慈 慈为父母对子之纯粹爱情，即慈爱。孔子于此德，未显言之，惟曰："父子之道，天性也。"又"曾子曰：若夫慈爱恭敬，安亲扬名，既闻命矣。"此德与孝俱为先天所有的，而根本的为最纯美之情也。无此情，则亲子之道不立。盖孝弟者卑对尊之德，此则尊对卑之德也。

严 严用以救溺爱者，《孝经》所谓严亲严兄是也，是为家长所专有。

孔子于夫妇间惟曰"礼"，不明言"爱"。又兄姊对于弟妹之友爱，亦未详言之。然而《左传》十礼中尝言君令、父慈、兄爱、夫和、姑慈，皆尊对卑之德也。

礼 夫妇为人伦之根本，为五伦之一。孔子惟于《中庸》述之，惟夫妇间但规之以礼，而不言情。其故以夫妇之爱情本出于男女相爱之天性，有最大势力，人之原始，皆在于此。但男女之爱，往往失之极端，致乱大伦。故复云礼以节制爱，是亦自东洋家长制度之严肃出者也。然

夫妇之爱，为根本上纯美之情，以爱为根本，而纪纲之以礼，其庶乎可矣。

友　为兄姊对于弟妹之友爱，亦纯美之情，但孔子之说不详。然孔子描象的之仁，其内容含有许多差别之爱，故此等之爱，皆包括于仁中，不可忘也。

社会及国家的

礼　礼，如前章所说，中庸之显于客观之形式也。然此实通家族社会国家而维持其秩序，故能于主观上知之行之，实为最大之德。故云："克己复礼"，"为仁由己"，而以礼裁制君臣父子夫妇兄弟朋友丧祭冠婚等一切国家及社会之事。

义　义，前章中已与礼略论其义，是为差别的仁，乃道也，非德也。然自主观上之得于心而观之，则亦为德；自差别处观之，则知的即理也。故

《论语》曰："君子之于天下也，无适也，无莫也，义之与比。"

又

"君子喻义，小人喻利"等。

是谓遵道理而行之义，一切社会国家家族道德上之裁断，莫不由之，而与礼相表里者也。有君臣之义、家族之义、国家之义、人对人之义等，即所谓人道之正义也。得之我心而践行之，是为正义之德，是为诸德中之最大者。

忠　忠，对人而尽我心之谓也。孔子以忠信相连而论之，于社会上曰"言忠信，行笃敬"等。忠必笃实而行之，所谓诚是也。国家君臣之际，与义合是为忠义，为人伦之重大者，加恕则为仁。

信　信，为社交的，为人交际上不可缺之德，与忠相联，而不能离，为朋友间最切实之德。故孔子能去"兵"去"食"，而独不去"信"，即无信则不立。盖无信则社会国家必致虚伪浮薄，不能完全成立。故又曰："信则民任焉。"是社会与国家相通之德也。

直　直，即正直，或刚直等之德。孔子尝屡屡言之，曰"直哉史鱼！"曰"直道"，曰"举直"等，要之，不外为公正无私从理而已。又有时从情之方面言之。

　　宽　宽，宽弘（宽宏）也。《论语·阳货》举仁之内容曰："恭宽信敏惠。"而以宽为此中最大之德。故曰："宽则得众。"是为君子之德。

　　惠　惠，恩惠也，惠则足以使人，又为君德。孔子名此二者为君人之德。虽宽弘恩惠，为社会上之德，然若敷衍之，则大有裨益。

　　温　温，温厚也。"温良恭俭让"五者之一，谓接人宜稳和笃实。

　　良　良，良直也，又善良，谓对人无偏心，无邪心，方正之德也。

　　恭　恭，恭敬也。礼义之根本，敬为其主。恭表出之故也。得恭则不侮，是为人人交际上不可少之德。

　　让　让，谦逊也，亦与恭敬等同为交际上之美德。

　　盖礼与义，家族社会国家共之。忠信宽惠，社会、国家共之。独直、温、良、恭、让，但为社会的德耳。

　　以上诸德，均为仁之差别的内容，总括之即为普遍之仁。

　　此外，于女子之德，则言贞操从顺等。

　　德虽因时代政体与国民等而生差异，然而以上诸德，则为东洋之特德，至今日犹用之。于今日若自社会国家上论之，则道德的德为公共心、慈善心、爱国心等。对于自己，则为自重、热心、洁白、清洁、活泼、顺序等。见于知力（才智能力）上，为精密、熟虑、慎重、智慧等。于家族，为尊对卑之慈爱亲切等。于妇德，为慈爱，贞淑、端正、柔和、公平等诸德。

教　育

人格之完成德之修养

　　孔子教育之目的，可从二方面观察之：一、修己之德以锻成意志，而为完全之人物，以达高尚之仁；一、锻炼意志修德而治平天下。故前为纯粹之道德家，后为道德的政事家。以修身为第一义，治人为第二义。故

《大学》曰:"古之欲明明德于天下者,先治其国;欲治其国者,先齐其家;欲齐其家者,先修其身;欲修其身者,先正其心;欲正其心者,先诚其意;欲诚其意者,先致其知;致知在格物。"

致知格物说于前至善之章已论之,今惟论孔子之如何完成人格,如何修养德性于下。

孔子之主眼在德行,即德育是也。故所言之学问,即知育,不过修先王之道而修德耳。故既知之,则当行之,阳明所谓之知行一致是也。孔子自身,以绝对之智力而理会天道。其教育法则,能为实践的,自近而远,自卑而高。先教弟子以日常起居、饮食、洒扫、应对等,渐进而教之修心。其所教之书,即《诗》《书》《礼》;其所教之艺,则文行忠信,礼乐射御书数等六艺。射御,体育也。弟子通六艺者七十二人。"德行:颜渊、闵子骞、冉伯牛、仲弓。言语:宰我、子贡。政事:冉有、季路。文学:子游、子夏。"其他曾参、有若、子张等,一时人材(有才能的人)郁然。其教授法各应其力,因其人之高下而为多方面的。凡问答,使弟子各以己力发明之,勉学之。故孔子之教授法,可名之为开发心性之法也。故

《述而》曰:"子曰:不愤不启,不悱不发,举一隅不以三隅反,则不复也。"

德不可得而学。故学问不过欲得智识耳,从此智识以陶冶吾之情与意,始能得善良之品性,即德是也。孔子欲完成人格以使之有德,故于欲知情意融和之前,先涵养美情,渐与知情合而锻炼意志,以造作品性。于是始知所立,和气蔼然,其乐无极,是即达仁之理想,而人格完成矣。故

《泰伯》曰:"兴于诗,立于礼,成于乐。"

诗,动感美感的;礼,知的又意志的;乐,则所以融和此二者。苟今若无礼以为节制,一任情之放任,则纵有美感,亦往往动摇,逸于法度之外。然若惟泥于礼,则失之严重而不适于用。故调和此二者,则在于乐。

既锻成圆满之人物后,无论在朝在野,其行动云为,皆无窒碍,且可为学问之法。

《述而》曰:"志于道,据于德,依于仁,游于艺。"

是谓先立志讲道,习练之而得于心,愈修养而至于仁。仁,完全之德也。既得此德后,更从容习礼乐射御书数等日用实践之事,"游于艺"者,此之谓也。

修德之先,必不可不先有完全之智识,苟无完全之智识,则不知其德为何物。故于《阳货》言六言六蔽:

好仁不好学,其蔽也愚。好知不好学,其蔽也荡。好信不好学,其蔽也贼。好直不好学,其蔽也绞。好勇不好学,其蔽也乱。好刚不好学,其蔽也狂。

又《为政》曰:"学而不思则罔,思而不学则殆。"

即谓无智识则暗昧,而不能知完全之德。然又恐惟于智识一面而不能言行一致,于是复说以下各条:

《宪问》:"有德者必有言,有言者不必有德。"

又

"君子耻其言而过其行。"

《雍也》:"君子博学于文,约之以礼。"

《子张》:"子夏曰:博学而笃志,问切(切问)而近思,仁在其中矣。"

此一切所言,皆谓德行为本;智识不足知之。再进一步,则如

《雍也》:"知之者不如好之者,好之者不如乐之者。"

知道德者不及好道德者,好道德者又不及乐道德者,是为形容人道德之深。要之,欲养德必就圣贤之书学之,先得道德的智识,以陶冶性情,使成强健之意志,更于行为上反复习练之,遂为自我之品性。是为孔子教学之要领也。

政事家

能修得以上一切完全之德,即所谓仁者,亦可以之治平天下国家,是为孔子之第二目的。至此,道德与政治遂合,而非完全之道德家矣。即可以之治国家,故君主必应具此德。故

《大学》曰：“物格而后知至，知至而后意诚，意诚而后心正，心正而后身修，身修而后家齐，家齐而后国治，国治而后天下平。”

又

《论语·宪问》曰：“修已以安百姓。”

《季氏》：“君子之德风，小人之德草，草上之风必偃。”

《为政》：“为政以德，譬如北辰，居其所，而众星共之。”

谓政事家必具完全之德，以行道德的政治。然在治国，则一切当遵先王之制度、礼乐刑政（刑法政令）等，次所记者是也。

政　治

孔子之伦理说，前章既已论之，今当论其政治说。惟孔子之政治，本为道德政治，故惟评其梗概。

孔子者，君主封建制之政治家，欲祖述尧舜、夏殷周三代先王之道，由斯道而治天下。故言君主有大威德统御诸侯，亦能治其民服从其君主。是则承认君权之无上，而以道德一贯上下之间者也。故于

《泰伯》曰：“民可使由之，不可使知之。”

《颜渊》曰：“君君，臣臣，父父，子子。”

前者专制主义也；后者以人道一贯上下者也。

孔子参酌尧舜三代制度而取合之，欲施完全之封建政治。故

答颜渊问为邦曰：“行夏之时，乘殷之辂，服周之冕，乐则《韶》舞，放郑声，远佞人。郑声淫，佞人殆。”

是谓用夏之历法，从殷之质素之道，行周之华美之礼制，去淫声，远恶人，舜之音乐：是盖欲采尧舜三代政之所长，而折衷（折中）之者也。

故知孔子者，虽崇拜其理想中之人物如尧舜者，然实则不过阳崇拜之耳。又孔子之理想在周，故曰：“周监于二代，郁郁乎文哉！吾从周。”又曰：“予不复梦见周公。”又曰：“如有用我者，吾其为东周乎！”盖孔子之政治思想纯在周代，不难想象也。

经礼三百，曲礼三千，是为孔子治人之具。礼乐用以陶冶人心，而政刑则以法制禁令刑罚治民。前者为道德，在修人心；后者为政法，在律人身。虽此二者相合，然后成为政治，但其所最重者，则在礼乐。故于

《为政》："道之以政，齐之以刑，民免而无耻。道之以德，齐之以礼，有耻且格。"

《子路》："名不正则言不顺，言不顺则事不成，事不成则礼乐不兴，礼乐不兴则刑罚不中，刑罚不中则民无所措手足。"

盖以道德为先务，而刑罚惟治不从之具耳。

《里仁》："能以礼让，为国乎何有！不能以礼让为国，如礼何！"

《子路》："上好礼，则民莫敢不敬；上好义，则民莫敢不服；上好信，则民莫敢不用情。夫如是，则四方之民，襁负其子而至矣。"

此外，答子贡之问，有去"兵"去"食"犹取"信"之言，又"举直措诸枉，能使枉者直"等语，欲一切皆从道德以完成己之人格，又举贤才以治国安天下也。概而言之，则孔子政治思想，一遵先王之道，为君主封建专制主义，专尚保守，又恐君悖理暴行，致民心离叛，因复以道德贯通上下以规律之。因此德与政遂相混同。又孔子最慕盛周时之文华，故一切典章制度，皆以周公遗法为则，参夏殷二代之制，去其不善者。在今日观之，虽无精论之价值，然在当时则为最完全之政治，是实由于时代之进化使然。故若以今评古，无异于未来之评今也。要之，孔子之说，其可取者，不在其政治上，而在其道德上。孔子之道德，能经二千余年管理东方大半之人心者，实其道德之严正，且能实践故也。

结　论

吾人于前数章既论述孔子之伦理说，今当综合其要领而以终此篇。

孔子于研究"易"哲学时，因阴阳二气之于时间上变化继起，遂知左右现象界之自然的理法，于是遂悟天道为生生的，为宇宙之根本原理，而说其理想上之天。故天自"理"之一面观之，乃无意识的理法之活

动；自"情"之一面观之，则有意志而管辖一切万有者也。夫子实混此两方面而言之。故于知识上言之，则现象界有因果律以规定一切，是为自然之理法。又宇宙之根原虽为天道，然人间之意志亦不能完全自由。故自感情上言之，则所谓王（天）者不过一种之命法。然苟遵道而行，而为所当为，不为其所不当为，则于道德自身中有一种之快乐。故当顺道理，尽人力，若不可能，则安其分。是以知孔子非自由意志论者，又非执极端之宿命说者，而为执其中庸之有命说，所谓任天主义是也。

孔子"天"之观念如此。又主能人间理性之为先天的物，即自客观上观之则为天道，而自主观上言之，则吾理性也。自致知格物而穷物理，广修自己心以去私欲，而逍遥于无我、自然、绝对、无差别之理想界，是为其天人合一之观念，即绝对的仁是也。是实为孔子伦理说之渊源。欲达此境，必积长年月之修养，非有大理会力与大德行者不能达也。故不详言此高远之学理，而但说人人所能行之实践道德也。

孔子从"天"之观念演绎而得"仁"，其发现于社会的为忠恕。一贯普遍之仁，其内容有义礼孝智（智孝）弟忠信等，又知仁勇等狭义之仁，亦为此一部分。普遍之仁，为包括一切诸德之全称抽象的大概念也。故此德虽不变，至其内容则因时与地与人而异其德，是亦为孔子明进化之理，故不与"仁"以一定之定义之证，亦为孔子说法之机变巧妙之处也。

孔子以达其大理想之仁，即"止于至善"为目的，然而不能人人达之，故先说达之之法，即直觉、中庸、克己、忠恕等是也。

直觉说乃（不）据理性而判断者，然孔子具之。中庸说则以情为本，以理调和之，养成无过不及之中庸的良心。其表出于社会也，则为礼，一切行动云为皆以是为标准。毕竟所谓中行、中庸者皆谓知行之融和也。又说自（因）时地与人，而道德有权变，故不能于数量上论断之。夫子之温和浑厚，而其行无不中节，职由斯说。克己说为克私欲以复礼，而至于仁之励精严肃主义。忠恕说则由博爱及同情以达普遍之仁者也。

是社会的仁而包括一切诸说（德）者也，此绝对的之观（仁）之德。而特别之仁，则为知、勇、克己、中庸、敏、俭等。对于家族，则为孝弟、慈严、夫妇之礼、兄姊之友爱等。对于社会国家，则为礼、义、忠、信、直、宽、惠、温、良、恭、让等。礼义亦通于家族，为此数者中最大者。又此中最重者，为关于家族、君臣、朋友之德，换言之，即君臣、父子、夫妇、昆弟、朋友五伦，而孝弟又为是一切之根本。对自己之德与对他人之德，相关而并行之。是即孔子之形而上学与伦理说之大要也。

孔子教育之目的有二：一，锻炼道德的意志，以完全人格，即道德当一以身体之。道（一），又当为有为之政治家，出而治平国家。故一以道（德）为目的，一以政治为目的。孔子之观此二者，毫无差异。故曰："天下有道则见，无道则隐。"其教授法因人材之高下以为问答，使以自己之力勉学，是即开发教授也。而其教育之宗旨，德育最重，知育不过供给成德之智识。至于体育，则使弟子学习射御各科是也。

政治，在参酌先王之制度，以礼乐治天下，是为德教政治。政与刑则所以处治破坏德育者。政体，为君主封建制。君主独有大权，然须备至仁之德以统御一切，举贤能而使当治国之任，以礼保持社会国家之秩序。臣当守义，服事（臣服、侍奉）于君。在家，则为父子、夫妇、兄弟；在社会，则为朋友：皆当修德。自家族以及天下，此所谓德教政治也。

孔子之人生观，在明道理、尽吾力、而躬践道德，至其终极，则以信天命为安心之地，故超然不为生死、穷达、富贵、利害、得丧所羁束。是主义虽甚高洁，然一不慎，则流于保守、退步、极端之宿命说，此则于今日进化之理法上决不能许者也。

东方（此处指中国）伦理之缺点，在详言卑对于尊之道，而不详言尊对于卑之道，以是足知家长制度之严峻专制，而其抑制女子则尤甚。故女子之德多有压制过酷者。此实由于男尊女卑，封建专制之习惯使然也，而今日不得不改正之也。以上全论述孔子之学说，今当就孔子人物一言以结之。

吾人所最惊叹者，则为孔子感化之力伟大，及其说法之巧妙也。盖夫子之德，圆满无缺。其言为春风和气，蔼然可亲，故虽疏野傲慢之人，亦无不被其感化，而化为沈著（沉着）温厚者，如子路是也。

孔子人物之伟大，道德之完全，虽更无待细说，然孔子又忠实之尊王、爱国、慷慨家也。孔子见周末封建政体之败坏紊乱，诸侯之僭乱悖逆，蔑视君上，杀伐攻略无有宁日，乃与其徒游说四方，期再兴王室，一复西周之盛。故孔子政治的思想常在周公，故曰："我不复梦见周公。"又曰："如有用我者，吾其为东周乎！"等语。又曰："天下有道，则礼乐征伐自天子出。天下无道，则礼乐征伐自诸侯出。"其忠愤热诚溢于言表。惟以时运衰颓，究非人力所及，故虽大圣如孔子，亦终不能达其意，终身流离困厄，备尝艰苦，不能行其德。

故其激越之言曰："道不行，乘桴浮于海。"又曰："女奚不曰：其为人也，发愤忘食，乐以忘忧，不知老之将至？"

呜呼！是何等悲壮感愤乎！天何以不眷此大圣人？何故不用大圣人以整理国家？天乎！人乎！吾人不得不怪人间之命运果无定也。嗟时代之衰微，叹人心之腐败，乱臣贼子横行于世，滔滔者天下皆是也。于是既不能以个人之力挽回天运，退而作《春秋》，大义炳耀（昭扬），使千秋万岁乱臣贼子肝胆俱寒。又为学不厌，教人不倦，谆谆薰陶（熏陶）子弟，悠然有余裕。信命而任天，故不怨天，不尤人，以终其天年。故孟轲（孟子）赞夫子（孔子）曰："自生民以来，未有如夫子！"

非溢美之言也。

第三章
吕思勉论读经之法（节选）

吕思勉（1884～1957年），字诚之，江苏常州人，中国近代历史学家、国学大师。其作品通贯性强，融合历史叙述与考据，并具有横跨社会学、地理学、经济学等学科视野。代表作有《白话本国史》《国学知识大全》《吕著中国通史》《秦汉史》《先秦史》《两晋南北朝史》《隋唐五代史》《吕思勉读史札记》《宋代文学》《先秦学术概论》《中国民族史》《中国制度史》《文字学四种》等。

《国学知识大全》是他对国学知识的系统总结，具有独到的见解。《国学知识大全》包括国学概论、经子题解、理学纲要、中国文化史、历史研究法、史学与史籍和中国史籍读法七部分。本书选取经子题解中的论读经之法。

第一讲
论读经之法概论

　　吾国旧籍，分为经、史、子、集四部，由来已久。而四者之中，集为后起。盖人类之学问，必有其研究之对象。书籍之以记载现象为主者，是为史；就现象加以研求、发明公理者，则为经、子。固无所谓集也。然古代学术，皆专门名家，各不相通。后世则渐不能然。一书也，视为记载现象之史一类固可，视为研求现象、发明公理之经、子一类，亦无不可。论其学术流别，亦往往兼搜并采，不名一家。此等书，在经、史、子三部中，无类可归；乃不得不别立一名，而称之曰"集"。此犹编新书目录者，政治可云政治，法律可云法律，至不专一学之杂志，则无类可归；编旧书目录者，经可曰经，史可曰史，至兼包四部之丛书，则不得不别立丛部云尔。

　　经、子本相同之物，自汉以后，特尊儒学，乃自诸子书中，提出儒家之书，而称之曰经。此等见解，在今日原不必存。然经之与子，亦自有其不同之处。孔子称"述而不作"，其书虽亦发挥己见，顾皆以旧书为蓝本。故在诸家中，儒家之六经，与前此之古书，关系最大。（古文家以六经皆周公旧典，孔子特补苴缀拾，固非；今文家之偏者，至谓六经皆孔子手著，前无所承，亦为未是。六经果皆孔子手著，何不明白晓畅，自作一书；而必伪造生民、虚张帝典乎？）治之之法，亦遂不能不因之而殊。章太炎所谓"经多陈事实，诸子多明义理；贾、马不能理诸子，郭象、张湛不能治经"（出自《与章行严论墨学第二书》，见《华国月刊》第四期）是也。按此以大较言之，勿泥。又学问之光大，不徒视前人之唱导，亦视后人之发挥。儒学专行二千年，治之者多，自然日益光大。又其传书既众，疏注亦详，后学钻研，自较治诸子之书为易。天下本无截然不同之理；训诂名物，尤为百家所同。先明一家之书，其余皆可取证。然则先经后子，固研求古籍之良法矣。

欲治经，必先知历代经学变迁之大势。今按吾国经学，可大别为汉、宋二流；而细别之，则二者之中，又各可分数派。秦火之后，西汉之初，学问皆由口耳相传，其后乃用当时通行文字，著之竹帛，此后人所称为"今文学"者也。末造乃有自谓得古书为据，而訾今文家所传为阙误者，于是有"古文之学"焉。

今文学之初祖，《史记·儒林传》所列，凡有八家：所谓"言《诗》，于鲁则申培公，于齐则辕固生，于燕则韩太傅；言《书》，自济南伏生；言《礼》，自鲁高堂生。言《易》，自淄川田生；言《春秋》，于齐、鲁自胡毋生，于赵自董仲舒"是也。

东京立十四博士：《诗》鲁、齐、韩；《书》欧阳、大小夏侯；《礼》大小戴；《易》施、孟、梁丘、京；《春秋》严、颜；皆今文学。古文之学：《诗》有毛氏，《书》有《古文尚书》，《礼》有《周礼》，《易》有费氏，《春秋》有左氏，皆未得立。

然东汉末造，古文大盛，而今文之学遂微。盛极必衰，乃又有所谓伪古文者出。伪古文之案，起于王肃。肃盖欲与郑玄争名，乃伪造古书，以为证据——清儒所力攻之伪古文《尚书》一案是也。参看后文论《尚书》处。汉代今古文之学，本各守专门，不相通假。

郑玄出，乃以意去取牵合，尽破其界限。王肃好攻郑，而其不守家法，亦与郑同（二人皆糅杂今古，而皆偏于古）。郑学盛行于汉末；王肃为晋武帝外祖，其学亦颇行于晋初；而两汉专门之学遂亡。

此后经学乃分二派：一以当时之伪书玄学，羼入其中，如王弼之《易》，伪孔安国之《书》是。一仍笃守汉人所传，如治《礼》之宗郑氏是。其时经师传授之绪既绝，乃相率致力于笺疏。是为南北朝义疏之学。至唐代纂《五经正义》，而集其大成。（南北朝经学不同。《北史·儒林传》："其在江左：《周易》则王辅嗣，《尚书》则孔安国，《左传》则杜元凯。其在河洛：《左传》则服子慎，《尚书》《周易》则郑康成。《诗》

则并主于毛公，《礼》则同遵于郑氏。"是除《诗》《礼》外，南方所行者，为魏、晋人之学；北方所守者，则东汉之古文学也。然逮南北统一，南学盛而北学微，唐人修《五经正义》，《易》取王，《书》取伪孔，《左》取杜，而服、郑之学又亡）

以上所述，虽派别不同，而同导源于汉，可括之于汉学一流者也。

北宋之世，乃异军苍头特起。宋人之治经也，不墨守前人传注，而兼凭一己所主张之义理。其长处，在能廓清摧陷，一扫前人之障翳，而直凑单微；其短处，则妄以今人之意见测度古人，后世之情形议论古事，遂至不合事实。

自南宋理宗以后，程、朱之学大行。元延祐科举法，诸经皆采用宋人之书。明初因之。永乐时，又命胡广等修《四书五经大全》，悉取宋、元人成著，抄袭成书。自《大全》出，士不知有汉、唐人之学，并不复读宋、元人之书；而明代士子之空疏，遂于历代为最甚。盖一种学问之末流，恒不免于流荡而忘返。宋学虽未尝教人以空疏，然率其偏重义理之习而行之，其弊必至于此也。物穷则变，而清代之汉学又起。

清儒之讲汉学也，始之以参稽博考，择善而从，尚只可称为汉、宋兼采。其后知凭臆去取，虽极矜慎，终不免于有失，不如专重客观之为当也。其理见下。于是屏宋而专宗汉，乃成纯粹之汉学。最后汉学之中，又分出宗尚今文一派，与前此崇信贾马许郑者立别。盖清儒意主复古，剥蕉抽茧之势，非至于此不止也。

经学之历史，欲详陈之，数十万言不能尽。以上所云，不过因论读经之法，先提挈其纲领而已。今请进言读经之法。

治学之法，忌偏重主观。偏重主观者，一时似惬心贵当，而终不免于差缪。能注重客观则反是。（今试设一譬：东门失火，西门闻之，甲乙丙丁，言人人殊。择其最近于情理者信之，则偏重主观之法也。不以己意定其然否，但考其人孰为亲见，孰为传闻；同传闻也，孰亲闻诸失火之家，孰但得诸道路传述；以是定其言之信否，则注重客观之法也。用前法者，说每近情，而其究多误；用后法者，说或远理，而其究多真。累试不爽）

大抵时代相近，则思想相同。故前人之言，即与后人同出揣度，亦恒较后人为确。况于师友传述，或出亲闻；遗物未湮，可资目验者乎？此读书之所以重"古据"也。宋人之经学，原亦有其所长；然凭臆相争，是非难定。自此入手，不免失之汗漫。故治经当从汉人之书入。此则治学之法如是，非有所偏好恶也。

治汉学者，于今、古文家数，必须分清。汉人学问，最重师法，各守专门，丝毫不容假借。（如《公羊》宣十五年何注，述井田之制，与《汉书·食货志》略同，然《汉志》用《周官》处，《解诂》即一语不采）凡古事传至今日者，率多东鳞西爪之谈。掇拾丛残，往往苦其乱丝无绪；然苟能深知其学术派别，殆无不可整理之成两组者。夫能整理之成两组，则纷然淆乱之说，不啻皆有线索可寻。（今试举一实例。如三皇五帝，向来异说纷如，苟以此法驭之，即可分为今、古文两说。三皇之说，以为天皇十二头，地皇十一头，立各一万八千岁；人皇九头，分长九州者，河图、三五历也。以为燧人、伏羲、神农者，《尚书大传》也。以为伏羲、神农、燧人，或曰伏羲、神农、祝融者，《白虎通》也。以为伏羲、女娲、神农者，郑玄也。以为天皇、地皇、泰皇者，始皇议帝号时秦博士之说也。除纬书荒怪，别为一说外，《尚书大传》为今文说，郑玄偏重古文。伏生者，秦博士之一。《大传》云："遂人以火纪，阳尊，故托遂皇于天；伏羲以人事纪，故托羲皇于人；神农悉地力，种谷蔬，故托农皇于地。"可见儒家所谓三皇者，义实取于天、地、人。《大传》与秦博士之说，即一说也。河图、三五历之说，司马贞《补三皇本纪》，列为或说；其正说则从郑玄。《补三皇本纪》述女娲氏事云："诸侯有共工氏，与祝融氏战，不胜，而怒。乃头触不周之山，天柱折，地维缺。女娲乃炼五色石以补天"云云。上言祝融，下言女娲，则祝融即女娲。《白虎通》正说从今文，以古文备或说；或古文说为后人窜入也。五帝之说，《史记》《世本》《大戴礼》，并以黄帝、颛顼、帝喾、尧、舜当之；郑玄说多一少昊。今按《后汉书·贾逵传》，逵言："五经家皆言颛顼代黄帝，而尧不得为火德。左氏以为少昊代黄帝，即图谶所谓帝宣也。如令尧不得为火德，则汉不得为赤。"则左氏家增入一少昊，以六人为五帝之情可见矣。《史记》《世本》《大戴礼》，皆今文说，左氏古文说也）且有时一说也，主张之者只一二人；又一说也，主张之者乃有多人，似乎证多而强矣。然苟能知其派别，即可知其辗转祖述，仍出一师。不过一造之说，传者较多；一造之说，传者较少耳。凡此等处，亦必能分清家数，乃不至于听荧也。

近人指示治学门径之书甚多，然多失之浩博。吾今举出经学入入简要之书如下：

皮锡瑞《经学历史》。此书可首读之，以知历代经学变迁大略。

廖平《今古文考》。廖氏晚年著书，颇涉荒怪。早年则不然。分别今古文之法，至廖氏始精确。此书必须次读之。

康有为《新学伪经考》。吾举此书，或疑吾偏信今文，其实不然也。读前人之书，固可以观其事实，而勿泥其议论。此书于重要事实，考辨颇详，皆前列原书，后抒己见；读之，不啻读一详博之两汉经学史也。此书今颇难得；如能得之者，读廖氏《今古文考》后，可续读之。

《礼记·王制注疏》《周礼注疏》、陈立《白虎通疏证》、陈寿祺《五经异义疏证》。今古文同异重要之处，皆在制度。今文家制度，以《王制》为大宗；古文家制度，以《周礼》为总汇。读此二书，于今古文同异，大致已可明白。两种皆须连疏注细看，不可但读白文，亦不可但看注。《白虎通义》，为东京十四博士之说，今文学之结晶也。《五经异义》，为许慎所撰，列举今古文异说于前，下加按语，并有郑驳，对照尤为明了。二陈疏证，间有误处；以其时今古文之别，尚未大明也。学者既读前列各书，于今古之别，已可了然，亦但观其采摭之博可矣。

此数书日读一小时，速则三月，至迟半年，必可卒业。然后以读其余诸书，即不虑其茫无把握矣。

古代史书，传者极少。古事之传于后者，大抵在经、子之中。而古人主客观不甚分明；客观事实，往往夹杂主观为说（甚至有的完全是虚构的，像寓言故事一样。参看后论读子之法）；而其学问，率由口耳相传，又不能无讹误；古书之传于今者，又不能无阙佚。是以随举一事，辄异说蜂起，令人如堕五里雾中。治古史之难以此。苟知古事之茫昧，皆由主客观夹杂使然，即可按其学术流别，将各家学说，分别部居；然后除去其主观成分而观之，即古事之真相可见矣。然则前述分别今古文之法，不徒可施之儒家之今古文，并可施之诸子也。此当于论读子方法时详之。

唯有一端，论读经方法时，仍不得不先述及者，则"既知古代书籍，率多治其学者东鳞西爪之谈，并无有条理系统之作，而又皆出于丛残掇拾之余；则传之与经，信否亦无大分别"是也。世之尊经过甚者，多执经为孔子手定，一字无讹；传为后学所记，不免有误。

故于经传互异者，非执经以正传，即弃传而从经，几视为天经地义。殊不知尼山删订，实在晚年，焉能字字皆由亲笔。即谓其字字皆由亲笔，而孔子与其弟子，亦同时人耳，焉见孔子自执笔为之者，即一字无讹？言出于孔子之口，而弟子记之，抑或推衍师意者，即必不免有误哉。若谓经难私造，传可妄为，则二者皆汉初先师所传，经可信，传亦可信；传可伪，经亦可伪也（若信今文之学，则经皆汉代先师所传，即有讹阙，后人亦无从知之。若信古文之学，谓今文家所传之经，以别有古经，可资核对，所异唯在文字，是以知其可信；则今文先师，既不伪经，亦必不伪传也）。是以汉人引用，经、传初不立别。崔适《春秋复始》，论"汉儒引《公羊》者皆谓之《春秋》；可见当时所谓《春秋》者，实合今之《公羊传》而名之"甚详。余谓不但《春秋》如此，即他经亦如此。《太史公自序》，引《易》"失之毫厘，缪以千里"。（此二语汉人引者甚多，皆谓之《易》）今其文但见《易纬》。

又如《孟子·梁惠王下篇》，载孟子对齐宣王好勇之问曰："《诗》云：王赫斯怒，爰整其旅，以遏徂莒，以笃周祜，以对于天下。此文王之勇也。文王一怒而安天下之民。《书》曰：天降下民，作之君，作之师；唯曰其助上帝，宠之四方，有罪无罪，唯我在，天下曷敢有越厥志。一人衡行于天下，武王耻之。此武王之勇也。而武王亦一怒而安天下之民。""此文王之勇也"，"此武王之勇也"，句法相同；自此以上，皆当为《诗》《书》之辞；然"一人衡行于天下，武王耻之"，实为后人评论之语。孟子所引，盖亦《书》《传》文也。举此两事，余可类推。

近人过信经而疑传者甚多。予去岁《辨梁任公阴阳五行说之来历》一文，曾力辨之。见《东方杂志》第二十卷第二十册，可以参观。又如《北京大学月刊》一卷三号，载朱君希祖整理中国最古书籍之方法论，谓欲"判别今古文之是非，必取立敌共许之法。古书中无明文。今古文家之传说,一概捐除。唯《易》十二篇,《书》二十九篇,《诗》三百五篇(305 篇),《礼》十七篇,《春秋》《论语》《孝经》七书,为今古文家所共信。因欲取为判别二家是非之准。"朱君之意,盖欲弃经说而用经文,亦与梁君同蔽。姑无论经、传信否,相去不远。即谓经可信,传不可信,而经文有不能解释处,势必仍取一家传说,是仍以此攻彼耳,何立敌共许之有?

今古说之相持不决者,固各有经文为据,观许慎之《五经异义》及郑驳可见也。决嫌疑者视诸圣,久为古人之口头禅,岂有明有经文可据,而不知援以自重者哉?大抵古今人之才智,不甚相远。经学之所以聚讼,古事之所以茫昧,自各有其原因。此等疑难,原非必不可以祛除,然必非一朝所能骤决。若有如朱君所云直截了当之法,前此治经之人,岂皆愚骏,无一见及者邪?

治经之法,凡有数种:

(一)即以经为一种学问而治之者。此等见解,由昔日尊经过甚使然,今已不甚适合。又一经之中,所包甚广,人之性质,各有所宜,长于此者不必长于彼。因治一经而遍及诸学,非徒力所不及,即能勉强从事,亦必不能深造。故此法在今日不甚适用。

(二)则视经为国故,加以整理者。此则各本所学,求其相关者于经,名为治经,实仍是治此科之学,而求其材料于古书耳。此法先须于所治之学,深造有得,再加以整理古书之能,乃克有济。此篇所言,大概为此发也。

(三)又有因欲研究文学,而从事于读经者。其意亦殊可取。盖文学必资言语,而言语今古相承,不知古语,即不知后世言语之根源。故不知最古之书者,于后人文字,亦必不能真解。经固吾国最古之书也。但文学之为物,不重在死法,而贵能领略其美。文学之美,只可直觉;非但徒讲无益,抑亦无从讲起。今姑定一简明之目,以为初学诵习参考之资。盖凡事熟能生巧,治文学者亦不外此。后世文学,根源皆在古书。同一熟诵,诵后世书,固不如诵古书之有益。而欲精研文学,则数十百篇熟诵之文字,固亦决不能无也。

诗 此书近今言文学者必首及之,几视为第一要书。鄙意少异。韵文视无韵文，已觉专门；谈韵文而及于《诗经》，则其专门更甚。何者？四言诗自汉魏后，其道已穷；非专治此一种文学者，不易领略其音节之美，一也。诗之妙处，在能动人情感；而此书距今太远，今人读之，实不能知其意之所在，二也。（诗义之所以聚讼莫诀者，其根源在此。若现在通行之歌谣，其有寓意者，固人人能知之也）故此书除专治古代韵文者外，但略事泛览，知其体例；或择所好熟诵之即可。

书 书之文学，别为一体。后世作庄严典重之文字者，多仿效之。若细分之，仍有三种：

（一）最难通者，如《周诰》《殷盘》是。

（二）次难通者，通常各篇皆是。

（三）最易通者，如《甘誓》《牧誓》《金滕》诸篇是。

第一种存古书原文盖最多；第三种则十之八九，殆皆孔子以后人所为也。此书文字虽不易解，然既为后世庄严典重之文字所从出，则亦不可不熟诵而求其真了解。《洪范》《无逸》《顾命》（兼今本《康王之诰》）《秦誓》四篇，文字最美，如能熟诵更妙。《禹贡》一篇，为后世地志文字体例所自出，须细看。

仪礼 礼记 周礼 《仪礼》《周礼》，皆记典制之书，不必诵读；但须细看，知其体例。凡记述典制之文皆然。《礼记》一书，荟萃诸经之传及儒家诸子而成，见后。文学亦极茂美。论群经文学者，多知重左氏，而罕及小戴，此皮相之论也。左氏所叙之事，有与《檀弓》同者；二者相较，左氏恒不如《檀弓》。其余论事说理之文，又何一能如《戴记》之深纯乎？不可不择若干篇熟诵之也。今更举示篇名如下：《檀弓》为记事文之极则，风韵独绝千古，须熟读；《王制》为今文学之结晶，文字亦极茂美，可熟读。既有益于学问，又有益于文学也。《文王世子》，文最流畅；《礼运》《礼器》，文最古雅；《学记》《乐记》，文最深纯；《祭义》，文最清丽；《坊记》《表记》《缁衣》，三篇为一类，文极清雅；《儒行》，文极茂美；《冠义》《昏义》《乡饮酒义》《射义》《燕义》《聘义》六篇，为《仪礼》之传，文字亦极茂美。以上诸篇，皆可熟读。然非谓《戴记》文字之美者遂尽于此，亦非谓吾所指为最美者必能得当，更非敢强人之所好以同于我也，聊举鄙意，以供读者之参考耳。

易 此书《卦辞》《爻辞》，知其体例即可。《彖辞》《文言》《系辞传》，文学皆极美，可择所好者熟诵之；《序卦》为一种序跋文之体，可一看。

春秋 "三传"文字，自以《左氏》为最美。其文整齐研练，自成风格，于文学上关系极巨。《左氏》系编年体，其文字一线相承，无篇目，不能列举其最美者。大抵长篇辞令叙事，最为紧要；但短节叙事，寥寥数语，亦有极佳者，须细看。《公羊》为《春秋》正宗，讲《春秋》者，义理必宗是书；论文学则不如《左氏》之要。读一过，知其体例可矣。（《公羊传》之文字为传体，乃所以解释经文，与《仪礼》之传同。后人无所释之经，而抑或妄效其体，此大谬也。此等皆不知义例之过。故讲文学，亦必须略知学问）《谷梁》文体与《公羊》同。

论语 孟子 此两书文极平正，有极简洁处，亦有极反复排奡处，（大抵《论语》，简洁者多，然亦有反复排奡者，如"季氏将伐颛臾"章是；孟子反复排奡者多，然亦有极简洁者，如各短章皆是）于文学极有益。凡书之为大多数人所习熟者，其义理，其事实，其文法，其词句，即不期而为大多数人所沿用，在社会即成为常识。此等书即不佳，亦不可不一读，况其为佳者乎？《论语》《孟子》，为我国极通行之书，必不可不熟诵也。

此外，《尔雅》为训诂书，当与《说文》等同类读之，与文学无关。《孝经》亦《戴记》之流。但其说理并不甚精，文字亦不甚美。一览已足，不必深求也。

六经排列之次序，今、古文不同。今文之次，为《诗》《书》《礼》《乐》《易》《春秋》；古文之次，则为《易》《书》《诗》《礼》《乐》《春秋》。盖今文家以六经为孔子别作，其排列之次序，由浅及深。《诗》《书》《礼》《乐》，乃普通教育所资；（《王制》："乐正崇四术，立四教，顺先王《诗》《书》《礼》《乐》以造士。"《论语》："子所雅言，诗书执礼。"盖《诗》《书》《礼》《乐》四者，本古代学校中教科，而孔子教人，亦取之也）而《易》与《春秋》，则为"性与天道""经世之志"所寄；故其次序如此也。古文家以六经皆周公旧典，孔子特修而明之。

故其排列之次序，以孔子作六经所据原书时代先后为序。愚谓今言整理国故，视凡古书悉为史材则通；谓六经皆史则非。故今从今文家之次，分论诸经源流及其读法如下。

第二讲
论《诗》之读法

　　《诗》，今文有鲁、齐、韩三家；古文有毛。郑玄初学《韩诗》，后就《毛传》作笺，间用韩义。(《采苹》、《宾之初筵》两诗皆难毛) 王肃作《毛诗注》《毛诗义驳》《毛诗奏事》《毛诗问难》诸书，以申毛难郑。《齐诗》亡于曹魏；《鲁诗》不过江东；《韩诗》虽存，无传之者；于是三家与毛之争，一变而为郑、王之争。诸儒或申郑难王，或申王难郑，纷纷不定。至唐修《五经正义》，用《毛传郑笺》，而其争乃息 (王肃之书，今亦已亡。然毛、郑相违处，《正义》中申毛难郑的那些观点，实多用王肃的观点)。

　　读《诗》第一当辨明之事，即为《诗序》。按释《诗》之作，凡有三种：

　　(一) 释《诗》之字句者，如今之《毛氏诂训传》是也。

　　(二) 释《诗》之义者，如今之《诗序》是也。

　　(三) 推演《诗》义者，如今之《韩诗外传》是也。(三家诂训及释《诗》义之作，今皆已亡。三家诗亦有序，见《诗古微·齐鲁韩毛异同论》)

　　魏、晋而后，《毛诗》专行者千余年。学者于《诗序》，率皆尊信。至宋欧阳修作《诗本义》，苏辙作《诗传》，始有疑辞。南渡而后，郑樵作《诗辨妄》，乃大肆攻击。朱子作《诗集传》，亦宗郑说；而《集传》与毛、郑之争又起。《小序》之义，诚有可疑；然宋儒之疑古，多凭臆为说，如暗中相搏，胜负卒无分晓，亦不足取也。清儒初宗毛、郑而攻

《集传》，后渐搜采及于三家。始知毛、郑而外，说《诗》仍有古义可征；而《集传》与毛、郑之争，又渐变而为三家与毛之争。时则有为调停之说者，谓《诗》有"作义""诵义"；三家与毛所以异同者，毛所传者作义，三家所传者诵义；各有所据，而亦两不相悖也。其激烈者，则径斥《小序》为杜撰，毛义为不合。二者之中，予颇左袒后说。此非偏主今文，以事理度之，固如是也。

何则？《诗》分《风》《雅》《颂》三体。《雅》《颂》或有本事可指；《风》则本民间歌谣，且无作者可名，安有本义可得？而今之《诗序》，于《风诗》亦篇篇皆能得其作义，此即其不可信之处也。

《诗序》究为谁作，说极纷纭。宋以后之说，亦多凭臆测度，不足为据。其传之自古者，凡有四说：以为《大序》子夏作，《小序》子夏、毛公合作者，郑玄《诗谱》也。《正义》引沈重说。以为子夏作者，王肃《家语注》也；以为卫宏作者，《后汉书·儒林传》也；以为子夏首创，而毛公及卫宏，加以润饰增益者，《隋书·经籍志》也。肃说不足信，《隋志》亦系调停之辞；所当辨者，独《后汉书》及《诗谱》两说耳。予谓两说之中，《后汉书》之说，实较可信。今《毛传》之义，固有与《小序》不合者。如《静女》（《诗经·静女》）。且其序文义平近，亦不似西汉以前人手笔也（《毛传》之义，所以与《小序》无甚抵牾者，非毛先有《序》为据，乃《序》据《毛传》而作耳。《序》语多不可信，绝非真有传授。郑樵谓其采掇古书而成，最为近之）。

《诗序》有大小之别。今本《小序》分别列诸诗之前，而《大序》即接第一首《小序》之下。自"风，风也"以下，据《正义》《小序》之不足信，前已言之，《大序》亦系杂采诸书而成，故其辞颇错乱。但其中颇有与三家之义不背者（魏源的观点，见《诗古微》）。今姑据之，以定《风》《雅》《颂》之义。

《大序》云："风，风也，教也。风以动之，教以化之。"又云："上以风化下，下以风刺上，主文而谲谏，言之者无罪，闻之者足以戒，故曰《风》。至于王道衰，礼义废，政教失，国异政，家殊俗，而变风、变雅作矣。国史明乎得失之迹，伤人伦之废，哀刑政之苛；吟咏情性，以讽其上，达于事变，而怀其旧俗者也。故变风，发乎情，止乎礼义。

第三章　吕思勉论读经之法（节选）

发乎情，民之性也；止乎礼义，先王之泽也。"此其言《风》之义者也。

又云："一国之事，系一人之本，谓之《风》。言天下之事，形四方之风，谓之《雅》。《雅》者，正也。政有小大，故有《小雅》焉、有《大雅》焉。"此其言《雅》之义者也。

又云："《颂》者，美盛德之形容，以其成功，告于神明者也。"此其言"颂"之义者也（按：《诗序》言《风》与《颂》之义，皆极允惬，唯其言《大/小雅》，则似尚欠明白。《史记·司马相如传》："《大雅》言王公大人，而德逮黎庶；《小雅》讥小己之得失，其流及上。"分别大小之义，实较今《诗序》为优。盖三家义也）。

今《诗》之所谓《风》者，周南、召南、邶、鄘、卫、王、郑、齐、魏、唐、秦、陈、桧、曹、豳，凡十五国。周南、召南为《正风》；自邶以下，皆为变《风》。王亦列于《风》者，《郑谱》谓："东迁以后，王室之尊，与诸侯无异；其诗不能复《雅》，故贬之也。"（《正义》：善恶皆能正人，故幽、厉亦名《雅》。平王东迁，政遂微弱，其政才及境内，是以变为《风》焉）十五国之次，郑与毛异。据《正义》：《郑谱》先桧后郑，王在豳后；或系《韩诗》原第邪？

《雅》之篇数较多，故以十篇为一卷。其中《小雅》自《鹿鸣》起至《菁菁者莪》止为正，自此以下皆为变。又分《鹿鸣》至《鱼丽》，为文王、武王之正《小雅》；《南有嘉鱼》至《菁菁者莪》，为成王、周公之正《小雅》。

《六月》至《无羊》，为宣王之变《小雅》。《节南山》至《何草不黄》，申毛者皆以为幽王之变《小雅》；郑则以《十月之交》以下四篇，为厉王之变《小雅》。《大雅》自《文王》至《卷阿》为正，《民劳》以下为变。又分《文王》至《灵台》，为文王之正《大雅》；《下武》至《文王有声》，为武王之正《大雅》；《生民》至《卷阿》，为成王、周公之正《大雅》。《民劳》至《桑柔》，为厉王之变《大雅》；《云汉》至《常武》，为宣王之变《大雅》；《瞻卬》《召旻》二篇，为幽王之变《大雅》。皆见《释文》及《正义》。正《小雅》中，《南陔》《白华》《华黍》《由庚》《崇丘》《由仪》六篇，唯有《小序》。《毛诗》并数此六篇，故《诗》之总数，为三百十一篇；三家无此六篇，故《诗》之总数，为三百五篇。《小／大雅》诸诗之义，三家与毛，有同有异，不能备举。可以《三家诗遗说考》与《毛传郑笺》对勘也。

《颂》则三家与毛义大异。毛、郑之义，谓商、鲁所以列于《颂》者，以其得用天子礼乐；今文家则谓《诗》之终以《三颂》，亦《春秋》"王鲁新周故宋"之意，乃通三统之义也。又《鲁颂》，《小序》以为季孙行父作，三家以为奚斯作。《商颂》，《小序》以为戴公时正考父得之于周太师，三家即以为正考父之作。

《诗》本止《风》《雅》《颂》三体，而《小序》增出赋、比、兴，谓之六义。按此盖以附会《周礼》太师六诗之文，然实无赋、比、兴三种诗可指。故《郑志》："张逸问何《诗》近于赋、比、兴？郑答谓孔子录《诗》，已合《风》《雅》《颂》中，难可摘别。"（出自《五经正义》引）"郑意谓《风》《雅》《颂》者，《诗》篇之异体；赋、比、兴者，《诗》文之异辞也。"《正义》说。

因此故，乃又谓《七月》一诗，备有《风》《雅》《颂》三体，以牵合《周礼》豳章豳诗、豳雅、豳颂之文。按：赋者，叙事；比者，寄意于物；兴者，触物而动；（譬如实写美人为赋，辞言花而意实指美女为比，因桃花而思及人面，则为兴矣）作《诗》原有此三法。然谓此作《诗》之三法，可与《诗》之三种体制，平列而称六义，则终属勉强；一诗而兼三体，尤不可通矣。窃谓《周礼》之六诗与《诗》之《风》《雅》《颂》；其豳诗、豳雅、豳颂与《诗》之《豳风》，自系两事，不必牵合。郑君学未尝不博，立说亦自有精到处，然此等牵合今古、勉强附会处，则实不可从也。又今文家以《关雎》《鹿鸣》《文王》《清庙》为四始（见《史记·盖鲁诗说》），乃以其为《风》及《大／小雅》《颂》之首篇；而《小序》乃即以风、大小雅、颂为四始，亦殊不可解。

治《诗》之法，凡有数种：（一）以《诗》作史读者。此当横考列国之风俗，纵考当时之政治。《汉书·地理志》末卷及郑《诗谱》，最为可贵。按《汉志》此节本刘歆。歆及父向，皆治《鲁诗》。班氏世治《齐诗》。郑玄初治《韩诗》。今《汉志》与《郑谱》述列国风俗，大同小异，盖三家同有之义，至可信据也。

何诗当何王时，三家与毛、郑颇有异说，亦宜博考。以《诗》证古史，自系治史一法。然《诗》本歌谣，托诸比、兴，与质言其事者有异。后儒立说，面面皆可附会，故用之须极矜慎。近人好据《诗》言古史者甚多，其弊也。于《诗》之本文，片言只字，皆深信不疑，几即视为纪事之史，不复以为文辞；而于某《诗》作于何时，系因何事，则又往往偏据毛、郑，甚者凭臆为说，其法实未尽善也。

以为博物之学而治之者。《论语》所谓多识于鸟、兽、草、木之名也。此当精研疏注，博考子部有关动植物诸书。

用以证小学者。又分训诂及音韵两端。《毛传》与《尔雅》，训诂多合，实为吾国最古之训诂书。最初言古韵者，本自《诗》人；今日言古韵，可据之书，固犹莫如《诗》也。

以为文学而研究之者。当先读疏注，明其字句。次考《诗》义，观《诗》人发愤之由（司马迁云：《诗》三百篇，大抵贤圣发愤之所由作），及其作《诗》之法。《诗》本文学，经学家专以义理说之，诚或不免迂腐。然《诗》之作者，距今几三千年；作《诗》之意，断非吾侪臆测可得。通其所可通，而阙其所不可通者，是为善读书。若如今人所云："月出皎兮，明明是一首情诗"之类，羌无证据，而言之断然，甚非疑事无质之义也。

《王制》述天子巡守，命太师陈《诗》，以观民风。何君言采《诗》之义（《公羊传·宣十五年注》）曰："五谷毕入，民皆居宅。男女有所怨恨，相从而歌。饥者歌其食，劳者歌其事。男年六十，女年五十无子者，官衣食之，使之民间求诗。乡移于邑，邑移于国，国以闻于天子。故王者不出牖户，尽知天下所苦，不下堂而知四方。"其重之也如此。夫人生在世，孰能无幽约怨悱，不能自言之情？而社会之中，束缚重重，岂有言论自由之地？斯义也，穆勒《群己权界论》严复译。言之详矣。故往往公然表白之言，初非其人之真意；而其真意，转托诸谣咏之间。古代之重诗也以此。夫如是，《诗》安得有质言其事者？而亦安可据字句测度，即自谓能得作诗之义邪？《汉书·艺文志》曰："汉兴，鲁申公为《诗》训诂。而齐辕固生、燕韩生皆为之传。或取《春秋》，采杂说，咸非其本义。与不得已，鲁最为近之。"此乃古学家攻击三家之辞，其端已肇于班固时。其后乃采取古书，附会《诗》义，而别制今之《诗序》。谓三家皆不知《诗》之本义，而古学家独能得之也。其实《诗》无本义。太师采诗而为乐，则只有太师采之之意；孔子删《诗》而为经，则只有孔子取之之意耳。犹今北京大学，编辑歌谣，岂得谓编辑之人，即知作此歌谣者之意邪？三家于诗，间有一二，能指出其作之之人，及其本事者（如《诗经·茉苢》《诗经·柏舟》之类），此必确有所据。此外则皆付阙如。盖《诗》固只有诵义也。以只有诵义故，亦无所谓断章取义。我以何义诵之，即为何义耳。今日以此意诵之，明日又以彼义诵之，无所不可也。以为我诵之之意，则任举何义皆通；必凿指为诗人本义，则任举何义皆窒。《诗》义之葛藤，实自凿求其本义始也。

治诗切要之书，今约举如下：

《毛诗注疏》 今所传《十三经注疏》，乃宋人所集刻。其中《易》《书》《诗》《三礼》《左》《谷》，皆唐人疏。疏《公羊》之徐彦，时代难确考，亦必在唐以前。《论语》《孝经》《尔雅》，皆宋邢昺疏，亦多以旧疏为本。唯《孟子疏》题宋孙奭，实为邵武士人伪托，见《朱子语录》。其疏极浅陋，无可取耳。唐人所修《正义》，诚不能尽满人意；然实多用旧疏，为隋以前经说之统汇，仍不可不细读也。特于此发其凡，以后论治诸经当读之书，即不再举注疏。

陈启源《毛诗稽古编》 宋人说《诗》之书甚多，读之不可遍。此书多驳宋人之说，读之可以知其大略。

马瑞辰《传笺通释》 陈奂《诗毛氏传疏》 以上两书为毛、郑之学。

陈乔枞《三家诗遗说考》 魏源《诗古微》 以上两书为三家之学。魏书驳毛、郑，有极警快处；其立说亦有不可据处。魏氏之学，通而不精也。辑三家《诗》者，始于宋之王应麟，仅得一小册。陈氏此书，乃十倍之而不止。清儒辑逸之精，诚足令前人俯首矣。

三家之中，《齐诗》牵涉纬说。如欲明之，可观迮鹤寿《齐诗翼奉学》，及陈乔枞《诗纬集证》两书。意在以《诗》作史读者，于《诗》之地理，亦须考究，可看朱右曾《诗地理征》。意在研究博物者，《毛传郑笺》而外，以吴陆玑《毛诗草木鸟兽虫鱼疏》为最古，与《尔雅》《毛传》，可相参证也。

第三讲
论《书》之读法

　　《尚书》真伪，最为纷纠。他经唯经说有聚讼，经文同异，止于文字；《尚书》则经文亦有真伪之分。按伏生传《书》，二十八篇，今文家以为无阙。刘歆《移太常博士》，所谓"以《尚书》为备"也。然《汉志》称《大小夏侯经》二十九卷，《欧阳经》三十一卷（此"三十一"，汲古阁本作二十二，武英殿本作三十二。按《志》下文《欧阳章句》三十一卷，则殿本三十字是，而二当作一）。

　　陈寿祺谓今文书亦有序（《左海经辨》）。序说多与今文不合，说颇难信。王引之谓加后得《泰誓》（《经义述闻》）。说较近之（大小夏侯合为一，欧阳析为三）；唯以《泰誓》为伏生所固有，则未必然耳。古文家谓《书》本有百篇，鲁共王坏孔子宅得之。孔安国以今文读之，得多十六篇，献之；遭巫蛊之事，未立于学官。《汉志》《尚书古文经》四十六卷，除二十九篇与《今文经》同外，《逸十六篇》为十六卷，又一卷盖《序》也。《后汉书·儒林传》：杜林传《古文尚书》，贾逵为之作《训》，马融作《传》，郑玄《注解》，盖即此本。

　　然《逸十六篇》，绝无师说，马、郑亦未尝为之作注也。迨东晋时，豫章内史梅赜，乃献所谓孔安国传者。其书凡五十八篇，为四十六卷。其三十三篇与郑同，二十五篇，又多于郑。今按伏生所传者：《尧典》一（合今《舜典》，而无篇首二十八字），《皋陶谟》二（合今本《益稷》），《禹贡》三，《甘誓》四，《汤誓》五，《盘庚》六，《高宗肜日》七，《西伯勘黎》八，《微子》九，《牧誓》十，《洪范》十一，《金縢》

十二，《大诰》十三，《康诰》十四，《酒诰》十五，《梓材》十六，《召诰》十七，《洛诰》十八，《多士》十九，《无逸》二十，《君奭》二十一，《多方》二十二，《立政》二十三，《顾命》二十四（合今本《康王之诰》），《费誓》二十五，《吕刑》二十六，《文侯之命》二十七，《泰誓》二十八，加后得《泰誓》则二十九。郑分《盘庚》为三，析《康王之诰》于《顾命》，又分《泰誓》为三，得多五篇，为三十四。所谓《逸十六篇》者，其目见于《正义》。

郑又分其《九共》为九篇，则《舜典》一，《汩作》二，《九共》九篇十一，《大禹谟》十二，《益稷》十三，《五子之歌》十四，《胤征》十五，《汤诰》十六，《咸有一德》十七，《典宝》十八，《伊训》十九，《肆命》二十，《原命》二十一，《武成》二十二，《旅獒》二十三，《冏命》二十四，共为五十八篇。晚出《孔书》，于二十九篇内无《泰誓》，而析《尧典》之下半为《舜典》，《皋陶谟》之下半为《益稷》，《盘庚》分三篇，凡三十三。其多出之二十五篇，则《大禹谟》一，《五子之歌》二，《胤征》三，《仲虺之诰》四，《汤诰》五，《伊训》六，《太甲三篇》九，《咸有一德》十，《说命三篇》十三，《泰誓》三篇十六，《武成》十七，《旅獒》十八，《微子之命》十九，《蔡仲之命》二十，《周官》二十一，《君陈》二十二，《毕命》二十三，《君牙》二十四，《冏命》二十五，合之三十三篇，共五十八。后又加《舜典》篇首二十八字，即今通行之《尚书》矣。（郑之《逸十六篇》，为此本所无）《孔书》与郑异，而《序》则同。（《正义》："马郑之徒，百篇之《序》，总为一卷。孔以各冠其篇首；亡篇之序即随其次，居见存者之间。"）按汉时伪造《尚书》者，尚有张霸之《百两篇》。

《儒林传》谓其采《左氏传》及《书叙》，则《书叙》亦张霸所有矣。予按东晋晚出之《伪书》，既已不雠；张霸《百两篇》之伪，当时即破；即博士所读后得《泰誓》，亦伪迹显然。马融疑之，极为有见；（见今《尚书·泰誓》及《左传·襄三十一年》疏）然则博士以二十八篇为备，说盖不诬。安有所谓百篇之《书》，更安有所谓百篇之《序》？然则《逸十六篇》，盖亦难信。郑玄、马融、王肃之徒，乃并以《书序》为孔子作，（见《五经正义》）岂不谬哉？然其说亦有所本。按《璇玑铃》谓"孔子求得黄帝玄孙渧魁之书，迄于秦穆公，凡三千二百四十篇。定可以为世法者百二十篇。以百二篇为《尚书》，十八篇为《中侯》"。此盖张霸之伪所由托，而亦古文家百篇之说所由防。纬说荒怪，诚难尽凭。然谓孔子删《书》，只取二十八篇，则其说可信；谓《尚书》一类之书，传于后代者，必只二十八篇，则未必然。何者？《逸书》散见古书者甚多（《尹吉》见《礼记·缁衣》，《高宗》见《坊记》；《夏训》见《左》襄四年，《伯禽》、《康诰》见定四年；《相年》见《墨子·尚同》，《禹誓》见《兼爱》、《明鬼》，《武观》、《官刑》见《非乐》；《大战》、《掩诰》见《尚书大传》；《大戊》见《史记·殷本纪》；《丰刑》见《汉书·律历志》。又《书序》所有之《九共》、《帝告》、《说命》、《泰誓》、《嘉禾》、《臩命》六篇，亦见《大传》。详见《大传》。详见《新学伪经考》），岂能尽指为伪物？《史记》谓古者《诗》三千余篇，说者亦多疑之。

　　然今佚《诗》散见群书者亦甚多；谓孔子删《诗》为三百五篇则可，谓《诗》止三百五篇，亦未必然也。盖孔门所传之《诗》《书》为一物，固有之《诗》《书》，又为一物。孔子所删，七十子后学奉为定本者，《诗》止三百五篇，《书》只二十八篇；原有之《诗》《书》，则固不止此。抑此三百五篇、二十八篇者，不过孔子删订时所取之数，固未必无所取义；然必谓在此外者，即与此三百五篇、二十八篇，大相悬殊，亦属绝无之理。故删订时虽已刊落，讲论之际，仍未尝不诵说及之。门人弟子乃各著所闻于传，此今古籍中佚《诗》佚《书》之所以多也。

　　然则所谓以百二篇为《尚书》，十八篇《中侯》者，得毋二十八篇之外，又有数十百篇，虽不及二十八篇之美善，而亦胜于其余之三千余篇，故孔子于删订二十八篇之后，又特表异之于其余诸篇邪？必因此谓《书》有百篇，而訾博士所传为不备，则过矣；然并谓其不足齿于传说所引之《逸书》，则亦未是。经与传之相去，本不甚远。后得《泰誓》，诚不能遽比之于经，固不妨附益于传。此其所以伪迹虽显，而博士仍附之于经以为教，非真识不如马融也。东晋晚出之《古文书》，虽属伪造，亦多有古书为据。《逸十六篇》，未知是否此类；抑或真为古之逸书，要其亡佚，则固可惜矣。

东晋晚出之伪孔《传》，唐孔颖达作《正义》，原有疑辞。然此后迄无人提及。宋吴棫作《书稗传》，乃始疑之。《朱子语录》，于此书亦尝致疑。明梅鷟作《尚书考异》，乃明斥其伪；然所论证，尚不甚确。清阎若璩作《古文尚书疏证》，一一从客观方面加以证明，而此书之伪乃定；然尚未得其主名。迫丁晏作《尚书余论》，乃证明其为王肃所造焉。初学欲明此一重公案者，宜读阎、丁两家之书。（一）为用考证方法攻击伪书，言之成理最早之作。（二）则累经考究后之定论也。此书虽属伪造，亦多有古书为据，为之一一抉其出处者，则为惠栋之《古文尚书考》。

晚《书》之伪既明，考索汉儒书说之事斯起。其中搜辑旧说，为之作疏者，凡有两种：（一）江声《尚书集注音疏》；（二）孙星衍《尚书今古文注疏》是也。江书早出，搜采未全；孙书较备。其时今、古文之派别，尚未大明。误以司马迁为古文，实为巨谬。然其搜辑颇备；学者于今、古文派别，自能分明，作材料看可也。段玉裁《古文尚书撰异》，左祖古学，立说颇偏。王鸣盛《尚书后案》，则专为郑氏一家之学。然二书钩校搜采，俱颇详密，亦可参稽。其后今、古学之派别渐明，乃有分别古今，及搜考今文之事。攻击古文最力者，为魏源之《书古微》，驳诘颇为骏快，而立说亦或不根，与其《诗古微》同。搜采今文经说者，为陈乔枞《今文尚书遗说考》。

《尚书》中《禹贡》一篇，为言地理最古之书。历来注释者独多。盖不徒有关经学，抑且有关史部中之地理矣。胡渭《禹贡锥指》一书，搜考最博，初学可先读一过。因读此一书，即可见古今众说之崖略也。唯其书兼搜并蓄，初非专门之学。若求确守汉学门户者，则焦循《禹贡郑注释》、成蓉镜《禹贡班义述》最好。

《尚书》《春秋》，同为古史。所谓左史记言、右史记事，言为《尚书》事为《春秋》是也。然既经孔子删修，则又自成其为经，而有孔门所传之经义。经义、史事，二者互有关系，而又各不相干。必能将其分析清楚，乃能明经义之旨，而亦可见史事之真；否则纠缠不清，二者皆病矣。今试举尧舜禅让之事为例。尧舜禅让之事，见于《孟子》《大传》《史记》者，皆以为廓然公天下之心。然百家之说，与此相反者，不可胜举。究何所折衷哉？予谓九流之学，其意皆在成一家言，本非修订古史；而春秋、战国时所传古事，亦实多茫昧之词。如今村夫野老之说曹操、诸葛亮、李世民、赵匡胤，但仿佛知有此人耳，其事迹则强半附会也。事实既非真相，功罪岂有定评？百家著书，乃各就己意，取为证佐。此犹后人谓"六经皆我注脚"，原不谓经意本如此也。尧舜禅让之事，百家异说，姑措勿论。即就儒书考辨，如羿之不得其死，（见《癸巳类稿·羿证》）及共工、欢兜、鲧皆在四岳之列，（见宋翔凤《尚书略说》）其事亦实有可疑。然则《孟子》《大传》《史记》所传，盖非其事之真相，特孔门之经说耳。托之空言，不如见之行事。

借史事以发挥己意，后人亦时有之。如苏轼以李斯狂悖，归罪荀卿，谓"其父杀人报仇，其子必且行劫"。岂真好为是深文哉？心疾夫高言异论之徒，聊借此以见意也。姚鼐驳之，谓"人臣善探其君之隐，一以委曲变化从世好者，其为人尤可畏"，意亦犹此。然则《孟子》《大传》《史记》之言，当径作经义读，不必信为史事。此所谓各不相干者也。然古代史籍，既已不传，欲知其事，固不得不就百家之说，披沙拣金，除去其主观之成分以求之。此则又所谓互有关系者矣。欲除去主观之成分，固非通知其书之义例不可。此则读书之所以贵方法也。今更就真书二十八篇，各示其概要如下：

《尧典》（包今本《舜典》，唯须除去篇首二十八字） 此篇记尧、舜之事。首记尧所行之政。次记尧举舜，命之摄政，及舜摄政后所行事。又次记尧之终，舜之践位，及舜践位后所行之政。终于舜之死。《大学》引此篇，谓之《帝典》，盖以其兼包尧、舜之事也。《逸十六篇》别立《舜典》之目已非，伪孔即割此篇下半为《舜典》，则《尧典》记尧事不终矣。此篇关涉历法、巡守、刑法，可考古代典制。

《皋陶谟》（包今本《益稷》） 此篇记禹、皋陶、伯益之事。《史记》云："禹即位，举皋陶，授之政。皋陶卒，又以政任益。"盖皋陶、伯益之于禹，犹舜之于尧、禹之于舜也。

《禹贡》 此篇记禹治水之事。先分述九州，次总叙名山大川，又次记五服贡赋之制。地志书之可信者，当以此为最古矣。近人或谓此篇必非禹作，遂目为伪。然传书者本未云《尧典》必尧时史官作，《禹贡》

必禹自撰也。此等辨伪之法，几于无的放矢矣（参看《论读子之法》）。

《甘誓》 此篇记启伐有扈战于甘之誓辞。《墨子》谓之《禹誓》。古人蒙祖父之号者甚多，不足疑也。

《汤誓》 此篇为汤伐桀时誓辞。

《盘庚》（今本分为三篇） 此篇为盘庚自河北徙河南时诰下之辞。《史记》谓在盘庚即位后，《序疏》引《郑注》，谓在盘庚相阳甲时。此篇可考古者"询国迁"之制。篇中屡以乃祖乃父，及"我高后将降不祥"，恐喝其下，可见殷人之尚鬼。

《高宗肜日》 此篇记武丁祭成汤，有飞雉升鼎耳而呴，祖己训王之词。

《西伯戡黎》 此篇记文王灭黎，祖伊恐，奔告于纣之事。可见灭黎一役，于商、周兴亡，关系甚大。

《微子》 此篇记纣太师、少师劝微子去纣之语。

《牧誓》 此篇为武王与纣战于牧野时之誓辞。篇中庸、蜀、羌、髳（音 máo）、微、泸、彭、濮人云云，可考武王所用之兵。

《洪范》 此篇记箕子告武王以天锡禹之《洪范》九畴，乃我国最古之宗教、哲学书也。说虽近乎迷信，然讲古代之哲学、宗教者，不能离术数；古代之术数，实以此篇为统汇。（此篇所陈之数，与《易》数亦相通。故宋后易学之讲图。书者，又有"演范"一派）欲考古代哲学、宗教者，不容不究心也。

《金縢》 此篇记武王有疾，周公请以身代，及雷风示变之事。按《史记》谓克殷后二年，武王病，周公请以身代。武王有瘳，后而崩。成王幼，周公摄政。二叔及武庚叛，周公东伐之，二年而毕定。初成王少时，亦尝病；周公亦请以身代，而藏其策于府。成王亲政后，人或谮周公，周公奔楚。王发府，见策，乃泣，反周公。周公卒，成王葬之不以王礼，于是有雷风之异。成王开金縢，得周公欲代武王之说，乃以王礼改葬之。今文家说皆如此，可看《今文尚书经说考》。郑玄则谓管叔流言，周公避居东国，待罪以须君之察己。成王不悟，尽执其族党。逮有雷风之异，乃感悟，迎周公归，归而摄政焉（见《诗·豳谱》，及《七月》、《鸱鸮》、《东山》序疏，及《礼心·明堂位疏》。按郑说殊不近情。盖此篇"秋大熟"以下，马上文非记一时之事，而郑误合之也。孙星衍之说如此）。

《大诰》　此篇为周公伐殷时诰辞。篇中之"王"，郑以为周公摄政践王位自称，伪孔以为代成王立言。于古代摄政之制，颇有关系。

《康诰》　此篇为封康叔诰辞。多涉刑法，可考古代典制。

《酒诰》　此篇亦诰康叔，可见当时沬邦酗酒之甚，及周治之刑法之严。

《梓材》　此篇诰康叔以为政之道。

《召诰》　此篇记周、召二公，卒营洛邑之事。

《洛诰》　此篇为洛邑成后，周公诰戒成王之语。

《多士》　此篇为成周既成，迁殷民，诰之之辞。

《无逸》　此篇亦周公告戒成王之语。篇中历举殷代诸王及文王享国长短。共和以前，古史年代之可考者，以此为最可据矣（《尚书·尧典》记舜之年，适足百岁，即不可信）。

《君奭》　此篇为周公摄政时告召公之语。篇中多引殷及周初贤臣，可考古代史事。

《多方》　此篇为成王灭奄后，归诰多方之语。

《立政》　此篇为周公致政后告成王之语。述当时官名甚多，亦可考古代典制。

《顾命》（今文本《康王之诰》）　此篇记成王殁、康王立之事，可考古代大丧及即位之礼。所述陈列器物，亦可考古代重器。

《费誓》　此篇为伯禽伐淮夷誓辞。

《吕刑》　此篇记穆王改定刑法之事。言古代刑法者，以此篇为最完具。

《文侯之命》　此篇《史记》以为城濮战后，周襄王命晋文公之辞。《书序》以为平王命晋文侯之辞。《书序》与今文说不合，即此可见。

《秦誓》（有的地方作《泰誓》）　此篇为秦穆公胜晋后誓众之辞。秦文之可考者，当以此及《石鼓文》《诅楚文》为最古矣。石鼓文，昔人多以为周宣王作，非是。近人王国维、马衡考定为秦时物，说较可信。马作见《北京大学国学季刊》第一册。

今之《逸周书》,《汉志》列之书家。说者因以为孔子删《书》之余,其实非《书》之伦也。特以此说相沿已久,后人编甲部书者,亦多收之。(清《正续经解》尚然)又有入之乙部者;然古代经、子而外,实无所谓史,亦未安也。故附论之于此(就鄙见,此书入子部兵家最妥)。

此书《汉志》只称《周书》。《说文》"算"字下引之始称"逸"。所引见今本典篇(然此语疑非许君原文)。《隋志》系之汲冢。后人有信之者,有辨之者;亦有调停其说,谓此书汉后久晦,得汲冢本乃复明者。《四库提要》云:"《晋书·武帝纪》及《荀勖束皙传》,载汲郡人不准所得《竹书》七十五篇,具有篇名,无所谓《周书》。杜预《春秋集解后序》,载汲冢诸书,亦不列《周书》名。"则辨之者是也。《汉志》七十一篇;师古注:存者四十五。然《史通》言"《周书》七十一章,上自文、武,下终灵、景",不言有阙。则唐时所传,盖有两本。故《唐志》以《汲冢周书》十卷,与孔晁注《周书》八卷并列。师古所见,盖即孔晁注八卷本,不全。知几所见,则蒙汲冢名之十卷本,无阙也。今本篇目,凡得七十。陈振孙《书录解题》谓"此书凡七十篇,叙一篇,在其末。"则今本篇名,较之《汉志》,并未阙少。盖即知几所见之本。然篇名具存,而书则已阙十一篇矣。至孔晁注则今仅存四十二篇,较师古所见,又阙其三焉。

蔡邕《明堂月令论》,谓《周书》七十一篇,《月令》第五十三,篇数与《汉志》合，篇第亦同今本，似今本确为《汉志》之旧。然《汉志》自注曰："周史记。"师古引刘向曰："周时诰誓号令也。"今本非诰誓号令者，实居其半。序固举全书悉指为周史记，但观本文，则无以明之。序与书颇不合，不足信也。诸篇文体，有极类《尚书》者（如《周逸书·商誓》《周逸书·祭公》），亦有全不类《尚书》，而类周秦诸子，且极平近者（如《周逸书·官人》《周逸书·太子晋》）。又有可决为原书已亡，而后人以他书补之者（如《周逸书·殷祝》）。谓其不可信，则群书所征引，今固多散见各篇之中。谓为可信，则群书所征引，为今本所无者，亦复不少。朱右曾本辑之。诿为尽在亡篇之中，似亦未安也。朱右曾曰："此书虽未必果出文、武、周公之手，要亦非秦、汉人所能伪托。何者？庄生有言：圣人之法，以参为验，以稽为决，一二三四是也。周室之初，箕子陈畴，《周官》分职，皆以数纪。大致与此书相似。"今此书亡篇中有《箕子》，安知其不与《洪范》相出入。《克殷》《度邑》两篇，为《史记·周本纪》所本。《世俘》篇记武王狩禽及征国、服国、俘馘、俘宝玉之数，迹似残虐。然与《孟子》所言"周公相武王，灭国者五十，驱虎豹犀象而远之"，隐相符合。《孟子》自述所见武、成，因亦有"血流漂杵"之语。是此书确可称为《尚书》之类也。然如《武称》《允文》《大武》《大明武》《小明武》《武顺》《武穆》《武纪》诸篇，则明明为兵家言。《文传》后半，文字极类《管子》。开塞为商君之术，参看论《商君书》。亦已见本篇中。又《汉书·食货志》：王莽下诏，谓"《乐语》有五均"。今《乐语》已亡，而五均之别，实见本书之《大聚》。五均者，抑并兼之政，亦《管子》轻重之论也。吾国之兵家言，固多涉及治国。其记周事之篇特多者，著书托古，古人类然；亦或诚有所祖述。今《六韬》即如此，岂能附之书家乎？然则此书入之子部兵家，实最妥也。

此书隶之书家，虽拟不于伦，然全书中涉及哲理及论治道、治制之处，皆与他古书相类。文字除数篇外，皆朴茂渊雅，绝非汉后人所能为。所述史迹，尤多为他书所不见，实先秦旧籍中之瑰宝矣。

此书传本，讹谬甚多。卢抱经始有校本。其后陈逢衡有《逸周书补注》，朱右曾有《逸周书集训校释》。

《度训》第一　《命训》第二　《常训》第三　《文酌》第四　据序，自此至《文传》，皆文王之书。《度训》欲以弼纣，《命训》《常训》《文酌》所以化民。然序实不足信，不拘可也。此数篇之意，大约言法度原于天理，必能遵守法度，乃可以和众而聚人。一切赏罚教化之事，皆合群所必须，而亦无不当准诸天然之理者也。理极精深，文颇难解。

《粜匡》第五　此篇述成岁、俭岁、饥岁行事之异，可见古者视岁丰耗，以制国用之规。

《武称》第六　《允文》第七　《大武》第八　《大明武》第九　《小明武》第十　此五篇皆兵家言，甚精。

《大匡》第十一　此篇言荒政。

《程典》第十二　此篇记文王被囚，命三卿守国，诰以治国之道。

《程寤》第十三　《秦阴》第十四　《九政》第十五　《九开》第十六　《刘法》第十七　《文开》第十八　《保开》第十九　《八繁》第二十　此八篇亡。

《酆保》第二十一　《大开》第二十二　《小开》第二十三　《文儆》第二十四　《文传》第二十五　以上五篇，为文王受命作丰邑后事。《酆保》为命公卿百官之语。《大/小开》皆开示后人之语。《文儆》《文传》则文王自知将死，诰太子发之语也。

《柔武》第二十六　《大开武》第二十七　《小开武》第二十八　《宝典》第二十九　据序，自二十六至四十六，皆武王之书。此四篇为武王即位后，与周公讲论治国之道。其以"武"名篇者，我国兵家言，固多涉及政治也。

《酆谋》第三十　《寤儆》第三十一　此两篇皆谋伐商之事。

《武顺》第三十二　《武穆》第三十三　前篇言军制，后篇言军政，亦兵家言之精者。

《和寤》第三十四　《武寤》第三十五　《克殷》第三十六　《世俘》第三十七　此四篇记武王克商之事，事迹多可与他书互证，或补其不备。《世俘》篇原第四十，朱本移前，与《克殷》相次。

《大匡》第三十八　《文政》第三十九　此两篇记武王在管之事。上篇东隅之侯，受赐于王，王诰之。下篇管、蔡以周政开殷人。

《大聚》第四十 此篇记武王克殷后,问周公以徕民之道,述治制甚详。

《箕子》第四十一 《耆德》第四十二 《耆德》,序作《考德》。此两篇亡。

《商誓》第四十三 "誓"读为"哲"。此篇记武王告商诸侯之语。先称商先哲王,次数纣之恶,终述己意,极与书类。

《度邑》第四十四 此篇记武王、周公图建洛邑之事,较《史记》为详。

《武儆》第四十五 《五权》第四十六 此两篇记武、成相继之事。《武儆》篇盖记立成王为太子,而残缺,只寥寥数语。《五权》为武王疾笃告周公之辞。

《成开》第四十七 据序,自此至五十九,为成王、周公之书。此篇为成王元年,周公开告成王之语。

《作雒》第四十八 此篇记周公克殷后,营建洛邑之事。

《皇门》第四十九 此篇记周公会群臣于皇门,诰诫之之语。

《六戒》第五十 此篇亦周公陈戒成王之辞。

《周月》第五十一 《时训》第五十二 《月令》第五十三 序云:"周公正三统之义,作《周月》。辨二十四气之应,以明天时,作《时训》。制十二月赋政之法,作《月令》。"今《月令》篇亡,《时训》记二十四气之应,与《戴记·月令》同。盖《戴记·月令》实合此书之《时训》《月令》二篇为一也。《周月》篇末,言"夏数得天,百王所同"。周虽改正以垂三统,"至于敬授民时,巡守祭享,犹自夏焉。"文体与前不类;且此为儒家学说,盖后人以儒书窜入也。《崇文总目》有《周书·月令》一卷,则《月令》在宋时有单行本。

《谥法》第五十四 此篇历记谥法,谓周公葬武王时作。按《戴记》言"古者,生无爵,死无谥",又言"死谥为周道",则谥确始于周时。然以为周公作,则亦未必然也。

《明堂》第五十五 与《小戴记·明堂位》篇略同。

《尝麦》第五十六 此篇记成王即政,因尝麦求助于臣。篇中多涉黄帝、少昊、五观之事,可以考史。又云:"命大正正《刑书》九篇。"

按《左》文十八年，季文子言周公制周礼，作《誓令》曰："毁则为贼，掩贼为藏。窃贿为盗，盗器为奸。主藏之名，赖奸之用，为大凶德，有常无赦，在九刑不忘。"昭六年叔向诒子产书，亦曰："周有乱政而作九刑。"则九刑确为周时物。得毋即此《刑书》九篇邪？（《周礼》司刑疏引《郑书注》）以五刑五，加流宥、鞭、扑、赎，为九刑。

《本典》第五十七　此篇记成王问，周公对，盖与上篇相承。

《官人》第五十八　此篇记周公告成王以观人之术，文极平顺。

《王会》第五十九　此篇记八方会同之事。列举四夷之名甚多，考古之瑰宝也。

《祭公》六十　此篇记祭公谋父诲穆王之语，文体亦极似《尚书》。

《史记》第六十一　此篇记穆王命戎夫主史，朔望以闻，借以自镜。说如可信，则史官记注之事，由来已久；而人君之知读记注，亦由来已久矣。篇中历举古之亡国，多他书所不详，亦考古之资也。

《职方》第六十二　同《周官》职方。

《芮良夫》第六十三　此篇记厉王失道，芮伯陈谏之辞。

《太子晋》第六十四　此篇记晋平公使叔誉于周。太子晋时年十五，叔誉与之言，五称而叔誉五穷。叔誉惧，归告平公，反周侵邑。师旷不可。请使，与子晋言，知其不寿，其后果验。颇类小说家言。

《王佩》第六十五　此篇言王者所佩在德，故以为名。皆告诫人君之语。

《殷祝》第六十六　此篇记汤胜桀践天子位事。与周全无涉，与下篇亦绝不类。《御览》八十三引《书大传》略同。盖原书已亡，妄人意此书为《尚书》之类，遂取《大传》之涉殷事者补之也。

《周祝》第六十七　此篇盖亦陈戒之语。以哲学作成格言，极为隽永。

《武纪》第六十八　此篇亦兵家言。

《铨法》第六十九　此篇言用人之道。

《器服》第七十　此篇言明器，可考丧礼。

第五讲
论《仪礼》《礼记》《大戴礼记》
《周礼》之读法

　　《周礼》《仪礼》《礼记》，今日合称"三礼"。按高堂生所传之《礼》，本止十七篇；即今《仪礼》，是为《礼经》。《周礼》本称《周官》，与孔门之《礼》无涉。《礼记》亦得比于传耳。然今竟以此三书并列，而《周礼》一书，且几驾《仪礼》而上之，其故何耶？

　　按《汉书·艺文志》谓："《礼》自孔子时而不具。汉兴，鲁高堂生传《士礼》十七篇。汔孝宣世，后仓最明。戴德、戴圣、庆普，皆其弟子。三家立于学官。《礼古经》者，出于淹中。及孔氏学七十篇，当作十七篇。文相似；多三十九篇。及《明堂阴阳》《王史氏之记》，所见多天子、诸侯、卿大夫之制。虽不能备，犹愈仓等推士礼而致于天子之说。"刘歆讥太常博士："国家将有大事，若立辟雍、封禅、巡守之仪，则幽冥而莫知其原。"此为古学家求礼于十七篇以外之原因，盖讥今学家所传为不备也。

　　主今学者曰：今十七篇中，唯《冠》《昏》《丧》《相见》为士礼，余皆天子、诸侯、卿大夫之制。谓高堂生所传独有士礼，乃古学家訾之辞，不足为今学病也。其说良是。然谓十七篇即已备一切之礼，则固有所不能。

　　《逸礼》三十九篇，群书时见征引，《注疏》中即甚多。信今学者悉指为刘歆伪造，似亦未足服人。然谓高堂生所传十七篇，真乃残缺不完之物，则又似不然也。此其说又何如耶？

　　予谓孔门所传之《礼经》为一物；当时社会固有之礼书，又为一物。孔门传经，原不能尽天下之礼；亦不必尽天下之礼。以所传之经，不能尽天下之礼，而诋博士，其说固非；然必谓博士所传以外，悉为伪物，则亦未是也。邵懿辰云："《周官·大宗伯》，举吉、凶、宾、军、嘉五礼，其目三十有六。后人以此为《周礼》之全。实仅据王朝施于邦国者言之，诸侯卿大夫所守，不及悉具，亦揭其大纲而已。古无以吉、凶、宾、军、嘉为五礼者，乃作《周官》者特创此目，以括王朝之礼；而非所语于天下之达礼也。天下之达礼，时曰丧、祭、射、乡、冠、昏、朝、聘，与《大戴礼经》，篇次悉合。见后。《礼运》亦两言之，特'乡（乡）'皆误为'御'耳。后世所谓《礼书》者，皆王朝邦国之礼，而民间所用无多；即有之，亦不尽用。官司所掌，民有老死不知不见者，非可举以教人也。孔子所以独取此十七篇者，以此八者为天下之达礼也。"（邵说见《礼经通论》，此系约举其意）按此说最通。

礼源于俗，不求变俗，随时而异，随地而殊；欲举天下所行之礼，概行制定，非唯势有不能，抑亦事可不必。故治礼所贵，全在能明其义。能明其义，则"礼之所无，可以义起"，原不必尽备其篇章。汉博士于经所无有者，悉本诸义以为推，事并不误。古学家之訾之，乃曲说也。推斯义也，必谓十七篇之外，悉皆伪物，其误亦不辨自明矣。然此不足为今学家病，何也？今学家于十七篇以外之礼，固亦未尝不参考也。

何以言之？按今之《礼记》，究为何种书籍，习熟焉则不察，细思即极可疑。孔子删订之籍，称之曰"经"；后学释经之书，谓之为"传"，此乃儒家通称。犹佛家以佛所说为"经"，菩萨所说为"论"也。其自著书而不关于经者，则可入诸儒家诸子；从未闻有称为"记"者。故廖平、康有为，皆谓今之《礼记》，实集诸经之传及儒家诸子而成，其说是矣。然今《礼记》之前，确已有所谓"记"，丧服之记，子夏为之作传，则必在子夏以前。

今《礼记》中屡称"记曰"，疏皆以为"旧记"。《公羊》僖二年传亦引"记曰：唇亡则齿寒"。则"记"盖社会故有之书，既非孔子所修之经，亦非弟子释经之传也。此项古籍，在孔门传经，固非必备，（故司马迁谓《五帝德》《帝系姓》，儒者或不传）而亦足为参考之资。何者？孔子作经，贵在明义。至于事例，则固有所不能该。此项未尽之事，或本诸义理，以为推致；或酌采旧礼，以资补苴，均无不可。由前之说，则即后仓等推士礼而至于天子之法，亦即所谓"礼之所无，可以义起"；由后之说，则《仪礼正义》所谓"凡《记》皆补《经》所不备"是也。诸经皆所重在义，义得则事可忘，《礼经》固亦如此；然礼须见诸施行，苟有旧时礼以供采取参证，事亦甚便。此礼家先师，所以视"记"独重也。然则所谓《礼记》者，其初盖礼家裒集经传以外之书之称，其后则凡诸经之传，及儒家诸子，为礼家所采者，亦遂概以附之，而举蒙"记"之名矣。然则经传以外之书，博士固未尝不搜采；刘歆讥其"因陋就寡"，实乃厚诬君子之辞矣。今《礼记》中之《奔丧》《投壶》，郑皆谓与《逸礼》同，则《逸礼》一类之书，二戴固非不见也。

至于《周礼》，则本为言国家政制之书；虽亦被"礼"之名，而实与《仪礼》之所谓"礼"者有别。故至后世，二者即判然异名。《周礼》一类之书，改名曰"典"；《仪礼》一类之书，仍称为"礼"。如《唐六典》及《开元礼》是也。《周礼》究为何人所作，说者最为纷纭。汉时今学家皆不之信，故武帝谓其"渎乱不验"，何休以为"六国阴谋之书"；唯刘歆信为"周公致太平之迹"。东汉时，贾逵、马融、郑兴、兴子众皆治之，而郑玄崇信尤笃。汉末郑学大行，此经遂跻《礼经》之上。

后人议论，大抵不出三派：

（一）以称其制度之详密，谓非周公不能为。

（二）则訾其过于烦碎，不能实行，谓非周公之书。

（三）又有谓周公定之而未尝行；或谓立法必求详尽，行之自可分先后，《周官》特有此制，不必一时尽行，以为调停者。今按此书事迹，与群经所述，多相龃龉，自非孔门所传。

其制度看似精详，实则不免矛盾。（康有为谓实行《周官》之制，则终岁从事于祭，且犹不给是也。见所著《官制议》）故汉武谓其"渎乱不验"，何休指为"六国阴谋"，说实极确。"渎乱"即杂凑之谓，正指其矛盾之处；"不验"则谓所言与群经不合也。古书中独《管子》所述制度，与《周官》最相类。《管子》实合道、法、纵横诸家之言，固所谓"阴谋之书"矣。故此书与儒家《礼经》，实属了无干涉，亦必非成周旧典。盖系战国时人，杂采前此典制成之。日本织田万曰："各国法律，最初皆唯有刑法，其后乃逐渐分析。行政法典，成立尤晚。唯中国则早有之，《周礼》是也。《周礼》固未必周公所制，然亦必有此理想者所成，则中国当战国时，已有编纂行政法典之思想矣。"（见所著《清国行政法》）此书虽属渎乱，亦必皆以旧制为据。刘歆窜造之说，大昌于康有为，而实始于方苞。苞著《周官辨》十篇，始举《汉书·王莽传》事迹为证，指为刘歆造以媚莽，说诚不为无见。然窜乱则有之；全然伪撰，固理所必无，则固足以考见古制矣。此书虽属虚拟之作，然孔子删订"六经"，垂一王之法，亦未尝身见诸施行。当两千余年前，而有如《周官》之书，其条贯固不可谓不详，规模亦不可谓不大。此书之可贵，正在于此。初不必托诸周公旧典，亦不必附和孔门《礼经》。所谓合之两伤，离之双美。必如郑玄指《周官》为经礼，《礼经》为曲礼——见《礼器》（"经礼三百，威仪三千"）注。一为周公旧典，足该括夫显庸创制之全；一则孔子纂修，特掇拾于煨烬丛残之后——则合所不必合，而其说亦必不可通矣。

《仪礼》篇次，《大／小戴》及刘向《别录》，各有不同。今本之次，系从《别录》，然实当以《大戴》为是。依《大戴》之次，则一至三为冠、昏，四至九为丧祭，十至十三为射乡，十四至十六为朝聘；十七丧服，通乎上下，且此篇实传，故附于末也。

篇名	大戴	小戴	别录
士冠礼	一	一	一
士昏礼	二	二	二
士相见礼	三	三	三
乡饮酒礼	十	四	四
乡射礼	十一	五	五
燕礼	十二	十六	十六
大射礼	十三	七	七
聘礼	十四	十五	八
公食大夫礼	十五	十六	九

觐礼	十六	十七	十
丧服经礼	十七	九	十一
士丧礼	四	八	十二
既夕礼	五	十四	十三
士虞礼	六	十五	十四
特牲馈食礼	七	十三	十五
少牢馈食礼	八	十一	十六
有司彻	九	十二	十七

礼之节文，不可行于后世，而其原理则今古皆同。后世言礼之说，所以迂阔难行；必欲行之，即不免徒滋纷扰者，即以拘泥节文故。故今日治礼，当以言义理者为正宗；而其言节文者，则转视为注脚，为欲明其义，乃考其事耳。然以经作史读，则又不然。礼源于俗，故读古礼，最可考见当时社会情形。

《礼经》十七篇，皆天下之达礼，尤为可贵。如冠、昏、丧、祭之礼，可考亲族关系、宗教信仰；射、乡、朝、聘之礼，可考政治制度，外交情形是也。而宫室、舟车、衣服、饮食等，尤为切于民生日用之事。后世史家，记载亦罕，在古代则以与《礼经》相关故，钩考者众，事转易明。（说本陈澧，见《东塾读书记》）尤治史学者所宜究心矣。

至治《周礼》之法，则又与《礼经》异。此书之所以可贵，乃以其为政典故，前已言之。故治之者亦宜从此留意。《周官》六官，前五官皆体制相同；唯冬官阙，以《考工记》补之。按古代工业，大抵在官（除极简易，及俗之所习，人人能自制者）。制度与后世迥异。今可考见其情形者，以此书为最详，亦可宝也（《周礼》有《冬官》补亡一派。其说始于宋俞庭椿之《周礼复古编》。谓五官所属，在六十以外者皆美，乃割裂之以补《冬官》。其说无据，不足信也）。

今《礼记》凡四十九篇。《正义》引《六艺论》曰："戴德传《记》八十五篇，则《大戴礼》是也；戴圣传《记》四十九篇，此《礼记》是也。"《经典释文·叙录》引刘向《别录》："《古文记》二百四篇。"又

142

引陈邵《周礼论·序》："戴德删《古礼》二百四篇为八十五篇，谓之《大戴礼》；戴圣删《大戴礼》为四十九，是为《小戴礼》。后汉马融、卢植，考诸家同异，附戴圣篇章，去其繁重，及所叙略，而行于世，即今《礼记》是也。"《隋志》则谓："戴圣删《大戴》为四十六，马融足《月令》《明堂位》《乐记》为四十九。"今按《汉志》：礼家，《记》百三十一篇。班氏自注："七十子后学者所记也。"（按其中实有旧记，此书未尽合）见前。此为今学。又《明堂阴阳》三十三篇，《王史氏》二十一篇。此即所谓"《礼古经》出淹中，多三十九篇，及《明堂阴阳》《王史氏记》者"。见前。更加《古封禅群祀》二十二篇，凡二百七。如《隋志》说，《月令》《明堂位》《乐记》三篇，为马融、卢植后加，则正二百四也。（此外礼家之书：《曲台后仓》，乃汉师所撰。《中庸说》、《明堂阴阳说》皆说，《周官经》、《周官传》，别为一书，与礼无涉。《军礼司马法》，为班氏所入。《封禅议对》、《汉封禅群记》、《议奏》，皆汉时物。故唯《古封禅群祀》，可以相加也。然此二百四篇中，百三十篇实为今学，不得概云古文记）

然《乐记正义》又引刘向《别录》，谓《礼记》四十九篇。《后汉书·桥玄传》："七世祖仁，著《礼记章句》四十九篇。"仁即班氏《儒林传》所谓小戴授梁人桥仁季卿者。《曹褒传》："父充，治《庆氏礼》。褒又传《礼记》四十九篇。庆氏学遂行于世。"则《礼记》四十九篇，实小戴、庆氏之所共，抑又何耶？按陈邵言：马融、卢植去其繁重，而不更言其篇数，明有所增亦有所去，而篇数则仍相同。今《礼记》中，《曲礼》《檀弓》《杂记》，皆分上下，实四十六篇。四十六加八十五，正百三十一。然则此百三十一篇者，固博士相传之今学，无所谓删《古记》二百四篇而为之也。或谓今之《大戴记》《哀公问》《投壶》，皆全同《小戴》；苟去此二篇，篇数即不足八十五，安得谓小戴删取大戴乎？不知今之《大戴记》，无传授可考，前人即不之信。（《义疏》中即屡言之）虽为古书，必非大戴之书。然语其篇数，则出自旧传，固不容疑也。

《礼记》为七十子后学之书，又多存礼家旧籍。读之，既可知孔门之经义，又可考古代之典章，实为可贵。然其书编次错杂，初学读之，未免茫无头绪。今更逐篇略说其大要。

　　《曲礼》上第一、下第二　此篇乃杂记各种礼制，明其委曲者，故称《曲礼》。凡礼之节文，多委曲繁重。然社会情形，由此可以备睹。欲考古代风俗者，此实其好材料也。

　　《檀弓》上第三、下第四　此篇虽杂记诸礼，实以丧礼为多。檀弓，《疏》云六国时人；以仲梁子是六国时人，此篇有仲梁子故。然"檀弓"二字，特取于首节以名篇，非谓此篇即檀弓所记。或谓檀弓即仲弓，亦无确证也。

　　《王制》第五　此篇郑氏以其用"正"决狱，合于汉制；又有"古者以周尺"、"今以周尺"之言，谓其出于秦、汉之际。卢植谓汉文令博士诸生所作。按《史记·封禅书》："文帝使博士诸生刺取六经作《王制》。"今此篇中固多存诸经之传，（如说制爵禄为《春秋传》，巡守为《书传》）卢说是也。孔子作六经，损益前代之法，以成一王之制，本不专取一代。故经传所说制度，与《周官》等书述一代之制者，不能尽符。必知孔子所定之制，与历代旧制，判然二物，乃可以读诸经。若如《郑注》，凡度制与《周官》不合者，即强指为夏、殷，以资调停，则愈善附会而愈不可通矣。细看此篇《注疏》，便知郑氏牵合今古文之误。此自治学之法当然，非有门户之见也。

　　《月令》第六　此篇与《吕览·十二纪》《淮南子·时则训》大同。《逸周书》亦有《时训》《月令》二篇。今其《月令》篇亡，而《时训》所载节候，与此篇不异。盖此实合彼之两篇为一篇也。蔡邕、王肃以此篇为周公作，盖即以其出于《周书》。郑玄则以其令多不合周法；而太尉之名，九月授朔之制，实与秦合，指为出于《吕览》。然秦以十月为岁首，已在吕不韦之后，则郑说亦未可凭。要之古代自有此等政制，各家同祖述之，而又颇以时制，改易其文耳。

　　《曾子问》第七　此篇皆问丧礼、丧服，多可补经所不备。

　　《文王世子》第八　此篇凡分五节。见《疏》。可考古代学制、刑法、世子事父之礼，王族与异姓之殊。此篇多古文说。

　　《礼运》第九　《礼器》第十　此两篇颇错杂，然中存古制及孔门大义甚多。如《礼运》首节，述大同之治，实孔门最高理想。"夫礼之初"一节，可考古代饮食居处进化情形。下文所论治制，亦多非春秋、战国时所有,盖皆古制也。《礼器》云:"因名山以升中于天,因吉土以享帝于郊。"昊天上帝与五方帝之别,明见于经者,唯此一处而已。论礼意处,尤为纯美。

《郊特牲》第十一　此篇在《礼记》中最为错杂。大体论祭祀,而冠、昏之义,皆错出其中。

《内则》第十二　此篇皆家庭琐事,而篇首云:"后王命冢宰,降德于众兆民。"令宰相以王命行之,可见古代之政教不分。所记各节,尤可见古代卿大夫之家生活之情况也。

《玉藻》第十三　此篇多记服饰。一篇之中,前后倒错极多,可见《礼记》编次之杂。因其编次之杂,即可见其传授之久也。

《明堂位》第十四　此篇记周公摄王位,以明堂之礼朝诸侯,与《周书·明堂》篇略同。篇中盛夸鲁得用王礼。又曰:"君臣未尝相弑也,礼乐刑法政俗,未尝相变也。"郑玄已讥其诬。此篇盖鲁人所传也。

《丧服小记》第十五　《大传》第十六　此两篇为记古代宗法,最有条理之作;盖因说丧服而及之。

《少仪》第十七　郑云:"以记相见及荐羞之小威仪,故名。""少""小"二字,古通也。

《学记》第十八　此篇皆论教育之法,涉学制者甚少。篇首即云:"君子如欲化民成俗,其必由学乎!"又曰:"古之王者,建国君民,教学为先。"下文又云:"能为师,然后能为长。能为长,然后能为君。故师也者,所以学为君也。"此篇盖皆为人君说法,然其论教育之理则极精。

《乐记》第十九　此篇凡包含十一篇见《疏》,论乐之义极精。《荀子》《吕览》诸书论乐者,多与之复,盖相传旧籍也。

《杂记》上第二十、下第二十一　此篇杂记诸侯以下至士之丧事。

《丧大记》第二十二　此篇记人君以下,始死、小殓、大殓,及殡葬之礼。

《祭法》第二十三　此篇记虞、夏、商、周四代之祀典,极有条理。

《祭义》第二十四　《祭统》第二十五　此两篇皆论祭祀。《祭义》中孔子与宰我论鬼神一段,可考古代之哲学。此外曾子论孝之语,及推论尚齿之义，皆可见古代伦理，以家族为之本。故修身、齐家、治国、平天下，义可一贯也。

《经解》第二十六　此篇论《诗》《书》《乐》《易》《礼》《春秋》之治，各有得失。六艺称经，此为最早矣。下文论礼之语，颇同《荀子》。

《哀公问》第二十七　《仲尼燕居》第二十八　《孔子闲居》第二十九　此三篇文体相类，盖一家之书也。《哀公问》篇，前问政，后问礼。《仲尼燕居》篇，记孔子为子张、子贡、子游说礼乐。《孔子闲居》篇，则为子夏说诗。皆反复推论，词旨极为详尽。

《坊记》第三十　此篇论礼以坊民，列举多事为证。

《中庸》第三十一　此篇为孔门最高哲学。读篇首云"天命之谓性，率性之谓道，修道之为教"三语可见。唯中间论舜及文、武、周公一节，暨"凡为天下国家有九经"一节，太涉粗迹，疑亦他篇简错也。

《表记》第三十二　郑云："此篇论君子之德，见于仪表者，故名。"

《缁衣》第三十三　以上四篇，文体相类。《释文》引刘瓛云："《缁衣》为公孙尼子作。"《隋书·音乐志》，谓《中庸》《表记》《坊记》《缁衣》，皆取《子思子》，《乐记》取《公孙尼子》。今按《初学记》引《公孙尼子》："乐者，审一以定和，比物以饰节。"《意林》引《公孙尼子》："乐者，先王之所以饰喜也。"皆见今《学记》；《意林》引《子思子》十余条，一见于《表记》，再见于《缁衣》；则《隋志》之言信矣。

《奔丧》第三十四　此篇记居于他国，闻丧奔归之礼。郑云：此篇与《投壶》皆为逸礼，见《疏》。

《问丧》第三十五　《服问》第三十六　《闲传》第三十七　《三年问》第三十八　此四篇皆释丧礼之义，及丧服轻重所由，实亦《仪礼》之传也。

《深衣》第三十九　此篇记深衣之制。深衣为古者天子达于庶人之服，若能深明其制，则其余服制，皆易明矣。

《投壶》第四十　此篇记投壶之礼，为古人一种游戏。

《儒行》第四十一　此篇记孔子对哀公，列举儒者之行。与《墨子·非儒》《荀子·非十二子》等篇对看，可见当时所谓儒者之情形。

《大学》第四十二　此篇论学以治国之理。与《学记》篇合看，可见古代学与政相关。

《冠义》第四十三　《昏义》第四十四　《乡饮酒义》第四十五《射义》第四十六　《燕义》第四十七　《聘义》第四十八　此六篇皆《仪礼》之传。但读《礼经》诸篇，殊觉其干燥无味；一读其传，则觉妙绪环生。此吾所以云今日治礼，当以言义理者为主，言节文者为注脚也。

《丧服四制》第四十九　此篇亦《丧服》之传也。

今之《大戴记》，虽未必为戴德之旧，然其中有若干篇，则确为大戴所有。如许慎《五经异义》引《盛德》记，已谓为今《戴礼》说是也。此书《隋志》作十三卷。司马贞言亡四十七篇，存者三十八篇。今存者实三十九篇；盖由《夏小正》一篇，尝摘出别行之故。《中兴书目》《郡斋读书志》谓存者四十篇，则因其时《盛德》记已析为两故也。此书《盛德》篇中论明堂之处，古书征引，皆称为《盛德》篇，不知何时析出，别标明堂之名。宋时诸本篇题，遂或重七十二，或重七十三，或重七十四，《四库》校本仍合之，篇题亦皆校正，具见《四库书目提要》。

此书《哀公问》《投壶》两篇，篇名及记文皆同《小戴》，已见前。此外尚有同《小戴》及诸书处，具见下。盖《戴德》旧本阙佚，后人取诸书足成之也。《汉志》所载《曾子》十八篇，《孔子三朝记》七篇，今多存此书中。不知为《大戴》之旧，抑后人所为。记本纂次古籍，以备参稽，患其阙，不患其杂。此书虽非《大戴》原本，然所采皆古籍，其功用亦与《礼记》无殊。史绳祖《学斋呫毕》，谓宋时尝以此书与《小戴》并列，称十四经，诚无愧色，非如以《周书》与《尚书》并列之拟不于伦也。旧注存者十四篇，王应麟《困学纪闻》谓出卢辩。事见《周书》，说盖可信。

《王言》第三十九　此书今自三十八篇以上皆亡。此篇记孔子闲居，曾子侍，孔子告以王天下之道，亦颇涉治制。此篇与《家语》大同小异。

《哀公问五义》第四十　此篇记孔子告哀公人有五等，与《荀子》

《家语》略同。

《哀公问于孔子》第四十一　此篇同《小戴·哀公问》。《家语》亦袭之，而分《大昏》《问礼》两篇。

《礼三本》第四十二　此篇略同《荀子·礼论》。

《礼祭》第四十六　四十三至四十五阙。此篇同《小戴·经解》及贾谊《新书》。

《夏小正》第四十七　此篇与《周书·周月》篇大同。《小戴记·礼运》："孔子曰：吾得夏时焉。"郑注谓夏时存者有《夏小正》，则此篇确为古书也。《北史》：魏孝武释奠太学，诏中书舍人卢景宣讲《大戴礼·夏小正》；则南北朝时，此篇确在本书中。《隋志》：《夏小正》一卷，戴德撰；则隋时有别行本矣。

《保傅》第四十八　此篇与《汉书·贾谊传疏》同。《新书》分为《傅职》《保傅》《容经》《胎教》四篇。按此本古制，谊盖祖述之也。

《曾子立事》第四十九　《曾子本孝》第五十　《曾子立孝》第五十一　《曾子大孝》第五十二　《曾子事父母》第五十三　《曾子制言》上第五十四、中第五十五、下第五十六　《曾子疾病》第五十七　《曾子天圆》第五十八　《汉书·艺文志》有《曾子》十八篇。朱子曰：世称《曾子》书，取《大戴》十篇充之。晁公武《郡斋读书志》，陈振孙《书录解题》，皆云《曾子》二卷十篇，具《大戴》。盖《汉志》原书之亡久矣。《立事》《制言》《疾病》三篇，皆恐惧修省之意，与他书载曾子之言，意旨相合。《大孝》篇同《小戴·祭义》《立孝》《事父母》，意亦相同。《天圆》篇："单居离问于曾子曰：天圆而地方者，诚有之乎？曾子曰：如诚天圆而地方，则是四角之不掩也。"近人皆取之，为我国早知地圆之证。然天圆地方，本以理言，（犹言天动地静。然天动地静，亦以理言也）非以体言。古代天文家，无不言地圆者，亦不待此篇为证也。下文论万有皆成于阴阳二力，万法皆本于阴阳，颇同《淮南子·天文训》。《事父母》篇："若夫坐如尸，立如齐；弗讯不言，言必齐色，此成人之善者也，未得为人子之道也。"或谓《小戴·曲礼》上篇"若夫坐如尸，立如齐。"实与此篇文同，而下文脱去。《郑注》读"夫"、"如"字，乃即就脱文释之也。

《武王践阼》第五十九　　此篇记师尚父以《丹书》诏武王，武王于各器物皆为铭，以自儆。前半亦见《六韬》。

《卫将军文子》第六十　　此篇记卫将军文子问子贡以孔子弟子孰贤。子贡历举颜渊、冉雍诸人以对。子贡见孔子，孔子又告以伯夷、叔齐诸贤人之行。略同《家语·弟子行》。

《五帝德》第六十二　《帝系》第六十三　　前篇略同《史记·五帝本纪》，后篇盖同《世本》。按《五帝本纪》既谓"轩辕之时，神农氏世衰，诸侯相侵伐，弗能征"，又谓"炎帝欲侵陵诸侯"，其词未免矛盾。黄帝与炎帝战于阪泉，蚩尤战于涿鹿。据《索隐》引皇甫谧，《集解》引张晏说，二者又皆在上谷，事尤可疑。今此篇只有与炎帝战于阪泉之文，更无与蚩尤战于涿鹿之说。炎帝，姜姓；蚩尤，九黎之君（《书·吕刑》伪孔传，《释文》引马融说，《战国策·秦策》高诱注）。苗民亦九黎之君，《小戴记·缁衣》疏引《吕刑》郑注。此苗民为九黎之君之贬称，非谓人民也。三苗亦姜姓，得毋炎帝、蚩尤，实一人，阪泉、涿鹿实一役耶？此等处，古书诚只字皆至宝也。

《劝学》第六十四　　此篇略同《荀子》。后半又有同《荀子·宥坐》篇处。

《子张问入官》第六十五　　论官人之道，略同《家语》。

《盛德》第六十六　　此篇前半论政治，后半述明堂之制。略同《家语》《五刑》《执辔》三篇。

《千乘》第六十七　　此篇论治国之道，有同《王制》处。此下四篇及《小辨》《用兵》《少闲》，《困学记闻》谓即《孔子三朝记》。

《四代》第六十八　《虞戴德》第六十九　《诰志》第七十　　此三篇亦论政治。

《文王官人》第七十一　　此篇同《逸周书》。

《诸侯迁庙》第七十二　《诸侯衅庙》第七十三　　此两篇亦《逸礼》之类，后篇在《小戴·杂记》中。

《小辨》第七十四　　此篇戒"小辨破言，小言破义，小义破道"，发明"主忠信"之旨。

《用兵》第七十五　　此篇言人生而有喜怒之情，兵之作，与民之有生以俱来。圣人利用而弭乱，乱人妄用以丧身。与《吕览》《淮南》之说相似，实儒家论兵宗旨所在也。参看论彼二书处。

《少闲》第七十六　此篇论分民以职之道，与法家消息相通。

《朝事》第七十七　同《小戴·聘义》，《周官》《典命》《大行人》。

《投壶》第七十八　同《小戴》而少略。

《公冠》第七十九　此篇述诸侯冠礼，后附成王汉昭祝辞。《士冠礼》："公侯之有冠礼，夏之末造也。"可见公冠礼自古有之，特以非达礼故，孔子定《礼经》，不取之耳。然仍在二《戴记》中。解此，可无訾今文家所传之不备，亦不必尽斥古文家之《逸礼》为伪造也。

《本命》第八十　《易本命》第八十一　此两篇为古代哲学，推究万物原本，一切以数说之。但其中又有论及男女之义处，又有一段同《丧服四制》。盖古代伦理，亦原本哲学，故连类及之也。

礼之为物，最为烦琐。欲求易明，厥有二法：（一）宜先通其例。通其例，则有一条例为凭，可以互相钩考，不致茫无把握矣。看凌廷堪《礼经释例》最好。（二）宜明其器物之制。江永《仪礼·释宫注》任大椿《深衣释例》二书最要。器物必参看实物，动作必目验实事，乃更易明。古物不可得，则宜看图。张皋文《仪礼图》最便。动作可以身演，阮元发其议，陈澧尝行之，（见《东塾读书记》）可法也。若喜考究治政制度者，则《周礼》重于《仪礼》。其中牵牵大端，如沈彤之《周官禄田考》王鸣盛之《周礼军赋说》等，皆可参阅。《考工记》关涉制造，戴震有《考工记图》，阮元又有《车制图考》。（《考工记》于各种工业最重车）

"三礼"旧疏皆好。清儒新疏，《仪礼》有胡培翚之《正义》，《周礼》有孙诒让之《正义》，唯《礼记》无之。然古书皆编次错杂，任举一事，皆散见各处，钩稽非易，通贯自难。实当以类相从，另行编次。朱子之《仪礼经传通解》，即准此例而作。江永之《礼书纲目》，沿用其例；而后起更精，多足订正《通解》之失，不可不一阅也。若宋陈祥道之礼书，则该贯古今，更为浩博。清秦蕙田《五礼通考》，盖沿其流；卷帙太繁，非专门治礼者，但资翻检足矣。

《礼记》之注，以宋卫湜《礼记集说》，搜采为最多。宋以前诸儒之说《礼记》者，今日犹可考见，皆赖此书之存也。清杭世骏《续礼记集说》，搜采逮于清初，亦称浩博。然卷帙太巨，且中多空论，未免泛滥无归。初学欲求简明，读清朱彬《礼记训纂》却好。此书参考博，而颇能反之于约也。《大戴记》久讹舛，清卢文弨、戴震，始厘正其文字。其后汪照有《大戴礼注补》，孔广森有《大戴礼记补注》，王聘珍有《大戴礼记解诂》。

第六讲
论《易》之读法

　　言《易》之书，不外理、数两派。汉之今文家，言理者也；今文别派京氏，及东汉传古文诸家，言数者也。晋王弼之学，亦出汉古文家，然舍数而言理，宋邵雍、刘牧之徒，则又舍理而求诸数；唯程颐言理不言数。古今易学之大别，如此而已。

　　汉今文《易》立于学官者四家，施、孟、梁丘及京氏是也。《汉书·儒林传》谓"要言《易》者，本之田何"。据传所载：田何传王同、周王孙、丁宽、齐服生。王同传杨何，（即司马谈所从受《易》者；见《太史公自序》）丁宽传田王孙，田王孙传施雠、孟喜、梁丘贺。授受分明，本无异派也。然《传》又云："丁宽至洛阳，复从周王孙受古谊。"周王孙与宽，同学于田何，安所别得古谊，而宽从受之，已不免矛盾矣。《贺传》又云："从京房受《易》。房者，杨何弟子也。房出为齐郡太守，贺更事田王孙。"《房传》云："受《易》梁人焦延寿。焦延寿云：尝从孟喜'问《易》。房以为延寿《易》即孟氏学。翟牧白（生孟喜授《易》者》）不肯，皆曰：非也。'"则纠纷弥甚。按《喜传》："得《易》家《候阴阳灾变书》，诈言师田生且死时，枕喜膝独传喜。同门梁丘贺，疏通证明之，曰：田生绝于施雠手中，时喜归东海，安得此事？博士缺，众人共荐喜，上闻喜改师法，遂不用喜。"则喜盖首为异说，以变乱师法者。然《京房传》言："成帝时刘向校书，考《易》说，以为诸家皆祖田何。杨叔、丁将军，大谊略同；唯京氏为异党。延寿独得隐士之说，托之孟氏，不相与同。"则又似孟氏之学，本无异说，而为京房所依托者。今按京氏易学，专言灾异，实出于中叶以后；丁宽当景帝时，安得有此？刘向谓为伪托，说盖可信。梁丘贺初学于京氏，丁宽更问于田王孙，盖亦造作之词也。汉古文《易》传于后者为费氏，《传》云："《费氏易》无章句，徒以《彖》《象》《系辞》十篇、《文言》解说上下经。"则其学亦应举大谊，不杂术数。然郑玄、荀爽，皆传《费氏易》者，其学颇多言象数，实与京氏为同党。何哉？盖古文《易》又有高氏。高氏亦无章句，而传言其专言阴阳灾异，正与京氏同。盖汉初《易》家，皆仅举大谊，不但今文如此，即初出之《费氏古文》，亦尚如此。其后术数之学浸盛，乃一切附会经义；不徒今文之京氏然，即古文之高氏亦然矣。东汉传《费氏易》者，盖特用其古文之经。（《汉书·地理志》云："刘向以中古文《易经》校施、孟、梁丘经，或脱去'无咎'、'悔亡'，唯费氏经与古文同。"）当时盖有费氏经优于施、孟、梁丘经之说。至其说，则久非费氏之旧。此所以王弼亦治《费氏易》，而其说顾与郑、荀诸家，判然不同也。《孟易》嫡传，厥唯虞氏。然《三国志·虞翻传》注载翻奏，谓"前人通讲，多玩章句；虽有秘说，于经疏阔"。此实虞氏叛孟氏之明证。今所传《孟氏易》说，盖亦非孟氏之旧矣。

东汉易学，至王弼而一变。弼学亦出费氏，然与郑、荀等大异，能举汉人象数之说，一扫而空之。盖还费氏以《彖》《象》《系辞》说经之旧，不可谓无廓清摧陷之功也。自是以后，郑、王之学并行，大抵河北主郑，江南行王。至唐修《五经正义》用王氏，而《郑易》亦亡。唐李鼎祚作《周易集解》，独不宗王，而取汉人象数之说，所搜辑者三十余家。后人得以考见汉《易》者，独赖此书之存而已。

至于宋代，则异说又兴，宋儒言《易》，附会图、书。其学实出陈抟，而又分二派：（一）为刘牧之《易数钩隐》，以九为《河图》，十为《洛书》。（二）为邵雍，说正相反。后邵说盛行，而刘说则宗之者颇希。程颐独指邵说为《易》外别传；所著《易传》，专于言理。朱子学出于颐，所作《易本义》，亦不涉图学，而卷首顾附以《九图》，王懋竑谓考诸《文集》《语类》，多相抵牾，疑为后人依附。然自此图附于《本义》后，图、书之学，又因之盛行者数百年。至于明末，疑之者乃渐多。至清胡渭作《易图明辨》，而图、书为道家之物，说乃大明。（疑图、书者始于元陈应润。应润著《爻变义蕴》，始指先天诸图为道家修炼之术。明、清之际，黄宗羲著《易学象数论》，宗羲弟宗炎著《图书辨惑》，毛奇龄著《图书原舛编》，而要以胡氏书为最详该。以此书与惠栋之《明堂大道录》并读，颇可考见古今术数之学之大略也）自此以后，汉《易》大兴，舍宋人之象数，而言汉人之象数矣。

从来治《易》之家，言理者则诋言数者为诬罔，言数者则诋言理者为落空。平心论之，皆非也。汉儒《易》说，其初盖实止传大义；阴阳灾异之说，不论今古文，皆为后起；已述如前。宋人之图，实出道家；在儒家并无授受；经清儒考证，亦已明白。然谓汉初本无象数之说，图、书亦无授受之征，则可；谓其说皆与《易》不合，则不可。西谚云：“算账只怕数目字。”汉、宋象数之说，果皆与《易》无关，何以能推之而皆合乎？参看论《淮南子》。盖古代哲学，导源宗教，与数、术本属一家。其后孔门言《易》，庸或止取大义。然为三代卜筮之书之《易》，则因未尝不通于数术。吾侪今日，原不必执言但考孔门之《易》，而不考三代卜筮之旧《易》，且亦不能断言孔门之《易》，决不杂象数之谈；即谓孔门之《易》不杂象数，而数显易征、理藏难见，今者《易》义既隐，亦或因数而易明也。然则象数之说，在易学虽非正传，固亦足资参证矣。唯此为专门之学，非深研古代哲学者，可以不必深究。

《易》为谁作，及其分篇若何，颇有异说。

《汉志》：“《易经》十二篇，施、孟、梁丘三家。”师古曰：“《上下经》及《十翼》，故十二篇。”《十翼》者：《易正义》云：“《上下象》《上下象》《上下系》《文言》《说卦》《序卦》《杂卦》”是也。然《法言·问神》，谓“《易》损其一”；《论衡·正说》，谓孝宣时河内女子得《逸易》一篇；《隋志》亦述其事，而又云得三篇。按今《系辞》中屡有“系辞”字，皆指《卦辞》《爻辞》言之。《太史公自序》引今《系辞》之文，谓之《易大传》，据《释文》王肃本《系辞》实有“传”字。今《系辞》中多有“子曰”字，明系后学所为，王肃本是也。《说卦》《序卦》《杂卦》，盖亦非汉初所有，故《隋志》以为三篇后得。然则今本以卦、爻辞及象、象合为上下二篇，盖实汉师相传旧本。《汉志》谓施、孟、梁丘经即十二篇，其说盖误。志载各家《易传》皆二篇，（唯丁氏八篇，亦与十二篇不合）施、孟、梁丘《章句》，亦皆二篇，亦其一证也。然自东汉以后，皆以分十二篇者为古本。（《三国志·高贵乡公纪》：博士淳于俊谓郑氏合彖、象于经）宋吕祖谦如其说，重定之。朱子作《本义》，即用其本。明时修《五经大全》，以《本义》析入《程传》。后士子厌《程传》之繁，就其本刊去《程传》，遂失《本义》原次。清修《周易折中》，用宋咸淳吴革刻本，仍分为十二篇焉。

　　伏羲"画卦"，见于《系辞》，故无异说。至"重卦"，则说者纷纷。王弼以为伏羲自重，郑玄以为神农，孙盛以为夏禹，史迁以为文王；《卦辞》《爻辞》，郑学之徒，以为文王作；马融、陆绩之徒，以《卦辞》为文王、《爻辞》为周公作。至《十翼》则并以为孔子作，无异论。并见《正义八论》。今按《系辞》为传，《说卦》等三篇后得，已见前。既云后得，则必不出孔子。《史记·孔子世家》云："孔子晚而喜《易》，序《彖》《系象》《说卦》《文言》。""序"之云者，"次序"之谓，犹上文所谓"序书传"，初不以为自作。《汉志》乃云："孔氏为之《彖》《象》《系辞》《文言》《序卦》之属十篇。"与以《卦辞》《爻辞》为文王、周公作者，同一无确据而已。要之《易》本卜筮之书，其辞必沿之自古，纵经孔子删订，亦不必出于自为；疑事无质，不必凿言撰造之人可也。《周礼》："大卜三易：一曰《连山》，二曰《归藏》，三曰《周易》。"杜子春以《连山》为伏羲，《归藏》为黄帝。郑玄则谓："夏曰《连山》，殷曰《归藏》，周曰《周易》。"然郑以卦、爻辞并为文王作，则不以《连山》《归藏》为有辞也。

　　读《易》之法，可分精、粗二者言之。若求略通《易》义，可但观《王注》《程传》，以《易》本文与周秦诸子，互相钩考（可用惠氏《易微言》之法）。若求深造，则象数之说，亦不可不通。说已见前。唯仍须与哲学之义不背，不可坠入魔障耳。清儒治汉《易》者，以元和惠氏为开山，武进张氏为后劲；江都焦氏，则为异军苍头。初学读《易》者，即从此三家入手可也。汉儒《易》学，自唐修《五经正义》后久微。惠氏乃以李鼎祚《集解》为主，参以他种古书，一一辑出。其书有《周易述》二十一卷，《易汉学》八卷，《易例》二卷。《九经古义》中，涉《易》者亦不少。《明堂大道录》一书，实亦为《易》而作；《书目答问》，入之礼家，非也。（惠氏书多未成，《周易述》一种，其弟子江藩有《补》四卷）汉儒《易》学，各有家法。惠氏搜辑虽勤，于此初未能分别。至张氏乃更有进。张氏之书，有《周易虞氏义》九卷，《虞氏消息》二卷，《易礼》二卷，《易事》二卷，《易言》二卷，《易候》一卷，又有《周易郑氏义》二卷，《荀氏九家义》一卷，《易义别录》十四卷；始分别诸家，明其条贯，而于虞氏尤详；亦以《集解》存诸家说，本有详略之不同也。焦氏书曰《周易章句》十二卷，《易通释》十二卷，《易图略》八卷。焦氏不墨守汉人成说，且于汉儒说之误者，能加以驳正；《通释》一书，自求条例于《易》，立说亦极精密，诚精心之作也。予谓三家书中，惠氏之《明堂大道录》，及其《周易述》中所附之《易微言》，及焦氏之《易通释》三种，尤须先读。《明堂大道录》，举凡古代哲学，与术数有关之事，悉集为一编；可作古代宗教哲学史读，读一过，则于此学与古代社会，究有何等关系，已可了然。《易微言》将《易经》中哲学名词，一一逐条抄出，更附以他种古书，深得属辞比事之法。《易通释》则统合全书，求其条例，皆治学最善之法也。学者循其门径，不第可以读《易》，并可读古代一切哲学书矣。

第七讲
论《春秋》之读法

《春秋》一书，凡有"三传"。昔以《公羊》《谷梁》为今文，《左氏》为古文。自崔适《春秋复始》出，乃考定《谷梁》亦为古文。

《春秋》之记事，固以《左氏》为详；然论大义，则必须取诸《公羊》。此非偏主今学之言也。孟子曰："其事则齐桓、晋文，其文则史，其义则丘窃取之矣。"若如后儒之言，《春秋》仅以记事，则《孟子》所谓义者，安在哉？太史公曰："《春秋》文成数万，其指数千。"今《春秋》全经，仅万七千字，安得云数万？且若皆作记事之书读，则其文相同者，其义亦相同。读毛奇龄之《春秋属辞比事表》，已尽《春秋》之能事矣，安得数千之指乎？《春秋》盖史记旧名。（韩起适鲁，见《易象》与《鲁春秋》，见左昭二年。孟子曰："晋之《乘》，楚之《梼杌》，鲁之《春秋》，一也。"而《晋语》：司马侯谓羊舌肸习于《春秋》，《楚语》：申叔论传太子，曰：教以春秋。盖《乘》与《梼杌》为列国异名，而《春秋》则此类书之通名也。《墨子》载《周春秋》记杜伯事，《宋春秋》记观辜事，《燕春秋》记庄子仪事，亦皆谓之《春秋》）孔子修之，则实借以示义。《鲁春秋》之文，明见《礼记·坊记》。孔子修之，有改其旧文者，如庄七年"星陨如雨"一条是也；有仍而不改者，如昭十二年"纳北燕伯于阳"一条是也。故子女子曰："以《春秋》为《春秋》。"（闵元年）。《传》曰："定、哀多微辞。主人习其读而问其传，则未知己之有罪焉尔。"（定元年）。封建之时，文网尚密，私家讲学，尤为不经见之事；况于非议朝政、讥评人物乎？圣人"义不讪上，知不危身"，托鲁史之旧文，传微言于后学，盖实有所不得已也，曷足怪哉！

《易》与《春秋》，相为表里。盖孔门治天下之道，其原理在《易》，其办法则在《春秋》也。今试就"元年春王正月"一条，举示其义。按传曰："元年者何？君之始年也。春者何？岁之始也。王者孰谓？谓文王也。曷为先言王而后言正月？王正月也。何言乎王正月？大一统也。公何以不言即位？成公，意也。"何君《解诂》曰："《春秋》变一为元。元者，气也，无形以起，有形以分，造起天地，天地之始也。故上无所系，而使春系之也。不言公言君者，所以通其义于王者。《春秋》托新王受命于鲁，故因以录即位。明王者当继天奉元，养成万物；春者，天地开关之端，养生之首，法象所出，四时本名也。文王，周始受命之王，天之所命，故上系天端。方陈受命，制正月，故假以为王法。不言谥者，法其生，不法其死，与后王共之，人道之始也。统者，总系之辞。王者始受命，改制，布政施教于天下，莫不一一系于正月，故云政教之始。即位者，一国之始。

政莫大于正始，故《春秋》以元之气，正天之端；以天之端，正王之政；以王之政，正诸侯之即位；以诸侯之即位，正境内之治。诸侯不上奉王之政，则不得即位，故先言正月而后言即位；政不由王出则不得为政，故先言王而后言正月也。王者不承天以制号令则无法，故先言春而后言王；天不深正其元，则不能成其化，故先言元而后言春。五者同日并见，相须成体；乃天人之大本，万物之所系，不可不察也。"按中国古代哲学，最尊崇自然力。此项自然力，道家名之曰"道"，儒家谓之曰"元"。

《春秋》"元年春王正月"之"元"，即《易》"大哉乾元，万物资始，乃统天"之"元"。为宇宙自然之理，莫知其然而然，只有随顺，更无反抗。人类一切举措，能悉与之符，斯为今人所谓"合理"；人类一切举措而悉能合理，则更无余事可言，而天下太平矣。然空言一切举措当合理甚易，实指何种举措为合理则难；从现在不合理之世界，蕲至于合理之世界，其间一切举措，一一为之拟定条例，则更难。《春秋》一书，盖即因此而作。故有据乱、升平、太平三世之义。二百四十年之中，儒家盖以为自乱世至太平世之治法，皆已毕具，故曰："《春秋》易为终乎哀公十四年？曰备矣。"曰："拨乱世，反之正，莫近于《春秋》。"曰："万物之散聚，皆在《春秋》"也。（"物""事"古通训）《春秋》之为书如此。其所说之义，究竟合与不合，姑措勿论。而欲考见孔子之哲学，必不能无取乎是，则正极平易之理，非怪迂之谈矣。

《公羊》一书，自有古学后，乃抑之与《左》《谷》同列，并称"三传"。其实前此所谓《春秋》者，皆合今之《经》与《公羊传》而言之，崔适《春秋复始》，考证甚详（其实诸经皆然，今之《仪礼》中即有传，《易》之《系辞传》亦与经并列）；今之所谓《春秋》经者，乃从《公羊》中摘出者耳。汉儒言《春秋》者于齐、鲁，自胡毋生；于赵，自董仲舒。今仲舒书存者有《春秋繁露》；何氏《公羊解诂》，系依胡毋生条例。今学家之书传于后者，当以此为最完矣。（伏生《书传》，阙佚更甚于《繁露》。《韩诗》仅存《外传》。此外今学家经说，更无完全之书）清儒之治今学，其始必自《春秋》入，盖有由也。《繁露》凌曙有注；康有为《春秋董氏学》，条理极明，可合看。清儒疏《公羊》者，有孔广森之《通义》，及陈立之《义疏》。陈书较胜于孔，以孔于今古文家法，实未明白也。

董子曰："《诗》无达诂，《易》无达占，《春秋》无达例。"盖文字古疏今密，著书之体例亦然。孔子作《春秋》，为欲借以示义，原不能无义例。然欲如后人之详密，则必不能。若必一一磨勘，则"三传"之例，皆有可疑；过泥于例，而背自古相传之义，非所宜也。然初学治《春秋》，必先略明其例，乃觉自有把握，不致茫无头绪，特不当过泥耳。欲明《公羊》条例者，宜读刘逢禄《公羊何氏释例》、崔适《春秋复始》两书。

《谷梁》虽亦古学，然其体例，实与《公羊》为近。《公羊》先师有子沈子，《谷梁》亦有之。其大义虽不如《公羊》之精，然今《公羊》之义，实亦阙而不完；凡有经无传者皆是。《谷梁》既有先师之说，亦足以资参证也。范宁《集解自序》，于"三传"皆加诋，谓"当弃所滞，择善而从。若择善靡从，即并舍以求宗，据理以通经"。此自晋人治经新法，已开啖、赵"三传"束阁之先声矣。（《范注》屡有驳《传》之处，如隐九年、庄元年、僖八年、十四年、哀二年皆是。《杨疏》亦屡有驳《注》之处，见僖四年及文二年。僖元年"护苢挈"一事，《注》既驳《传》，《疏》又驳《注》）杨士勋《疏》称宁别有《略例》百余条，今皆不见。盖已散入《疏》中？清儒治此经者，柳兴宗《谷梁大义述》、许桂林《谷梁释例》两书最好。

至《左氏》一书，则与《公羊》大异。孔子之修《春秋》，必取其义，说已见前。今《左氏》一书，则释《春秋》之义者甚少。或有经而无传，或有传而无经。庄二十六年之传全不释经。夫传以解经，既不解经，何谓之传？故汉博士谓"《左氏》不传《春秋》"。杜预谓其"或先经以起事，或后经以终义，或依经以辨理，或错经以合异"，乃曲说也。《汉书·刘歆传》："初《左氏传》多古字古言，学者传训诂而已。及歆治《左氏》，引传文以解经，转相发明，由是章句义理备焉。"此语实最可疑。传本释经，何待歆引；曰"歆引以解"，则传之本不释经明矣。故信今学者，以此经为刘歆伪造。

谓太史公《报任安书》"左丘失明，厥有《国语》"，云"左丘"不云"左丘明"（下文左丘明无目，"明"字乃后人所加。《论语》"左丘明耻之"一章，出古论，齐、鲁论皆无之，见崔适《论语足征记》），云《国语》不云《左氏传》，则本有《国语》而无《左氏传》，有左丘而无左丘明。今之《左传》，盖刘歆据《国语》所编；今之《国语》，则刘歆编《左传》之余也。其说信否难定。要之《左氏》为史，《春秋》为经；《春秋》之义，不存于《左氏》；《左氏》之事，足以考《春秋》，则持平之论矣（《左氏》《国语》为一家言，人人知之。其书与《晏子春秋》，亦极相似：所记之事，既多重复；且《左氏》时有"君子曰"，《晏子春秋》亦有之，盖皆当时史记旧文也。《史记·十二诸侯年表》："孔子西观周室，论史记旧闻，兴于鲁，而次《春秋》。七十子之徒，口受其传说。为有所刺讥褒讳贬损之文辞，不可以书见也。鲁君子左丘明，惧弟子人人异端，各安其意，失其真，故因孔子史记，具论其语，成《左氏春秋》。"说甚游移。具论其语，为论孔子传指，抑论史记旧闻。云成《左氏春秋》，则此书果为左氏一家言？抑孔子所修《春秋》之传乎？《汉志》曰："仲尼思存前圣之业，以鲁周公之国，礼文备物，史官有法，故与左丘明观其史记，据行事，仍人道，因兴以立功，败以成罚，假日月以定历数，借朝聘以正礼乐。有所褒讳贬损，不可书见，口授弟子。弟子退而异言。丘明恐弟子各安其意以失其真，故论本事而作传。明夫子不以空言说经也。"说较明白。然褒讳贬损，果失其真，论其本事何益？今《公羊》固非全不及事，特本为解经，故其述事但取足以说明经意而止耳。然则弟子固非不知本事，安有所谓空言说经者，而有待于左丘明之论乎？故"左氏不传春秋"，说实至确。唯《公》《谷》述事，既仅取足以解经，语焉不详。生当今日，而欲知《春秋》之本事，则《左氏》诚胜于二传。此则不徒以经作史读者，不可不究心；即欲求《春秋》之义者，本事亦不可昧，《左氏》固仍必读之书也）。

传必释经，儒家通义，故汉儒治此者，郑众、贾逵、服虔、许惠卿等，皆引《公》《谷》之例以释之。至杜预，乃自立体例，谓"专修丘明之传，以释经。经之条贯，必出于《传》；《传》之义例，总归于凡"。于是《左氏》一书，始离《公》《谷》而独立矣。今学说六经，皆以为孔子之制作，古学家乃推诸周公。杜预以"凡五十为周公垂法，史书旧章，仲尼从而明之。其书、不书、先书、故书、不言、不称、书曰之类，乃为孔子变例"。而六经出周公之说，益完密矣。

杜预亦古学之功臣也。释例一书，已散入疏中，仍别有单行之本。此可考见杜氏一家之学耳。不独非《春秋》义，即汉儒治《左氏》者，亦不如此也。欲考杜以前《左氏》注，可看洪亮吉《春秋左传诂》、李贻德《贾服注辑述》两书。《左氏》之专用杜义，亦唐定《正义》后始然。前此主贾、服诸家者，与杜相攻颇甚；刘炫规过，尤为有名。今之《孔疏》，往往袭刘炫规过之词，转以申杜。刘文淇《曰疏考证》，将今疏中袭用旧疏者，一一考出，颇足考见《孔疏》以前之旧疏也。

《左氏》一书，本只可作史读。故杜氏治此，即于史事极详。《释例》而外，又有《世族谱盟会图》《长历》，以考年月事迹世系。后儒治此，亦多注重史事，其中最便考索者，当推马骕《左传事纬》、顾栋高《春秋大事表》两书。《事纬》系纪事本末体，读《左氏》时参检之，可助贯串。《大事表》一书，将全书事迹分门别类，悉列为表，若网在纲，有条不紊，尤必须一读。不独有裨于《左》，兼可取其法以读他书耳。唯以《左氏》作史读，亦有不可不知者两端：（一）则《左氏》记事，多不可信。前人论者已多，无待赘述。（二）则《左氏》记事，亦有须参证《公》《谷》，乃能明白者。《公》《谷》述事，本为解经，故其所述，但取足说明经义而止，前已言之。《左氏》则不然，故其记事之详，十倍《公》《谷》，且皆较为可信。如邲之战：据《公羊》，楚庄王几于堂堂之阵，正正之旗；而据《左氏》，则先以和诳晋，继乃乘夜袭之，实不免于谲诈。《公羊》之说，盖杂以解经者之主观矣。然《左氏》云："晋人或以广队，不能进，楚人惎之脱扃少进，马旋，又惎之拔旆投衡，乃出。顾曰：吾不如大国之数奔也。"当交战之时，而教敌人以遁逃，以致反为所笑，殊不近情。故有训"惎"为"毒"，以"惎之"断句者。然如此，则晋人"顾曰"之语，不可解矣。必知《公羊》"还师以佚晋寇"之说，乃知庄王此役，虽蓄谋以败晋军，而初不主于杀戮；故其下得教敌人以遁逃。然则"晋之余师不能军，宵济亦终夜有声"之语，盖亦见庄王之宽大。杜注谓讥晋师多而其将师不能用，殆非也。此则非兼考《公羊》，不能明史事之真，并不能明《左氏》者矣。举此一事，余可类推。世之不信《公羊》者，每谓其不近情理；其实言《春秋》而不知《公羊》之条例，其事乃真不近情理。即如《春秋》所记，诸侯盟会，前半皆寥寥数国，愈后而其国愈多。若拨弃《公羊》之义，即作为史事读，岂《春秋》诸国，其初皆不相往来者乎？

宋人之治《春秋》，别为一派。其端实启于唐之啖助、赵匡。二人始于"三传"皆不置信，而自以意求之经文。啖、赵皆未尝著书。其弟子陆淳，著《春秋集传纂例》《春秋微旨》，皆祖述啖、赵之说。宋儒之不守"三传"，亦与啖、赵同；而其用意则又各异。宋儒所著之书，以孙复之《春秋尊王发微》、胡安国之《春秋传》为最著。孙书专主尊攘，盖亦北宋时势使然。《胡传》本经筵进讲之书，时值南宋高宗，故尤发挥大复仇之义，欲激其君以进取；意有所主，不专于说经也。明初颁诸经于儒学，皆取宋人之注；以胡氏学出程氏，遂取其书。学者乃并"三传"而称为"四传"焉。宋人讲《春秋》者，多近空谈；既未必得经之意，于史事亦鲜所裨益。非研究宋学者，可以不必措意。

第八讲
论《论语》《孟子》《孝经》《尔雅》之读法

　　《诗》《书》《礼》《易》《春秋》，乃汉人所谓《五经》。《论语》《孝经》，汉人皆以为传（《孝经》虽蒙经名，亦在传列）。《孟子》在儒家诸子中，《尔雅》则汉人所辑之训诂书也。自宋代以此诸书，与"五经"、"三传"及《小戴礼记》合刻，乃有"十三经"之名；朱子取《礼记》中之《大学》《中庸》，以配《论语》《孟子》，乃又有"四书"之名。经与传之别，自西汉专门之学亡后，实已不能深知；今日研究，传且更要于经，说见前，亦不必更严其别也。今就此诸书，略论其读法如下。

　　《四书》之名，定自朱子；悬为令申，则始元延祐。然《汉志》《礼记》之外，有《中庸说》二篇，《隋志》有戴颙《中庸说》二卷，梁武帝有《中庸讲疏》一卷；则《礼记》外有别行之本，由来已久。《大学》，唐以前无别行本，而《书录解题》有司马光《大学中庸广义》各一卷；亦在二程之前。王安石最尊《孟子》，司马光、晁公武却非议之，未免意气用事。宋《礼郑韵略》所附条式，元祐中即以《论》《孟》试士，则尊《孟》亦不始朱子矣。又朱子所定《四书》，以《大学》《论语》《孟子》《中庸》为次。后人移《中庸》于《大学》之后，则专以卷帙多少论耳。

　　朱子于四书皆有注，乃一生精力所萃。其于义理，诚有胜过汉儒处，不可不细读也。欲窥宋学之藩者，读此四书之注亦甚好。朱子注四书，《大学》分经传，颠倒原次；《中庸》虽无颠倒，分章亦不从郑氏，故皆谓之"章句"。《论》《孟》则聚众说,为之注解,故称"集注"。朱子注此四书之意,别著《或问》以发明之;然其后于《集注》又有改定,而《或问》于《大学》外未及重编。故《或问》与《四书注》,颇多抵牾;《文集》《语类》中,有言及注四书之意者,亦不能尽合,不得据《或问》以疑四书之注也。

《论语》有《鲁论》《齐论》及《古论》之别。《鲁论》篇次与今本同。《齐论》别有《问王》《知道》二篇。二十篇中,章句亦颇多于《鲁论》。《古论》云出孔壁,分《尧曰》后半"子张问"以下,别为一篇,故有两《子张》;篇次亦不与《齐论》《鲁论》同。张禹受《鲁论》于夏侯建,又从庸生王吉受《齐论》;择善而从,号曰《张侯论》,已乱《齐》、《鲁》之别;郑玄就《鲁论》篇章,考之《齐》、《古》为之注,则并《齐》《鲁》《古》三者之别而泯之矣。魏何晏集诸家之说,并下己意为《集解》,盛行于世;即今《十三经注疏》所采之本也。梁时,皇侃为之作疏。宋邢昺疏,即系据《皇疏》删其枝蔓,附以义理者。《梁疏》后亡佚,迄清代乃得之日本焉。《古论》云有孔安国注,今见《集解》所引,盖亦王肃所伪,其后此注亦亡;清时,歙县鲍氏,云得其书于日本,重刻之,则又六朝以来伪物也。《论语》一书,皆记孔子及孔门弟子言行,说颇平易可信。书系杂记,无条理。《正义》篇篇皆言其总旨及章次,殊属不必也。清儒作新疏者,有刘宝楠《论语正义》。

《孟子》一书,存儒家大义实多。他姑勿论,民贵君轻之义,非《孟子》即几于泯没不传。此外道性善、明仁义,亦皆孔门大义,至可宝贵。康有为谓《孟子》传孔门大同之义,荀卿只传小康;合否今姑勿论,要其为书,则远出荀卿之上,非他儒书所得比并,真孔门之马鸣龙树矣。又《孟子》书中,存古经说甚多。其言《春秋》处,今人已多知之;言《尚书》处,则知者较鲜。予按《万章上》篇,言尧舜禅让事,无一不与《书大传》合者;盖今文书说,亦民贵君轻之大义也。若无此义,则《尧典》一篇,诚乃极无谓之物矣。古有赵岐注,颇无味。阮氏《校勘记》指其注"摩顶放踵"处,与《文选注》所引不合,疑亦有窜乱也。疏题宋孙奭,实邵武士人所伪,已见前。清儒作新疏者,有焦循《正义》,博而精。

《孝经》一书，无甚精义。姚际恒《古今伪书考》以为伪书。然其书在汉时，实有传授，且《吕览》即已引之，则姚说未当。此书无甚精义，而汉儒顾颇重之者，汉时社会宗法尚严，视孝甚重。此书文简义浅，人人可通，故用以教不能深造之人。如后汉令期门、羽林之士通《孝经》章句是也。（纬书云："志在《春秋》，行在《孝经》。"《六艺论》云："孔子以六艺题目不同，指意殊别，恐道离散，后世莫知根原，故作《孝经》以总会之。"可见汉人重此之心理）此书亦有今、古两本。今文注出郑玄，传自晋荀昶；古文出于刘炫，多《闺门章》四百余字。唐《开元御注》用今文，元行冲为之作疏。宋邢昺《疏》，即以《元疏》为蓝本。清儒治此者，有皮锡瑞《孝经郑注疏》。此书无甚深义，一览可也（孔门言者之义，长于《孝经》者甚多）。

《尔雅》乃训诂书，后人亦附之于经。其实非也。张楫《上广雅表》谓"周公著《尔雅》一篇。释文以为释诂。今俗所传二篇，或言仲尼所增，或言子夏所益，或云叔孙通所补，或云沛郡梁文所考"，要之皆无确据。

予按古人字书，共有三种：（一）四言或三七言韵语，自《史籀篇》以下皆然。王国维说。乃古人识字之书，与今私塾教学童读《三字经》《千字文》同法。（此事盖沿之自古，予别有论）（二）以字形分部，如今之字典，始于许慎之《说文解字》。（三）《尔雅》，今之词典也。此本抄撮以备查检，后人相传，亦必有增改，无所谓谁作。今此书训诂，几全同《毛传》，《释乐》同《周官·大司乐》，九州异《禹贡》而同《周官》，则古学既出后之物。《释兽》中狻麑即狮子，出西域；鹦鹉出北方沙漠，翠生郁林，鳂鳄出乐浪、潘国，鲅虾出秽邪头国；皆非战国前所有，明为后人增益。正如《神农本草经》有汉郡县名耳。此书专治小学者，宜熟读之；否但粗加涉猎，随时查检即可。清儒新疏，有郝懿行《义疏》、邵晋涵《正义》两种。

第四章
蔡元培讲宋明理学（节选）

蔡元培（1868～1940 年），字鹤卿，汉族，浙江绍兴人。革命家、教育家、政治家，民主进步人士，国民党中央执委、国民政府委员兼监察院院长。中华民国首任教育总长。蔡元培数度赴德国和法国留学、考察，研究哲学、文学、美学、心理学和文化史，为他致力于改革封建教育奠定思想理论基础，在国学方面也有独特的见解。

宋明理学亦称"道学"，是一种既贯通宇宙自然（道教）和人生命运（佛教），又继承孔孟正宗（根本），并能治理国家（目的）的新儒学，是宋明时代占主导地位的儒家哲学思想体系。汉儒治经重名物训诂，至宋儒则以阐释义理、兼谈性命为主，因有此称。

宋明理学大致分为程朱理学和陆王心学两个阶段。"程朱理学"的核心是"天理"说和"格物致知"论，"陆王心学"是理学发展的新阶段，其核心是"心即理""心外无物"，即便是"知行合一"说，也是强调知和行都产生于心。本书节选其总说、程颢、程颐、朱熹、陆九渊以及王守仁部分。

第一讲
总说

有宋理学之起源

魏晋以降，苦于汉儒经学之拘腐，而遁为清谈。齐梁以降，歉于清谈之简单，而缛为诗文。唐中叶以后，又赜于体格靡丽内容浅薄之诗文，又趋于质实，则不得不反而求诸经训。虽然，其时学者，既已濡染于佛老二家闳大幽渺之教义，势不能复局于诂训章句之范围，而必于儒家言中，辟一闳大幽渺之境，始有以自展，而且可以与佛老相抗。此所以竞趋于心性之理论，而理学由是盛焉。

朱陆之异同

宋之理学，创始于邵、周、张诸子，而确立于二程。二程以后，学者又各以性之所近，递相传演，而至朱、陆二子，遂截然分派。朱子偏于道问学，尚墨守古义，近于荀子。陆子偏于尊德性，尚自由思想，近于孟子。朱学平实，能使社会中各种阶级修私德，安名分，故当其及身，虽尝受攻讦，而自明以后，顿为政治家所提倡，其势力或弥漫全国。然承学者之思想，卒不敢溢于其范围之外。陆学则至明之王阳明而益光大焉。

动机论之成立

朱陆两派，虽有尊德性、道问学之差别，而其所研究之对象，则皆为动机论。董仲舒之言曰："正其义不谋其利，明其道不计其功。"张南轩之言曰："学者潜心孔孟，必求其门而入，以为莫先于明义利之辨，盖圣贤，无所为而然也。有所为而然者，皆人欲之私，而非天理之所存，此义利之分也。自未知省察者言之，终日之间，鲜不为利矣，非特名位货殖而后为利也。意之所向，一涉于有所为，虽有浅深之不同，而其为徇己自私，则一而已矣。"此皆极端之动机论，而朱、陆两派所公认者也。

功利论之别出

孔孟之言，本折衷于动机、功利之间，而极端动机论之流弊，势不免于自杀其竞争生存之力。故儒者或激于时局之颠危，则亦恒溢出而为功利论。吕东莱、陈龙川、叶水心之属，愤宋之积弱，则叹理学之繁琐，而昌言经制。颜习斋痛明之俄亡，则并诋朱、陆两派之空疏，而与其徒李恕谷、王昆绳辈研究礼乐兵农，是皆儒家之功利论也。惟其人皆亟于应用，而略于学理，故是编未及详叙焉。

儒教之凝成

自汉武帝以后，儒教虽具有国教之仪式及性质，而与社会心理尚无致密之关系。（观晋以后，普通人佞佛求仙之风，如是其盛，苟其先已有普及之儒教，则其时人心之对于佛教，必将如今人之对于基督教矣。）其普通人之行习，所以能不大违于儒教者，历史之遗传，法令之约束为之耳。及宋而理学之儒辈出，讲学授徒，几遍中国。其人率本其所服膺之动机论，而演绎之于日用常行之私德，又卒能克苦躬行，以为规范，得社会之信用。其后，政府又专以经义贡士，而尤注意于朱注之《大学》《中庸》《论语》《孟子》四书。于是稍稍聪颖之士，皆自幼寝馈于是。达而在上，则益增其说于法令之中；穷而在下，则长书院，设私塾，掌学校教育之权。或为文士，编述小说剧本，行社会教育之事。遂使十室之邑，三家之村，其子弟苟有从师读书者，则无不以"四书"为读本。而其间一知半解互相传述之语，虽不识字者，亦皆耳熟而详之。虽间有苛细拘苦之事，非普通人所能耐，然清议既成，则非至顽悍者，不敢显与之悖，或阴违之而阳从之，或不能以之律己，而亦能以之绳人，盖自是始确立为普及之宗教焉。斯则宋明理学之功也。

思想之限制

宋儒理学，虽无不旁采佛老，而终能立凝成儒教之功者，以其真能以信从教主之仪式对于孔子也。彼等于孔门诸子，以至孟子，皆不能无微词，而于孔子之言，则不特不敢稍违，而亦不敢稍加以拟议，如有子所谓夫子有为而言之者。又其所是非，则一以孔子之言为准。故其互相排斥也，初未尝持名学之例以相绳，曰：如是则不可通也，如是则自相矛盾也。惟以宗教之律相绳，曰：如是则与孔子之说相背也，如是则近禅也。其笃信也如此，故其思想皆有制限。其理论界，则以性善、性恶之界而止。至于善恶之界说若标准，则皆若无庸置喙，故往往以无善无恶与善为同一，而初不自觉其抵牾。其于实践方面，则以为家族及各种社会之组织，自昔已然，惟其间互相交际之道，如何而能无背于孔子。是为研究之对象，初未尝有稍萌改革之思想者也。

第二讲
程明道

小 传

　　程明道，名颢，字伯淳，河南人。十五岁，偕其弟伊川就学于周濂溪，由是慨然弃科举之业，有求道之志。逾冠，被调为鄠县主簿。晚年，监汝州酒税。以元丰八年卒，年五十四。其为人克实有道，和粹之气，盎于面背，门人交友，从之数十年，未尝见其忿厉之容。方王荆公执政时，明道方官监察御史里行，与议事，荆公厉色待之。明道徐曰："天下事非一家之私议，愿平气以听。"荆公亦为之愧屈。于其卒也，文彦博采，众议表其墓曰：明道先生。其学说见于门弟子所辑之语录。

性善论之原理

　　邵、周、张诸子，皆致力于宇宙论与伦理说之关系，至程子而始专致力于伦理学说。其言性也，本孟子之性善说，而引易象之文以为原理。曰："生生之谓易，是天之所以为道也。"天只是以生为道，继此生理者只是善，便有一元的意思。元者善之长，万物皆有春意，便是。继之者善也，成之者性也，成却待万物自成其性须得。又曰："一阴一阳之谓道。"自然之道也，有道则有用。元者善之长也，成之者，却只是性，各正性命也。故曰："仁者见之谓之仁，智者见之谓之智。"又曰："生之谓性。"人生而静以上，不能说示，说之为性时，便已不是性。凡说人性，只是继之者善也。孟子云，人之性善是也。夫所谓继之者善，犹水之流而就下也。又曰："生之谓性，性即气，气即性，生之谓也。"其措语虽多不甚明了，然推其大意，则谓性之本体，殆本无善恶之可言。至即其动作之方面而言之，则不外乎生生，即人无不欲自生，而亦未尝有必不欲他人之生者，本无所谓不善，而与天地生之道相合，故谓继之者善也。

善　恶

生之谓性，本无所谓不善，而世固有所谓恶者何故？明道曰，天下之善恶，皆天理，谓之恶者，本非恶，但或过或不及，便如此，如杨墨之类。其意谓善恶之所由名，仅指行为时之或过或不及而言，与王荆公之说相同。又曰："人生气禀以上，于理不能无善恶，虽然，性中元非两物相对而生。"又以水之清浊喻之曰："皆水也，有流至海而不浊者，有流未远而浊多者、或少者。清浊虽不同，而不能以浊者为非水。如此，则人不可不加以澄治之功。故用力敏勇者疾清，用力缓急者迟清。及其清，则只是原初之水也，非将清者来换却浊者，亦非将浊者取出，置之一隅。水之清如性之善。是故善恶者，非在性中两物相对而各自出来也。"此其措语，虽亦不甚明了，其所谓气禀，几与横渠所谓气质之性相类，然惟其本意，则仍以善恶为发而中节与不中节之形容词。盖人类虽同禀生生之气，而既具各别之形体，又处于各别之时地，则自爱其生之心，不免太过，而爱人之生之心，恒不免不及，如水流因所经之地而不免渐浊，是不能不谓之恶，而要不得谓人性中具有实体之恶也。故曰："性中元非有善恶两物相对而出也。"

仁

生生为善，即我之生与人之生无所歧视也。是即《论语》之所谓仁，所谓忠恕。故明道曰："学者先须识仁。仁者，浑然与物同体，义礼智信，皆仁也。"又曰："医家以手足痿痹为不仁，此言最善名状。仁者，以天地万物为一体，无非己也。手足不仁时，身体之气不贯，故博施济众，为圣人之功用，仁至难言。"又曰："若夫至仁，天地为一身，而天地之间，品物万形，为四肢百体，夫人岂有视四肢百体而不爱者哉？圣人仁之至也，独能体斯心而已。"

敬

然则体仁之道，将如何？曰敬。明道之所谓敬，非检束其身之谓，而涵养其心之谓也。故曰："只闻人说善言者，为敬其心也。故视而不见，听而不闻，主于一也。主于内，则外不失敬，便心虚故也。必有事焉不忘，不要施之重，便不好，敬其心，乃至不接视听，此学者之事也。始学岂可不自此去，至圣人则自从心所欲，不逾矩。"又曰："敬即便是礼，无己可克。"又曰："主一无适，敬以直内，便有浩然之气。"

忘内外

明道循当时学者措语之习惯，虽然常言人欲，言私心私意，而其本意则不过以恶为发而不中节之形容词，故其所注意者皆积极而非消极。尝曰："所谓定者，动亦定，静亦定，无将迎，无内外。苟以外物为外，牵己而从之，是以己之性为有内外也。且以己之性为随物于外，则当其在外时，何者为在中耶？有意于绝外诱者，不知性无内外也。"又曰：

"夫天地之常,以其心普万物而无心,圣人之常,以其情顺万事而无情。故君子之学,莫若廓然而大公,物来而顺应。苟规规于外诱之除,将见灭于东而生于西,非惟日之不足,顾其端无穷,不可得而除也。"又曰:"与其非外而是内,不若内外之两忘,两忘则澄然无事矣。无事则定,定则明,明则尚何应物之为累哉?圣人之喜,以物之当喜;圣人之怒,以物之当怒。是圣人之喜怒,不系于心而系于物也,是则圣人岂不应于物哉?乌得以从外者为非,而更求在内者为是也。"

诚

明道既不以力除外诱为然,而所以涵养其心者,亦不以防检为事。尝述孟子勿助长之义,而以反身而诚互证之。曰:"学者须先识仁。仁者,浑然与物同体,识得此理,以诚敬存之而已,不须防检,不须穷索。若心懈则有防,心苟不懈,何防之有?理有未得,故须穷索;存久自明,安待穷索?此道与物无对,大不足以明之。天地之用皆我之用。孟子言万物皆备于我,须反身而诚,乃为大乐。若反身未诚,则犹是二物有对,以己合彼,终未有之,又安得乐?必有事焉而勿正,心勿忘,勿助长,未尝致纤毫之力,此其存之之道。若存得便含有得,盖良知良能元不丧失,以昔日习心未除,故须存习此心,久则可夺旧习。"又曰:"性与天道,非自得者不知,有安排布置者,皆非自得。"

结 论

明道学说,其精义,始终一贯,自成系统,其大端本于孟子,而以其所心得补正而发挥之。其言善恶也,取中节不中节之义,与王荆公同。其言仁也,谓合于自然生生之理,而融自爱他爱为一义。其言修为也,惟主涵养心性,而不取防检穷索之法。可谓有乐道之趣,而无拘墟之见者矣。

第三讲
程伊川

小　传

　　程伊川，名颐，字正叔，明道之弟也。少明道一岁。年十七，尝伏阙上书，其后屡被举，不就。哲宗时，擢为崇政殿说书，以严正见惮，见劾而罢。徽宗时，被邪说诐行惑乱众听之谤，下河南府推究。逐学徒，隶党籍。大观元年卒，年七十五。其学说见于《易传》及语录。

伊川与明道之异同

　　伊川与明道，虽为兄弟，而明道温厚，伊川严正，其性质皎然不同，故其所持之主义，遂不能一致。虽其间互通之学说甚多，而揭其特具之见较之，则显为二派。如明道以性即气，而伊川则以性即理，又特严理气之辨。明道主忘内外，而伊川特重寡欲。明道重自得，而伊川尚穷理。盖明道者，粹然孟子学派；伊川者，虽亦依违孟学，而实荀子之学派也。其后由明道而递演之，则为象山、阳明；由伊川而递演之，则为晦庵。所谓学焉而各得其性之所近者也。

理气与性才之关系

伊川亦主孟子性中有善之说，而归其恶之源于才。故曰："性出于天，才出于气，气清则才清，气浊则才浊。才则有不善，性则无不善。"又曰："性无不善，而有不善者，才也。性即是理，理则自尧舜至于途人，一也。才禀于气，气有清浊。禀其清者为贤，禀其浊者为愚。"其大意与横渠言天地之性、气质之性相类，惟名号不同耳。

心

伊川以心与性为一致。故曰："在天为命，在义为理，在人为性，主于身为心。"其言性也，曰："性即理，所谓理性是也。天下之理，原无不善。喜怒哀乐之未发，何尝不善？发而中节，往往无不善；发而不中节，然后为不善。"是以性为喜怒哀乐未发之境也。其言心也，曰："冲漠无朕，万象森然已具，未应不是先，已应不是后，如百尺之木，自根本至枝叶，每一不贯。"或问以赤子之心为已发，是否？曰："已发而去道未远。"曰："大人不失赤子之心若何？"曰："取其纯一而近道。"曰："赤子之心，与圣人之心若何？"曰："圣人之心，如明镜止水。"是亦以喜怒哀乐未发之境为心之本体也。

养气寡欲

伊川以心性本无所谓不善，乃喜怒哀乐之发而不中节，始有不善。其所以发而不中节之故，则由其气禀之浊而多欲。故曰："孟子所以养气者，养之至则清明纯全，昏塞之患去。"或曰养心，或云养气，何耶？曰："养心者无害而已，养气者在有帅。"又言养气之道在寡欲，曰：

"致知在所养，养知莫过寡欲二字。"其所言养气，已与《孟子》同名而异实，及依违《大学》，则又易之以养知，是皆迁就古书文词之故。至其本意，则不过谓寡欲则可以易气之浊者而为清，而渐达于明镜止水之境也。

敬 与 义

明道以敬为修为之法，伊川同之，而又本《易传》敬以直内、义以方外之语，于敬之外，尤注重集义。曰："敬只是持己之道，义便知有是有非。从理而行，是义也。若只守一个之敬，而不知集义，却是都无事。且如欲为孝，不成只守一个孝字而已，须是知所以为孝之道，当如何奉侍，当如何温清，然后能尽孝道。"

穷 理

伊川所言集义，即谓实践伦理之经验，而假孟子之言以名之。其自为说者，名之曰穷理。而又条举三法：一曰读书，讲明义理；二曰论古今之物，分其是非；三曰应事物而处其当。又分智为二种，而排斥闻见之智，曰："闻见之智，非德性之智，物交物而知之，非内也，今之所谓博物多能者是也。德性之智，不借闻见。"其意盖以读书论古应事而资以清明德性者，为德性之智。其专门之考古学历史经济家，则斥为闻见之智也。

知 与 行

伊川又言须是识在行之先。譬如行路，须得先照。又谓勉强合道而行动者，决不能永续。人性本善，循理而行，顺也。是故烛理明则自然乐于循理而行动，是为知行合一说之权舆。

结　论

伊川学说，盖注重于实践一方面。故于命理心性之属，仅以异名同实之义应付之。而于恶之所由来，曰才，曰气，曰欲，亦不复详为之分析。至于修为之法，则较前人为详，而为朱学所自出也。

小　传

　　龟山一传而为罗豫章，再传而为李延平，三传而为朱晦庵。伊川之学派，于是大成焉。晦庵，名熹，字元晦，一字仲晦，晦庵其自号也。其先徽州婺源人，父松，为尤溪尉，寓溪南，生熹。晚迁建阳之考亭。年十八，登进士，其后历主簿提举及提点刑狱等官，及历奉外祠。虽屡以伪学被劾，而进习不辍。庆元六年卒，年七十一。高宗谥之曰文。理宗之世，追封信国公。门人黄幹状其行曰："其色庄，其言厉，其行舒而恭，其坐端而直。其闲居也，未明而起，深衣幅巾方履，拜家庙以及先圣。退而坐书室，案必正，书籍器用必整。其饮食也，羹食行列有定位，匙箸举措有定所。倦而休也，瞑目端坐。休而起也，整步徐行。中夜而寝，寤则拥衾而坐，或至达旦。威仪容止之则，自少至老，祁寒盛暑，造次颠沛，未尝须臾离也。"著书甚多，如《大学、中庸章句或问》《论语集注》《孟子集注》《易本义》《诗集传》《太极图解》《通书解》《正蒙解》《近思录》及其文集、语录，皆有关于伦理学说者也。

理　气

　　晦庵本伊川理气之辨，而以理当濂溪之太极，故曰：由其横于万物之深底而见时，曰太极。由其与气相对而见时，曰理。又以形上、形下为理气之别，而谓其不可以时之前后论。曰："理者，形而上之道，所以生万物之原理也。气者，形而下之器，率理而铸型之质料也。"又曰："理非别为一物而存，存于气之中而已。"又曰："有此理便有此气。"但理是本，于是又取横渠理一分殊之义，以为理一而气殊。曰万物统一于太极，而物物各具一太极。曰："物物虽各有理，而总只是一理。"曰：理虽无差别，而气有种种之别，有清爽者，有昏浊者，难以一一枚举。曰：此即万物之所以差别，然一一无不有太极，其状即如宝珠之在水中。在圣贤之中，如在清水中，其精光自然发现。其在至愚不肖之中，如在浊水中，非澄去泥沙，其光不可见也。

性

　　由理气之辨，而演绎之以言性，于是取横渠之说，而立本然之性与气质之性之别。本然之性，纯理也，无差别者也。气质之性，则因所禀之气之清浊，而不能无偏。乃又本汉儒五行五德相配之说，以证明之。曰："得木气重者，恻隐之心常多，而羞恶辞让是非之心，为之塞而不得发。得金气重者，羞恶之心常多，而恻隐辞让是非之心，为之塞而不得发。火、水亦然。故气质之性完全者，与阴阳合德，五性全备而中正，圣人是也。"然彼又以本然之性与气质之性密接，故曰："气质之心，虽是形体，然无形质，则本然之性无所以安置自己之地位，如一勺之水，非有物盛之，则水无所归著。"是以论气质之性，势不得不杂理与气言之。

心情欲

伊川曰："在人为性，主于身为心。"晦庵亦取其义，而又取横渠之义以心为性情之统名，故曰："心，统性情者也。由心之方面见之，心者，寂然不动。由情之方面见之，感而遂动。"又曰："心之未动时，性也。心之已动时，情也。欲是由情发来者，而欲有善恶。"又曰："心如水，性犹水之静，情则水之流，欲则水之波澜，但波澜有好底，有不好底。如我欲仁，是欲之好底。欲之不好底，则一向奔驰出去，若波涛翻浪。如是，则情为性之附属物，而欲则又为情之附属物。"故彼以恻隐等四端为性，以喜怒等七者为情，而谓七情由四端发，如哀惧发自恻隐，怒恶发自羞恶之类，然又谓不可分七情以配四端，七情自贯通四端云。

人心道心

既以心为性情之统名，则心之有理气两方面，与性同。于是引以说古书之道心人心，以发于理者为道心，而发于气者为人心。故曰："道心是义理上发出来底，人心是人身上发出来底。虽圣人不能无人心，如饥食渴饮之类。虽小人不能无道心，如恻隐之心是。"又谓圣人之教，在以道心为一身之主宰，使人心屈从其命令。如人心者，决不得灭却，亦不可灭却者也。

穷　理

晦庵言修为之法，第一在穷理，穷理即大学所谓格物致知也。故曰："格物十事，格得其九通透，即一事未通透，不妨。一事只格得九分，一分不通透，最不可，须穷到十分处。"至其言穷理之法，则全在读书。

于是言读书之法曰："读书之法，在循序而渐进。熟读而精思。字求其训，句索其旨。未得于前，则不敢求其后，未通乎此，则不敢志乎彼。先须熟读，使其言皆若出于吾之口，继以精思，使其意皆若出于吾心。"

养 心

至其言养心之法，曰，存夜气。本于孟子。谓夜气静时，即良心有光明之时，若当吾思念义理观察人伦之时，则夜气自然增长，良心愈放其光明来，于是辅之以静坐。静坐之说，本于李延平。延平言道理须是日中理会，夜里却去静坐思量，方始有得。其说本与存夜气相表里，故晦庵取之，而又为之界说曰："静坐非如坐禅入定，断绝思虑，只收敛此心，使毋走于烦思虑而已。此心湛然无事，自然专心，及其有事，随事应事，事已时复湛然。"由是又本程氏主一为敬之义而言专心，曰："心有所用，则心有所主，只看如今。才读书，则心便主于读书；才写字，则心便主于写字。若是悠悠荡荡，未有不入于邪僻者。"

结 论

宋之有晦庵，犹周之有孔子，皆吾族道德之集成者出。孔子以前，道德之理想，表著于言行而已。至孔子而始演述为学说。孔子以后，道德之学说，虽亦号折衷孔子，而尚在乍离乍合之间。至晦庵而始以其所见之孔教，整齐而厘订之，使有一定之范围。盖孔子之道，在董仲舒时代，不过具有宗教之形式。而至朱晦庵时代，始确立宗教之威权也。晦庵学术，近以横渠、伊川为本，而附益之以濂溪、明道。远以荀卿为本，而用语则多取孟子。于是用以训释孔子之言，而成立有宋以后之孔教。彼于孔子以前之说，务以诂训沟通之，使无与孔教有所龃龉；于孔子以后之学说若人物，则一以孔教进退之。彼其研究之勤，著述之富，徒党之众，既为自昔儒者所不及，而其为说也，矫恶过于乐善，方外过于直内，独断过于怀疑，拘名义过于得实理，尊秩序过于求均衡，尚保守过于求革新，现在之和平过于未来之希望。此为古昔北方思想之嫡嗣，与吾族大多数之习惯性相投合，而尤便于有权势者之所利用，此其所以得凭借科举之势力而盛行于明以后也。

第五讲
陆象山

儒家之言，至朱晦庵而凝成为宗教，既具论于前章矣。顾世界之事，常不能有独而无对。故当朱学成立之始，而有陆象山；当朱学盛行之后，而有王阳明。虽其得社会信用不及朱学之悠久，而当其发展之时，其势几足以倾朱学而有余焉。大抵朱学毗于横渠、伊川，而陆、王毗于濂溪、明道；朱学毗于荀，陆、王毗于孟。以周季之思潮比例之，朱学纯然为北方思想，而陆、王则毗于南方思想者也。

小　传

陆象山，名九渊，字子静，自号存斋，金谿人。父名贺，象山其季子也。乾道八年，登进士第，历官至知荆门军。以绍熙三年卒，年五十四。嘉定十年，赐谥文安。象山三四岁时，尝问其父，天地何所穷际。及总角，闻人诵伊川之语，若被伤者，曰："伊川之言，何其不类孔子、孟子耶？"读古书至宇宙二字，解曰："四方上下为宇，往古来今曰宙。"忽大省，曰："宇宙内之事，乃己分内事，己分内之事，乃宇宙内事。"又曰："宇宙即是吾心，吾心即是宇宙。东海有圣人出，此心同，此理同焉。西海有圣人出，此心同，此理同焉。南海、北海有圣人出，此心同，此理同焉。千百世之上，有圣人出，此心同，此理同焉。千百世之下，有圣人出，此心同，此理同焉。"淳熙间，自京师归，学者甚盛，每诣城邑，环坐二三百人，至不能容。寻结茅象山，学徒大集，案籍逾数千人。或劝著书，象山曰："六经注我，我注六经。"又曰："学苟知本，则六经皆我注脚也。"所著有《象山集》。

朱陆之论争

自朱、陆异派，及门互相诋。淳熙二年，东莱集江浙诸友于信州鹅湖寺以决之，既莅会，象山、晦庵互相辨难，连日不能决。晦庵曰："人各有所见，不如取决于后世。"其后彼此通书，又互有冲突。其间关于太极图说者，大抵名义之异同，无关宏旨。至于伦理学说之异同，则晦庵之见，以为象山尊心，乃禅家余派，学者当先求圣贤之遗言于书中。而修身之法，自洒扫应对始。象山则以晦庵之学为逐末，以为学问之道，不在外而在内，不在古人之文字而在其精神，故尝诘晦庵以尧舜曾读何书焉。

心即理

象山不认有天理人欲与道心人心之别，故曰："心即理。"又曰："心一也，人安有二心。"又曰："天理人欲之分，论极有病，自《礼记》有此言，而后人袭之，记曰，人生而静，天之性也，感于物而动，性之欲也。若是，则动亦是，静亦是，岂有天理人欲之分？动若不是，则静亦不是，岂有动静之间哉？"彼又以古书有人心惟危、道心惟微之语，则为之说曰："自人而言则曰惟危，自道而言则曰惟微。如其说，则古书之言，亦不过由两旁面而观察之，非真有二心也。"又曰："心一理也，理亦一理也，至当归一，精义无二，此心此理，不容有二。"又曰："孟子所谓不虑而知者，其良知也，不学而能者，其良能也，我固有之，非由外铄我也。"

纯粹之惟心论

象山以心即理，而其言宇宙也，则曰："塞宇宙一理耳。"又曰："万物皆备于我，只要明理而已，然则宇宙即理，理即心，皆一而非二也。"

气质与私欲

象山既不认有理欲之别，而其说时亦有蹈袭前儒者。曰："气质偏弱，则耳目之官，不思而蔽于物，物交物则引之而已矣。由是向之所谓忠信者，流而放辟邪侈，而不能自反矣。当是时，其心之所主，无非物欲而已矣。"又曰："气有所蒙，物有所蔽，势有所迁，习有所移，往而不返，迷而不解，于是为愚为不肖，于彝伦则斁，于天命则悖。"又曰："人之病道者二，一资，二渐习。"然宇宙一理，则必无不善，而何以有此不善之资及渐习，象山固未暇研究也。

思

象山进而论修为之方，则尊思。曰："义理之在人心，实天之所与而不可泯灭者也。彼其受蔽于物，而至于悖理违义，盖亦弗思焉耳。诚能反而思之，则是非取舍，盖有隐然而动，判然而明，决然而无疑者矣。"又曰："学问之功，切磋之始，必有自疑之兆，及其至也，必有自克之实。"

先立其大

然则所思者何在？曰："人当先理会所以为人，深思痛省，枉自汩没，虚过日月，朋友讲学，未说到这里，若不知人之所以为人，而与之讲学，遗其大而言其细，便是放饭流歠而问无齿决。若能知其大，虽轻，自然反轻归厚，因举一人恣情纵欲，一旦知尊德乐道，便明白洁直。"又曰："近有议吾者曰：'除了先立乎其大者一句，无伎俩。'吾闻之，曰：诚然。又曰：凡物必有本末，吾之教人，大概使其本常重，不为末所累。"

诚

象山于实践方面，则揭一诚字。尝曰："古人皆明实理做实事。"又曰："呜呼！循顶至踵，皆父母之遗骸，俯仰天地之间，惧不能朝夕求寡愧怍，亦得与闻于孟子所谓塞天地吾夫子人为贵之说与？"又引《中庸》之言以证明之曰："诚者非自成己而已也，所以成物也。成己仁也，成物知也，性之德也，合外内之道也。"

结　论

象山理论既以心理与宇宙为一，而又言气质，言物欲，又不研究其所由来，于不知不觉之间，由一元论而蜕为二元论，与孟子同病，亦由其所注意者，全在积极一方面故也。其思想之自由，工夫之简易，人生观之平等，使学者无墨守古书拘牵末节之失，而自求进步，诚有足多者焉。

第六讲
王阳明

陆学自慈湖以后，几无传人。而朱学则自季宋，而元，而明，流行益广，其间亦复名儒辈出。而其学说，则无甚创见，其他循声附和者，率不免流于支离烦琐。而重以科举之招，益滋言行凿枘之弊。物极则反，明之中叶，王阳明出，中兴陆学，而思想界之气象又一新焉。

小　传

王阳明，名守仁，字伯安，余姚人。少年尝筑堂于会稽山之洞中，其后门人为建阳明书院于绍兴，故以阳明称焉。阳明以弘治十二年中进士，尝平漳南、横水诸寇，破叛藩宸濠，平广西叛蛮，历官至左都御史，封新建伯。嘉靖七年卒，年五十七。隆庆中，赠新建侯，谥文成。阳明天资绝人，年十八，谒娄一斋，慨然为圣人可学而至。尝遍读考亭之书，循序格物，终觉心物判而为二，不得入，于是出入于佛老之间。武宗时，被谪为贵州龙场驿丞，其地在万山丛树之中，蛇虺魍魉虫毒瘴疠之所萃，备尝辛苦，动心忍性。因念圣人处此，更有何道。遂悟格物致知之旨，以为圣人之道，吾性自足，不假外求。自是遂尽去枝叶，一意本原焉。所著有《阳明全集》，《阳明全书》。

心即理

心即理，象山之说也。阳明更疏通而证明之曰："理一而已。以其理之凝聚言之谓之性，以其凝聚之主宰言之谓之心，以其主宰之发动言之谓之意，以其发动之明觉言之谓之知，以其明觉之感应言之谓之物。故就物而言之谓之格，就知而言之谓之致，就意而言之谓之诚，就心而言之谓之正。正者正此心也，诚者诚此心也，格者格此心也，皆谓穷理以尽性也。天下无性外之理，无性外之物。学之不明，皆由世之儒者认心为外，认物为外，而不知义内之说也。"

知行合一

朱学泥于循序渐进之义，曰必先求圣贤之言于遗书，曰自洒扫应对进退始。其弊也，使人迟疑观望，而不敢勇于进取。阳明于是矫之以知行合一之说。曰："知是行之始，行是知之成，知外无行，行外无知。"又曰："知之真切笃实处便是行，行之明觉精密处便是知。若行不能明觉精密，便是冥行，便是'学而不思则罔'；若知不能真切笃实，便是妄想，便是'思而不学则殆'。"又曰："《大学》言如好好色，见好色属知，好好色属行。见色时即是好，非见而后立志去好也。今人却谓必先知而后行，且讲习讨论以求知。俟知得真时，去行，故遂终身不行，亦遂终身不知。"盖阳明之所谓知，专以德性之智言之，与寻常所谓知识不同；而其所谓行，则就动机言之，如大学之所谓意。然则，即知即行，良非虚言也。

致良知

阳明心理合一，而以孟子之所谓良知代表之。又主知行合一，而以《大学》之所谓致知代表之。于是合而言之，曰致良知。其言良知也，曰："天命之性，粹然至善，其灵明不昧者，皆其至善之发见，乃明德之本体，而所谓良知者也。"又曰："未发之中，即良知也。无前后内外，而浑然一体者也。"又曰："虽妄念之发，而良知未尝不在；虽昏塞之极，而良知未尝不明。"于是进而言致知，则包诚意格物而言之，曰："今欲别善恶以诚其意，惟在致其良知之所知焉尔。何则？意念之发，吾心之良知，既知其为善矣，使其不能诚有以好之，而复背而去之，则是以善为恶，自昧其知善之良知矣。意念之所发，吾之良知，既知其为不善矣，使其不能诚有以恶之，而复蹈而为之，则是以恶为善，而自昧其知恶之良知矣。若是，则虽曰知之，犹不知也。意其可得而诚乎？今于良知所知之善恶者，无不诚好而诚恶之，则不自欺其良知而意可诚矣。"又曰："于其良知所知之善者，即其意之所在之物而实为之，无有乎不尽。于其良知所知之恶者，即其意之所在之物而实去之，无有乎不尽。然后物无不格，而吾良知之所知者，吾有亏缺障蔽，而得以极其至矣。"是其说，统格物诚意于致知，而不外乎知行合一之义也。

仁

阳明之言良知也，曰："人的良知，就是草木瓦石的良知。若草木瓦石无人的良知，不可以为草木瓦石矣。岂惟草木瓦石为然，天地无人的良知，亦不可以为天地矣。"是即心理合一之义，谓宇宙即良知也。于是言其致良知之极功，亦必普及宇宙，阳明以仁字代表之。曰："是故见孺子之入井，而必有怵惕恻隐之心焉，是其仁之与孺子而为一体也；孺子犹同类者也，见鸟兽之哀鸣觳觫而必有不忍之心焉，是其仁之与鸟兽而为一体也；鸟兽犹有知觉者也，见草木之摧折，而必有悯惜之心焉，是其仁之与草木而为一体也；草木犹有生意者也，见瓦石之毁坏，而必有顾惜之心焉，是其仁之与瓦石而为一体也。是其一体之仁也。虽小人之心，亦必有之。是本根于天命之性，而自然灵昭不昧者也。"又曰："故明明德，必在于亲民，而亲民乃所以明其明德也。是故亲吾之父，以及人之父，以及天下人之父，而后吾之仁实与吾之父、人之父与天下人之父而为一体矣。实与之为一体，而后孝之明德始明矣。亲吾兄，以及人之兄，以及天下人之兄，而后吾之仁，实与吾之兄、人之兄与天下人之兄而为一体矣。实与之为一体，而后弟之明德始明矣。君臣也，夫妇也，朋友也，以至于山川鬼神草木鸟兽也，莫不实有以亲之，以达吾一体之仁，然后吾之明德始无不明，而真能以天地万物为一体矣。"

结　　论

阳明以至敏之天才，至富之阅历，至深之研究，由博返约，直指本原，排斥一切拘牵文义区画阶级之习，发挥陆氏心理一致之义，而辅以知行合一之说。孔子所谓我欲仁斯仁至，孟子所谓人皆可以为尧舜焉者，得阳明之说而其理益明。虽其依违古书之文字，针对末学之弊习，所揭言说，不必尽合于论理，然彼所注意者，本不在是。苟寻其本义，则其所以矫朱学末流之弊，促思想之自由，而励实践之勇气者，其功固昭然不可掩也。

第五章
梁启超讲清代学术（节选）

　　梁启超（1873～1929年），字卓如，一字任甫，号任公，又号饮冰室主人、饮冰子、哀时客、中国之新民、自由斋主人。清朝光绪年间举人，中国近代思想家、政治家、教育家、史学家、文学家。戊戌变法领袖之一、中国近代维新派、新法家代表人物。戊戌变法失败后，与康有为一起流亡日本，政治思想上逐渐走向保守，但他是近代文学革命运动的理论倡导者。逃亡日本后，梁启超在《饮冰室合集》《夏威夷游记》中继续推广"诗界革命"，批判了以往那种诗中运用新名词以表新意的做法。梁启超对国学有独到的见解，尤其是《清代学术概论》深受学术界称赞。

　　《清代学术概论》内容包括自序，第二自序，论时代思潮，略论"清代思潮"，清学的出发点，顾炎武与清学的"黎明运动"，阎若璩和胡渭，黄宗羲和王夫之，颜元，梅文鼎、顾祖禹和刘献廷，由启蒙到全盛，考证学的"群众化"和惠栋学派，戴震和他的科学精神，戴门后学，"朴学"，经史考证，水地与天算，金石学、校勘学和辑佚学，清代的"学者社会"，清学全盛的时代环境，桐城派与章学诚，清学分裂的原因，清学分裂的导火线，清代今文学与龚魏，康有为是今文学运动的中心，《大同书》是康有为的创作，梁启超的今文学派宣传运动，梁启超与康有为的分歧，晚清思想界一彗星谭嗣同，清学正统派的殿军章炳麟，晚清西洋思想之运动，晚清思想界一伏流——佛学，前清学风与欧洲文艺复兴的异点，清代自然科学为何不发达以及结语。

　　本书节选《论时代思潮》，《略论"清代思潮"》，《清学的出发点》，《顾炎武与清学的"黎明运动"》，《黄宗羲和王夫之》，《考证学的"群众化"和惠栋学派》，《戴震和他的科学精神》，《经史考证》，《水地与天算》，《金石学》、《校勘学和辑佚学》，《清代的"学者社会"》等经典篇目。

第一讲
论时代思潮

　　今之恒言曰"时代思潮"。此其语最妙于形容。凡文化发展之国，其国民于一时期中，因环境之变迁，与夫心理之感召，不期而思想之进路，同趋于一方向，于是相与呼应汹涌，如潮然。始焉其势甚微，几莫之觉；寝假而涨——涨——涨，而达于满度；过时焉则落，以渐至于衰熄。凡"思"非皆能成"潮"；能成"潮"者，则其"思"必有相当之价值，而又适合于其时代之要求者也。凡"时代"非皆有"思潮"；有思潮之时代，必文化昂进之时代也。其在我国，自秦以后，确能成为时代思潮者，则汉之经学，隋唐之佛学，宋及明之理学，清之考证学，四者而已。

　　凡时代思潮，无不由"继续的群众运动"而成。所谓运动者，非必有意识、有计划、有组织，不能分为谁主动、谁被动。其参加运动之人员，各不相谋，各不相知。其从事运动时所任之职役，各各不同。所采之手段亦互异。于同一运动之下，往往分无数小支派，甚且相嫉视相排击。虽然，其中必有一种或数种之共通观念焉，同根据之为思想之出发点。此种观念之势力，初时本甚微弱，愈运动则愈扩大，久之则成为一种权威。此观念者，在其时代中，俨然现"宗教之色彩"。一部分人，以宣传捍卫为己任，常以极纯洁之牺牲的精神赴之。及其权威渐立，则在社会上成为一种共公之好尚，忘其所以然，而共以此为嗜，若此者，今之译语，谓之"流行"；古之成语，则曰"风气"。风气者，一时的信仰也，人鲜敢婴之，亦不乐婴之，其性质几比宗教矣。一思潮播为风气，则其成熟之时也。

　　佛说一切流转相，例分四期，曰：生、住、异、灭。思潮之流转也正然，例分四期：一、启蒙期（生），二、全盛期（住），三、蜕分期（异），四、衰落期（灭）。循斯轨。（启蒙期者）对于旧思潮初起反动之期也。旧思潮经全盛之后，如果之极熟而致烂，如血之凝固而成瘀，则反动不得不起。反动者，凡以求建设新思潮也。然建设必先之以破坏，故此期之重要人物，其精力皆用于破坏，而建设盖有所未遑。所谓未遑者，非搁置之谓。其建设之主要精神，在此期间必已孕育，如史家所谓"开国规模"者然。虽然，其条理未确立，其研究方法正在间错试验中，弃取未定，故此期之著作，恒驳而不纯，但在淆乱粗糙之中，自有一种元气淋漓之象。此启蒙期之特色也，当佛说所谓"生"相。

　　于是进为全盛期。破坏事业已告终，旧思潮屏息慑伏，不复能抗颜行，更无须攻击防卫以糜精力。而经前期酝酿培灌之结果，思想内容，日以充实；研究方法，亦日以精密。门户堂奥，次第建树，继长增高，"宗庙之美，百官之富"，粲然矣。一世才智之士，以此为好尚，相与淬厉精进；冗者犹希声附和，以不获厕于其林为耻。此全盛期之特色也，当佛说所谓"住"相。

　　更进则入于蜕分期。境界国土，为前期人士开辟殆尽，然学者之聪明才力，终不能无所用也，只得取局部问题，为"窄而深"的研究，或取其研究方法，应用之于别方面，于是派中小派出焉。而其时之环境，必有已异乎前；晚出之派，进取气较盛，易与环境顺应，故往往以附庸蔚为大国，则新衍之别派与旧传之正统派成对峙之形势，或且骎骎乎夺其席。此蜕分期之特色也，当佛说所谓"异"相。

　　过此以往，则衰落期至焉。凡一学派当全盛之后，社会中希附末光者日众，陈陈相因，固已可厌。其时此派中精要之义，则先辈已浚发无余，承其流者，不过捃摭末节以弄诡辩。且支派分裂，排轧随之，益自暴露其缺点。环境既已变易，社会需要别转一方向，而犹欲以全盛期之权威临之，则稍有志者必不乐受，而豪杰之士，欲创新必先推旧，遂以彼为破坏之目标。于是入于第二思潮之启蒙期，而此思潮遂告终焉。

此衰落期无可逃避之运命，当佛说所谓"灭"相。

吾观中外古今之所谓"思潮"者，皆循此历程以递相流转，而有清三百年，则其最切著之例证也。

第二讲
略论"清代思潮"

"清代思潮"果何物耶？简单言之：则对于宋明理学之一大反动，而以"复古"为其职志者也。其动机及其内容，皆与欧洲之"文艺复兴"绝相类。而欧洲"文艺复兴期"经过以后所发生之新影响，则我国今日正见端焉。其盛衰之迹，恰如前节所论之四期。

其启蒙运动之代表人物，则顾炎武、胡渭、阎若璩也。其时正值晚明王学极盛而敝之后，学者习于"束书不观，游谈无根"，理学家不复能系社会之信仰。炎武等乃起而矫之，大倡"舍经学无理学"之说，教学者脱宋明儒羁勒，直接反求之于古经。而若璩辨伪经，唤起"求真"观念；渭攻"河洛"，扫架空说之根据，于是清学之规模立焉。

同时对于明学之反动，尚有数种方向。

其一，颜元、李塨一派，谓"学问固不当求诸瞑想，亦不当求诸书册，惟当于日常行事中求之"。而刘献廷以孤往之姿，其得力处亦略近于此派。

其二，黄宗羲、万斯同一派，以史学为根据，而推之于当世之务。顾炎武所学，本亦具此精神。而黄、万辈规模之大不逮顾，故专向此一方面发展。同时顾祖禹之学，亦大略同一径路。其后则衍为全祖望、章学诚等，于清学为别派。

其三，王锡阐、梅文鼎一派，专治天算，开自然科学之端绪焉。此诸派者，其研究学问之方法，皆与明儒根本差异。除颜、李一派中绝外，其余皆有传于后。而顾、阎、胡尤为正统派不祧之大宗。其犹为旧学

（理学）坚守残垒效死勿去者，则有孙奇逢、李中孚（李颙）、陆世仪等，而其学风已由明而渐返于宋。即诸新学家，其思想中，留宋人之痕迹犹不少。故此期之复古，可谓由明以复于宋，且渐复于汉、唐。

其全盛运动之代表人物，则惠栋、戴震、段玉裁、王念孙、王引之也，吾名之曰正统派。试举启蒙派与正统派相异之点：一、启蒙派对于宋学，一部分猛烈攻击，而仍因袭其一部分；正统派则自固壁垒，将宋学置之不议不论之列。二、启蒙派抱通经致用之观念，故喜言成败得失经世之务；正统派则为考证而考证，为经学而治经学。

正统派之中坚，在皖与吴。开吴者惠，开皖者戴。惠栋受学于其父士奇，其弟子有江声、余萧客，而王鸣盛、钱大昕、汪中、刘台拱、江藩等皆汲其流。戴震受学于江永，亦事栋以先辈礼。震之在乡里，衍其学者，有金榜、程瑶田、凌廷堪、三胡——匡衷、培翚、春乔——等。其教于京师，弟子之显者，有任大椿、卢文弨、孔广森、段玉裁、王念孙。念孙以授其子引之。玉裁、念孙、引之最能光大震学，世称戴、段、二王焉。其实，清儒最恶立门户，不喜以师弟相标榜。凡诸大师皆交相师友，更无派别可言也。惠、戴齐名，而惠尊闻好博，戴深刻断制。惠仅"述者"，而戴则"作者"也。受其学者，成就之大小亦因以异，故正统派之盟主必推戴。

当时，学者承流向风各有建树者，不可数计，而纪昀、王昶、毕沅、阮元辈，皆处贵要，倾心宗尚，隐若护法，于是兹派称全盛焉。其治学根本方法，在"实事求是""无征不信"。其研究范围，以经学为中心，而衍及小学、音韵、史学、天算、水地、典章制度、金石、校勘、辑佚等等；而引证取材，多及于两汉，故亦有"汉学"之目。当斯时也，学风殆统于一。启蒙期之宋学残绪，亦莫能续，仅有所谓古文家者，假"因文见道"之名，欲承其祧，时与汉学为难，然志力两薄，不足以张其军。

其蜕分期运动之代表人物，则康有为、梁启超也。当正统派全盛时，学者以专经为尚，于是有庄存与，始治《春秋公羊传》有心得，而刘逢禄、龚自珍最能传其学。《公羊传》者，"今文学"也。东汉时，本有今文古文之争，甚烈。《诗》之"毛传"，《春秋》之"左传"，及《周官》，皆晚出，称古文，学者不信之。至汉末而古文学乃盛。自阎若璩攻《伪古文尚书》得胜，渐开学者疑经之风。于是刘逢禄大疑《春秋左氏传》，魏源大疑《诗毛氏传》。若《周官》，则宋以来固多疑之矣。康有为乃综集诸家说，严划今古文分野，谓凡东汉晚出之古文经传，皆刘歆所伪造。正统派所最尊崇之许、郑，皆在所排击。则所谓复古者，由东汉以复于西汉。有为又宗《公羊》，立"孔子改制"说，谓六经皆孔子所作，尧舜皆孔子依托，而先秦诸子，亦罔不"托古改制"。实极大胆之论，对于数千年经籍谋一突飞的大解放，以开自由研究之门。其弟子最著者，陈千秋、梁启超。千秋早卒。启超以教授著述，大弘其学。然启超与正统派因缘较深，时时不慊于其师之武断，故末流多有异同。有为、启超皆抱启蒙期"致用"的观念，借经术以文饰其政论，颇失"为经学而治经学"之本意，故其业不昌，而转成为欧西思想输入之导引。

清学之蜕分期，同时即其衰落期也。顾、阎、胡、惠、戴、段、二王诸先辈，非特学识渊粹卓绝，即行谊亦至狷洁。及其学既盛，举国希声附和，浮华之士亦竞趋焉，固已渐为社会所厌。且兹学荦荦诸大端，为前人发挥略尽，后起者率因袭补苴，无复创作精神；即有发明，亦皆末节，汉人所谓"碎义逃难"也。而其人犹自倨贵，俨成一种"学阀"之观。

今古文之争起，互相丑诋，缺点益暴露。海通以还，外学输入，学子憬然于竺旧之非计，相率吐弃之，其命运自不能以复久延。然在此期中，犹有一二大师焉，为正统派死守最后之壁垒，曰俞樾，曰孙诒让，皆得流于高邮王氏。樾著书，惟二三种独精绝，余乃类无行之袁枚，亦衰落期之一征也。诒让则有醇无疵，得此后殿，清学有光矣。樾弟子有章炳麟，智过其师，然亦以好谈政治，稍荒厥业。而绩溪诸胡之后有胡适者，亦用清儒方法治学，有正统派遗风。

综观二百余年之学史，其影响及于全思想界者，一言蔽之，曰"以复古为解放"。

第一步，复宋之古，对于王学而得解放。

第二步，复汉唐之古，对于程朱而得解放。

第三步，复西汉之古，对于许郑而得解放。

第四步，复先秦之古，对于一切传注而得解放。

夫既已复先秦之古，则非至对于孔孟而得解放焉不止矣。然其所以能着著奏解放之效者，则科学的研究精神实启之。今清学固衰落矣，"四时之运，成功者退"，其衰落乃势之必然，亦事之有益者也。无所容其痛惜留恋，惟能将此研究精神转用于他方向，则清学亡而不亡也矣。

略论既竟，今当分说各期。

第三讲
清学的出发点

　　吾言"清学之出发点，在对于宋明理学一大反动"，夫宋明理学何为而招反动耶？学派上之"主智"与"主意"、"唯物"与"唯心"、"实验"与"冥证"，每迭为循环。大抵甲派至全盛时必有流弊，有流弊斯有反动，而乙派与之代兴。乙派之由盛而弊，而反动亦然。然每经一度之反动再兴，则其派之内容，必革新焉而有以异乎其前。人类德、慧、智、术之所以进化，胥恃此也。此在欧洲三千年学术史中，其大势最著明。我国亦不能违此公例，而明清之交，则其嬗代之迹之尤易见者也。

　　唐代佛学极昌之后，宋儒采之，以建设一种"儒表佛里"的新哲学，至明而全盛。此派新哲学，在历史上有极大之价值，自无待言。顾吾辈所最不慊者，其一，既采取佛说而损益之，何可讳其所自出，而反加以丑诋。其二，所创新派既并非孔孟本来面目，何必附其名而淆其实？是故吾于宋明之学，认其独到且有益之处确不少，但对于其建设表示之形式，不能曲恕，谓其既诬孔，且诬佛，而并以自诬也。明王守仁为兹派晚出之杰，而其中此习气也亦更甚，即如彼所作《朱子晚年定论》，强指不同之朱陆为同，实则自附于朱，且诬朱从我。

　　此种习气，为思想界之障碍者有二。一曰遏抑创造，一学派既为我所自创，何必依附古人以为重？必依附古人，岂非谓生古人后者，便不应有所创造耶？二曰奖励虚伪，古人之说诚如是，则宗述之可也；并非如是，而以我之所指者实之，此无异指鹿为马，淆乱真相，于学问为不忠实。宋明学之根本缺点在于是。

　　进而考其思想之本质，则所研究之对象，乃纯在绍绍灵灵不可捉摸之一物。少数俊拔笃挚之士，曷尝不循此道而求得身心安宅？然效之及于世者已鲜，而浮伪之辈，撅拾虚辞以相夸煽，乃甚易易。

　　故晚明"狂禅"一派，至于"满街皆是圣人""酒色财气不碍菩提路"，道德且堕落极矣。重以制科帖括，笼罩天下，学者但习此种影响因袭之谈，便足以取富贵、弋名誉，举国靡然化之，则相率于不学，且无所用心。故晚明理学之弊，恰如欧洲中世纪黑暗时代之景教。其极也，能使人之心思耳目皆闭塞不用，独立创造之精神，消蚀达于零度。夫人类之有"学问欲"，其天性也。"学问饥饿"至于此极，则反动其安得不起？

第四讲
顾炎武与清学的"黎明运动"

当此反动期而从事于"黎明运动"者，则昆山顾炎武其第一人也。炎武对于晚明学风，首施猛烈之攻击，而归罪于王守仁。其言曰："今之君子，聚宾客门人数十百人，与之言心言性。舍'多学而识'以求'一贯'之方，置'四海困穷'而讲'危微精一'，我弗敢知也。"（《亭林文集·答友人论学书》）又曰："今之学者，偶有所窥，则欲尽废先儒之说而驾其上；不学则借'一贯'之言以文其陋，无行则逃之'性命'之乡以使人不可诘。"又曰："以一人而易天下，其流风至于百有余年之久者，古有之矣，王夷甫之清谈，王介甫之新说；其在于今，则王伯安之良知是也。孟子曰：'天下之生久矣，一治一乱。'拨乱世反诸正，岂不在后贤乎！"（以上两句都出自《日知录·十八》）

凡一新学派初立，对于旧学派，非持绝对严正的攻击态度，不足以摧故锋而张新军，炎武之排斥晚明学风，其锋芒峻露，大率类是。自兹以后，王学遂衰熄，清代犹有袭理学以为名高者，则皆自托于程朱之徒也。虽曰王学末流极敝，使人心厌倦，本有不摧自破之势，然大声疾呼以促思潮之转捩，则炎武最有力焉。

炎武未尝直攻程朱，根本不承认理学之能独立。其言曰："古今安得别有所谓理学者？经学即理学也。自有舍经学以言理学者，而邪说以起。"（全祖望《亭林先生神道表》引）

"经学即理学"一语，则炎武所创学派之新旗帜也。其正当与否，且勿深论。以吾侪今日眼光观之，此语有两病。其一，以经学代理学，是推翻一偶像而别供一偶像。其二，理学即哲学也，实应离经学而为一独立学科。虽然，有清一代学术，确在此旗帜之下而获一新生命。昔有非笑六朝经师者，谓"宁说周、孔误，不言郑、服非"。宋、元、明以来谈理学者亦然，宁得罪孔、孟，不敢议周、程、张、邵、朱、陆、王。有议之者，几如在专制君主治下犯"大不敬"律也。而所谓理学家者，盖俨然成一最尊贵之学阀而奴视群学。自炎武此说出，而此学阀之神圣，忽为革命军所粉碎，此实四五百年来思想界之一大解放也。

凡启蒙时代之大学者，其造诣不必极精深，但常规定研究之范围，创革研究之方法，而以新锐之精神贯注之。顾炎武之在"清学派"，即其人也。炎武著述，其有统系的组织而手定成书者，惟《音学五书》耳。其《天下郡国利病书》《肇域志》，造端宏大，仅有长编，未为定稿。《日知录》为生平精力所集注，则又笔记备忘之类耳。自余遗书尚十数种，皆明单义，并非巨裁。然则炎武所以能当一代开派宗师之名者何在？则在其能建设研究之方法而已。约举有三。

一曰贵创。炎武之言曰："有明一代之人，其所著书，无非窃盗而已。"（《日知录·十八》）其论著书之难，曰："必古人所未及就，后世之所不可无，而后为之。"（《日知录·十九》）其《日知录》自序云："愚自少读书，有所得辄记之。其有不合，时复改定。或古人先我而有者，则遂削之。"故凡炎武所著书，可决其无一语蹈袭古人。其论文也亦然，曰："近代文章之病，全在摹仿，即使逼肖古人，已非极诣。"（《日知录·十九》）又曰："君诗之病在于有杜，君文之病在于有韩欧。有此蹊径于胸中，便终身不脱'依傍'二字。"（《亭林文集·与人书十七》）观此知摹仿依傍，炎武所最恶也。

二曰博证。《四库全书》"日知录提要"云："炎武学有本原，博瞻而能贯通。每一事必详其始末，参以证佐，而后笔之于书，故引据浩繁，而牴牾者少。"此语最能传炎武治学法门。全祖望云："凡先生之游，载书自随。所至阨塞，即呼老兵退卒询其曲折，或与平日所闻不合，即发书而对勘之。"（《鲒埼亭集·亭林先生神道表》）盖炎武研学之要诀在是。论一事必举证，尤不以孤证自足，必取之甚博，证备然后自表其所信。其自述治音韵之学也，曰："……列本证、旁证二条。本证者，诗自相证也。旁证者采之他书也。二者俱无，则宛转以审其音，参伍以谐其韵。"（《音论》）此所用者，皆近世科学的研究法。乾嘉以还，学者固所共习，在当时则炎武所自创也。

三曰致用。炎武之言曰："孔子删述六经，即伊尹、太公救民水火之心，故曰：'载诸空言，不如见诸行事。'……愚不揣，有见于此，凡文之不关于六经之指、当时之务者，一切不为。"（《亭林文集·与人书三》）彼诚能践其言。其终身所撰著，盖不越此范围。其所谓"用"者，果真为有用与否，此属别问题。要之，其标"实用主义"以为鹄，务使学问与社会之关系增加密度，此实对于晚明之帖括派、清谈派施一大针砭。清代儒者以朴学自命以示别于文人，实炎武启之。最近数十年以经术而影响于政体，亦远绍炎武之精神也。

第五讲
黄宗羲和王夫之

　　吾于清初大师，最尊顾、黄、王、颜，皆明学反动所产也。顾为正统派所自出，前既论列，今当继述三子者。

　　余姚黄宗羲，少受学于刘宗周，纯然明学也。中年以后，方向一变，其言曰："明人讲学，袭语录糟粕，不以六经为根柢，束书而从事于游谈，更滋流弊，故学者必先穷经。然拘执经术，不适于用，欲免迂儒，必兼读史。"（《清史·黄宗羲传》）又曰："读书不多，无以证理之变化。多而不求于心，则为俗学。"（全祖望《鲒埼亭集·黄梨洲先生神道碑》）大抵清代经学之祖推炎武，其史学之祖当推宗羲。所著《明儒学案》，中国之有"学术史"，自此始也。又好治天算，著书八种。全祖望谓"梅文鼎本《周髀》言天文，世惊为不传之秘，而不知宗羲实开之"。其《律吕新义》，开乐律研究之绪。其《易学象数论》，与胡渭《易图明辨》互相发明。其《授书随笔》，则答阎若璩问也。故阎、胡之学，皆受宗羲影响。其他学亦称是。

　　清初之儒，皆讲"致用"，所谓"经世之务"是也。宗羲以史学为根柢，故言之尤辩。其最有影响于近代思想者，则《明夷待访录》也。其言曰："后之为君者，以天下之利尽归于己，天下之害尽归于人……使天下之人，不敢自私，不敢自利，以我之大私为天下之公……视天下为莫大之产业……凡天下之无地而得安宁者，为有君也……天下之人，怨恶其君，视之为寇仇，名之为独夫，固其所也。而小儒规规焉以君臣之义无所逃于天地之间，至桀纣之暴犹谓不当诛……欲以如父如天之空

名，禁人窥伺。"（《原君》）

又曰："后之人主，既得天下，唯恐其子孙之不能保有也，思患于未然而为之法。然则其所谓法者，一家之法，而非天下之法……夫非法之法，前王不胜其利欲之私以创之，后王或不胜其利欲之私以坏之，坏之者固足以害天下，其创之者亦未始非害天下也……论者谓有治人无治法，吾谓有治法而后有治人。"（《原法》）

此等论调，由今日观之，固甚普通甚肤浅，然在二百六七十年前，则真极大胆之创论也。故顾炎武见之而叹，谓"三代之治可复"。而后此梁启超、谭嗣同辈倡民权共和之说，则将其书节钞印数万本，秘密散布，于晚清思想之骤变，极有力焉。

清代史学极盛于浙，鄞县万斯同最称首出。斯同则宗羲弟子也。唐以后之史，皆官家设局分修，斯同最非之，谓："官修之史，仓猝成于众人，犹招市人与谋室中之事。"（钱大昕《潜研堂集·万季野先生传》）以独力成《明史稿》，论者谓迁、固以后一人而已。其后斯同同县有全祖望，亦私淑宗羲，言"文献学"者宗焉。会稽有章学诚，著《文史通义》，学识在刘知几、郑樵上。

衡阳王夫之，生于南荒，学无所师承，且国变后遁迹深山，与一时士夫不相接，故当时无称之者。然亦因是戞戞独有所造，其攻王学甚力，尝曰："'侮圣人之言'，小人之大恶也……姚江之学，横拈圣言之近似者，摘一句一字以为要妙，宷入其禅宗，尤为无忌惮之至。"（《俟解》）又曰："数传之后，愈徇迹而忘其真，或以钩考文句，分支配拟为穷经之能，仅资场屋射覆之用，其偏者以臆测度，趋入荒杳。"（《中庸补传衍》）遗书中此类之论甚多，皆感于明学之极敝而生反动，欲挽明以返诸宋，而于张载之《正蒙》，特推尚焉。其治学方法，已渐开科学研究的精神，尝曰："天下之物理无穷，已精而又有其精者，随时以变，而皆不失于正。但信诸己而即执之，云何得当？况其所为信诸己者，又或因习气，或守一先生之言，而渐渍以为己心乎！"（《俟解》）

夫之著书极多，同治间金陵刻本二百八十八卷，犹未逮其半。皆不落"习气"，不"守一先生之言"。其《读通鉴论》《宋论》，往往有新解，为近代学子所喜诵习。尤能为深沉之思以撢绎名理，其《张子正蒙注》《老子衍》《庄子解》，皆覃精之作，盖欲自创一派哲学而未成也。其言"天理即在人欲之中，无人欲则天理亦无从发现"（《正蒙注》），可谓发宋元以来所未发。后此戴震学说，实由兹衍出。故刘献廷极推服之，谓："天地元气，圣贤学脉，仅此一线。"（《广阳杂记》二）其乡后学谭嗣同之思想，受其影响最多，尝曰："五百年来学者，真通天人之故者，船山一人而已。"（《仁学》卷上）尤可注意者，《遗书》目录中，有《相宗络索》及《三藏法师八识规矩论赞》二书（未刻）。在彼时以儒者而知治"唯识宗"，可不谓豪杰之士耶！

第六讲
考证学的"群众化"和惠栋学派

　　启蒙期之考证学，不过居一部分势力。全盛期则占领全学界。故治全盛期学史者，考证学以外，殆不必置论。启蒙期之考证学，不过粗引端绪，其研究之漏略者，不一而足。——例如阎若璩之《尚书古文疏证》中多阑入日记信札之类，体例极芜杂。胡渭之《禹贡锥指》，多经济谈，且汉宋杂糅，家法不严。——苟无全盛期诸贤，则考证学能否成一宗派，盖未可知。夫无考证学则是无清学也，故言清学必以此时期为中坚。

　　在此期中，此学派已成为"群众化"，派中有力人物甚多，皆互相师友。其学业亦极"单调的"，无甚派别之可特纪。故吾欲专叙一二人，以代表其余。当时巨子，共推惠栋、戴震，而戴学之精深，实过于惠。今略述二人之著述言论及其传授之绪，资比较焉。

　　元和惠栋，世传经学。祖父周惕，父士奇，咸有著述，称儒宗焉。栋受家学，益弘其业。所著有《九经古义》《易汉学》《周易述》《明堂大道录》《古文尚书考》《后汉书补注》诸书。其弟子则沈彤、江声、余萧客最著。萧客弟子江藩著《汉学师承记》，推栋为斯学正统。实则栋未能完全代表一代之学术，不过门户壁垒，由彼而立耳。惠氏之学，以博闻强记为入门，以尊古守家法为究竟。士奇于"九经"、"四史"、《国语》《国策》《楚辞》之文，皆能暗诵，尝对座客诵《史记·封禅书》终篇，不失一字。（钱大昕《潜研堂集·惠天牧先生传》）栋受其教，记诵益赅洽。士奇之言曰："康成三《礼》，何休《公羊》，多引汉法，以

209

其去古未远……贾公彦于郑注……之类皆不能疏……夫汉远于周，而唐又远于汉，宜其说之不能尽通也，况宋以后乎！"（《礼说》）

此可见惠氏家学，专以"古今"为"是非"之标准。栋之学，其根本精神即在是。其言曰："汉人通经有家法，故有五经师。训诂之学，皆师所口授，其后乃著竹帛。所以汉经师之说，立于学官，与经并行……古字古言，非经师不能辨……是故古训不可改也，经师不可废也……余家四世传经，咸通古义……因述家学作《九经古义》一书。"（《九经古义·首述》）

惠派治学方法，吾得以八字蔽之，曰："凡古必真，凡汉皆好"。其言"汉经师说与经并行"，意盖欲尊之使跻于经矣。王引之尝曰："惠定宇先生考古虽勤，而识不高，心不细，见异于今者则从之，大都不论是非。"（《焦氏丛书》卷首王伯申手札）可谓知言。栋以善《易》名，其治《易》也，于郑玄之所谓"爻辰"，虞翻之所谓"纳甲"，荀谞（**荀谞，东汉经学家荀爽别名。惠栋《易说》提其名，正谓"荀爽"。**）之所谓"升降"，京房之所谓"世应""飞伏"，与夫"六日七分""世轨"诸说，一一为之疏通证明。汪中所谓"千余年不传之绝学"者也。以吾观之，此其矫诬，与陈抟之"河图洛书"有何差别？然彼则因其宋人所诵习也而排之，此则因其为汉人所倡道也而信之，可谓大惑不解。然而当时之人蔽焉，辄以此相尚。

江藩者，惠派嫡传之法嗣也，其所著《国朝汉学师承记》，末附有《国朝经师经义目录》一篇，其言曰："黄宗羲之《易学象数论》，虽辟陈抟、康节之学，而以纳甲动爻为伪象，又称王辅嗣注简当无浮义。黄宗炎之《图书辨惑》，力辟宋人，然不专宗汉学，非笃信之士……胡朏明（渭）《洪范正论》，虽力攻图书之谬，而辟汉学五行灾异之说，是不知夏侯始昌之《洪范五行传》亦出伏生也。是以黜之。"

此种论调，最足以代表惠派宗旨。盖谓凡学说出于汉儒者，皆当遵守，其有敢指斥者，则目为信道不笃也。其后阮元辑《学海堂经解》，即以此为标准，故顾、黄、阎、胡诸名著，多见摈焉，谓其不醇也。平心论之，此派在清代学术界，功罪参半。笃守家法，令所谓"汉学"者壁垒森固，旗帜鲜明，此其功也；胶固、盲从、褊狭、好排斥异己，以致启蒙时代之怀疑的精神、批评的态度，几夭阏焉，此其罪也。清代学术，论者多称为"汉学"。其实前此顾、黄、王、颜诸家所治，并非"汉学"；后此戴、段、二王诸家所治，亦并非"汉学"。其"纯粹的汉学"，则惠氏一派，洵足当之矣。夫不问"真不真"，惟问"汉不汉"，以此治学，安能通方？况汉儒经说，派别正繁，其两说绝对不相容者甚多，欲盲从其一，则不得不驳斥其他。栋固以尊汉为标帜者也。其释"箕子明夷"之义，因欲扬孟喜说而抑施雠、梁丘贺说，乃云"谬种流传，肇于西汉"。致方东树撅之以反唇相稽（《汉学商兑》卷下）。然则所谓"凡汉皆好"之旗帜，亦终见其不贯彻而已。故苟无戴震，则清学能否卓然自立，盖未可知也。

第七讲
戴震和他的科学精神

　　休宁戴震受学江永，其与惠栋亦在师友之间。震十岁就傅，受《大学章句》，至"右经一章"以下，问其塾师曰："此何以知为孔子之言而曾子述之？又何以知为曾子之意而门人记之？"师应之曰："此先儒朱子所注云尔。"又问："朱子何时人？"曰："南宋。"又问："孔子、曾子何时人？"曰："东周。"又问："周去宋几何时？"曰："几二千年。"又问："然则朱子何以知其然？"师无以应。（王昶《述庵文钞·戴东原墓志铭》）此一段故事，非惟可以说明戴氏学术之出发点，实可以代表清学派时代精神之全部。盖无论何人之言，决不肯漫然置信，必求其所以然之故；常从众人所不注意处觅得间隙，既得间，则层层逼拶，直到尽头处；苟终无足以起其信者，虽圣哲父师之言不信也。此种研究精神，实近世科学所赖以成立。而震以童年具此本能，其能为一代学派完成二建设之业固宜。

　　震之言曰："学者当不以人蔽己，不以己自蔽。不为一时之名，亦不期后世之名。有名之见，其蔽二：非捃击前人以自表暴，即依傍昔贤以附骥尾……私智穿凿者，或非尽捃击以自表暴，积非成是而无从知，先入为主而惑以终身；或非尽依傍以附骥尾，无鄙陋之心，而失与之等。"（《东原文集·答郑用牧书》）

　　"不以人蔽己，不以己自蔽"二语，实震一生最得力处。盖学问之难也，粗涉其途，未有不为人蔽者；及其稍深入，力求自脱于人蔽，而己旋自蔽矣。非廓然卓然，鉴空衡平，不失于彼，必失于此。震之破

"人蔽"也，曰："志存闻道，必空所依傍。汉儒训诂，有师承，有时亦傅会。晋人傅会凿空益多。宋人则恃胸臆以为断，故其袭取者多谬，而不谬者反在其所弃……宋以来儒者，以己之见硬坐为古圣贤立言之意，而语言文字实未之知。其于天下之事也，以己所谓理强断行之，而事情原委隐曲实未能得，是以大道失而行事乖……自以为于心无愧，而天下受其咎，其谁之咎？不知者且以实践躬行之儒归焉。"（《东原集·与某书》）

其破"己蔽"也，曰："凡仆所以寻求于遗经，惧圣人之绪言暗汶于后世也。然寻求而有获十分之见者，有未至十分之见者。所谓十分之见，必征诸古而靡不条贯，合诸道而不留余议，巨细毕究，本末兼察。若夫依于传闻以拟其是，择于众说以裁其优，出于空言以定其论，据以孤证以信其通，虽溯流可以知源，不目睹渊泉所导，循根可以达杪，不手披枝肄所歧，皆未至十分之见也。以此治经，失'不知为不知'之意，而徒增一惑以滋识者之辨之也……既深思自得而近之矣，然后知孰为十分之见，孰为未至十分之见。如绳绳木，昔以为直者，其曲于是可见也；如水准地，昔以为平者，其坳于是可见也。夫然后传其信、不传其疑，疑则阙，庶几治经不害。"（《东原集·与姚姬传书》）

读第一段，则知目震所治者为"汉学"，实未当也。震之所期，在"空诸依傍"。晋宋学风，固在所诋斥矣，即汉人亦仅称其有家法，而未尝教人以盲从。钱大昕谓其"实事求是，不主一家"。（《潜研堂集·戴震传》）余廷灿谓其"有一字不准六书，一字解不通贯群经，即无稽者不信，不信必反复参证而后即安。以故胸中所得，皆破出传注重围。"余氏撰《戴东原先生事略》，此最能传写其思想解放之精神。

读第二段，其所谓十分之见与未至十分之见者，即科学家定理与假说之分也。科学之目的，在求定理，然定理必经过假设之阶段而后成。初得一义，未敢信为真也，其真之程度，或仅一二分而已，然姑假定以为近真焉，而凭藉之以为研究之点，几经试验之结果，寖假而真之程度增至五六分，七八分，卒达于十分，于是认为定理而主张之。其不能至十分者，或仍存为假说以俟后人，或遂自废弃之也。凡科学家之态度，固当如是也。震之此论，实从甘苦阅历得来。所谓昔以为直而今见其曲，昔以为平而今见其坳，实科学研究法一定之历程，而其毅然割舍，"传信不传疑"，又学者社会最主要之道德矣。

震又言曰："学有三难：淹博难，识断难，精审难。三者仆诚不足以与于其间，其私自持及为书之大概，端在乎是。前人之博闻强识，如郑渔仲、杨用修诸君子，著书满家，淹博有之，精审未也……"

戴学所以异于惠学者，惠仅淹博，而戴则识断且精审也。章炳麟曰："戴学分析条理，密严塸，上溯古义，而断以己之律令。"（《检论·清儒篇》）可谓知言。

凌廷堪为震作事略状，而系以论曰："昔河间献王实事求是。夫实事在前，吾所谓是者，人不能强辞而非之也；吾所谓非，人不能强辞而是之也；如六书、九数及典章制度之学是也。虚理在前，吾所谓是者，人既可别持一说以为非；吾所谓非者，人亦可别持一说以为是也；如义理之学是也。"（《校礼堂集》）此其言绝似实证哲学派之口吻，而戴震之精神见焉，清学派之精神见焉。惜乎此精神仅应用于考古，而未能应用于自然科学界，则时代为之也。

震常言："知十而皆非真，不若知一之为真知也。"（段玉裁《经韵楼集·娱亲雅言序》引）故其学虽淹博而不泛滥。其最专精者，曰小学，曰历算，曰水地。小学之书，有《声韵考》四卷，《声类表》十卷，《方言疏证》十三卷，《尔雅文字考》十卷。历算之书，有《原象》一卷，《历问》二卷，《古历考》二卷，《勾股割圆记》三卷，《续天文略》三卷，《策算》一卷。水地之书，有《水地记》一卷，《校水经注》四十卷，《直隶河渠书》六十四卷，其他著述不备举。《四库全书》天算类提要全出其手，他部亦多参与焉，而其晚年最得意之作，曰《孟子字义疏证》。

《孟子字义疏证》，盖轶出考证学范围以外，欲建设一"戴氏哲学"矣。震尝言曰："圣人之道，使天下无不达之情，求遂其欲，而天下治。后儒不知情之至于纤微无憾是谓理，而其所谓理者，同于酷吏所谓法。酷吏以法杀人，后儒以理杀人。乎舍法而论理，死矣，更无可救矣！"（《东原文集·卷八·与某书》）

又曰："程朱以'理'为'如有物焉，得于天而具于心'，启天下后世人人凭在己之意见而执之曰'理'，以祸斯民。更溽以'无欲'之说，于得理益远，于执其意见益坚，而祸斯民益烈。岂理祸斯民哉？不自知为意见也。"（《戴氏遗书·九·附录·答彭进士书》）

又曰："宋以前，孔孟自孔孟，老释自老释。谈老释者，高妙其言，不依附孔孟。宋以来，孔孟之书，尽失其解，儒者杂袭老释之言以解之。……譬犹子孙未睹其祖父之貌者，误图他人之貌为其貌而事之，所事固己之祖父也，貌则非矣。"（同上）

震欲祛"以释混儒""舍欲言理"之两蔽，故既作《原善》三篇，复为《孟子字义疏证》，《疏证》之精语曰："……《记》曰：'饮食男女，人之大欲存焉。'圣人治天下，体民之情，遂民之欲，而王道备。人知老、庄、释氏异于圣人，闻其无欲之说，犹未之信也。于宋儒，则信以为同于圣人；理欲之分，人人能言之。故今之治人者，视古圣贤体民之情、遂民之欲，多出于鄙细隐曲，不措诸意，不足为怪。及其责以理也，不难举旷世之高节著于义而罪。尊者以理责卑，长者以理责幼，贵者以理责贱，虽失谓之顺；卑者幼者贱者以理争之，虽得谓之逆。于是下之人不能以天下之同情、天下所同欲达之于上；上以理责其下，而在下之罪，人人不胜指数。人死于法，犹有怜之者；死于理，其谁怜之！"

又曰："孟子言'养心莫善于寡欲'，明乎欲之不可无也，寡之而已。人之生也，莫病乎无以遂其生。欲遂其生，亦遂人之生，仁也；欲遂其生，至于戕人之生而不顾者，不仁也。不仁实始于欲遂其生之心。使其无此欲，必无不仁矣。然使其无此欲，则于天下之人生道穷蹙，亦将漠然视之。己不必遂其生而遂人之生，无是情也。"

又曰："朱子屡言'人欲所蔽'，凡'欲'无非以生以养之事，'欲'之失为'私'不为'蔽'，自以为得理而所执之实谬乃'蔽'。人之大患，'私'与'蔽'而已，'私'生于'欲'之失，'蔽'生于'知'之失。"

又曰："君子之治天下也，使人各得其情，各遂其欲，勿悖于道义。君子之自治也，情与欲使一于道义。夫遏欲之害，甚于防川，绝情去智，充塞仁义。"

又曰："古圣贤所谓仁义礼智，不求于所谓欲之外，不离乎血气心知。而后儒以为如有别物焉凑泊附着以为性，由杂乎老释，终昧于孔孟之言故也。"

又曰："问：宋儒之言……也，求之'六经'中无其文，故借……之语以饰其说、以取信学者欤？曰：舍圣人立言之本指，而以己说为圣人所言，是诬圣。借其语以饰吾之说以求取信，是欺学者也。诬圣欺学者，程朱之贤不为。盖其学借阶于老释，是故失之。凡习于先入之言，往往受其蔽而不自觉。"

《疏证》一书，字字精粹，右所录者未尽其万一也。综其内容，不外欲以"情感哲学"代"理性哲学"，就此点论之，乃与欧洲文艺复兴时代之思潮之本质绝相类。盖当时人心，为基督教绝对禁欲主义所束缚，痛苦无艺，既反乎人理而又不敢违，乃相与作伪，而道德反扫地以尽。文艺复兴之运动，乃采久阒窒之"希腊的情感主义"以药之。一旦解放，文化转一新方向以进行，则蓬勃而莫能御。戴震盖确有见于此，其志愿确欲为中国文化转一新方向。其哲学之立脚点，真可称二千年一大翻案。其论尊卑顺逆一段，实以平等精神，作伦理学上一大革命。其斥宋儒之糅合儒佛，虽辞带含蓄，而意极严正，随处发挥科学家求真求是之精神，实三百年间最有价值之奇书也。

震亦极以此自负，尝曰："仆生平著述之大，以《孟子字义疏证》为第一。"（《戴东原集》卷首，段玉裁序引）虽然，戴氏学派曾披靡一世，独此书影响极小。据江藩所记，谓当时读《疏证》者莫能通其义，惟洪榜好焉；榜为震行状，载《与彭尺木书》。朱筠见之，谓："可不必载！戴氏可传者不在是。"榜贻筠书，力争不得。震子中立，卒将此书删去。（《汉学师承记》卷六）可见当时戴门诸子之对于此书，已持异同。

唐鉴谓："先生本训诂家，欲讳其不知义理，特著《孟子字义疏证》以诋程朱。"（《国朝学案小识》）鉴非能知戴学者，其言诚不足轻重，然可以代表当时多数人之心理也。当时宗戴之人，于此书既鲜诵习发明，其反驳者亦仅一方东树（清代思想家）（《汉学商兑》卷上），然搔不着痒处。

此书盖百余年未生反响之书也，岂其反响当在今日以后耶？然而论清学正统派之运动，遂不得不将此书除外。吾常言："清代学派之运动，乃'研究法的运动'，非'主义的运动'也。"此其收获所以不逮"欧洲文艺复兴运动"之丰大也欤？

第八讲
经史考证

　　清学自当以经学为中坚。其最有功于经学者，则诸经殆皆有新疏也。其在《易》，则有惠栋之《周易述》，张惠言之《周易虞氏义》，姚配中之《周易姚氏学》。其在《书》，则有江声之《尚书集注音疏》，孙星衍之《尚书今古文注疏》，段玉裁之《古文尚书撰异》，王鸣盛之《尚书后案》。其在《诗》，则有陈奂之《诗毛氏传疏》，马瑞辰之《毛诗传笺通释》，胡承珙之《毛诗后笺》。其在《周官》，有孙诒让之《周礼正义》。其在《仪礼》，有胡承珙之《仪礼古今文疏义》，胡培翚之《仪礼正义》。其在《左传》，有刘文淇之《春秋左氏传正义》（书名当作《春秋左氏传旧注疏证》。刘文淇未撰毕，其子毓崧、孙寿曾相继续编，但也只至襄公五年而止。）。其在《公羊传》，有孔广森之《公羊通义》（书名当作《春秋公羊传通义》），陈立之《公羊义疏》。其在《论语》，有刘宝楠之《论语正义》。其在《孝经》，有皮锡瑞之《孝经郑注疏》。其在《尔雅》，有邵晋涵之《尔雅正义》，郝懿行之《尔雅义疏》。其在《孟子》，有焦循之《孟子正义》。

　　以上诸书，惟马、胡之于《诗》，非全释经传文，不能直谓之新疏。《易》诸家穿凿汉儒说，非训诂家言。清儒最善言《易》者，惟一焦循。其所著《易通释》《易图略》《易章句》，皆净精微，但非新疏体例耳。《书》则段、王二家稍粗滥。《公羊》则孔著不通家法。自余则皆博通精粹，前无古人。尤有吾乡简朝亮，著《尚书集注述疏》《论语集注补正述疏》，志在沟通汉宋，非正统派家法，然精核处极多。十三经除《礼记》《谷梁》外，余皆有新疏一种或数种，而《大戴礼记》则有孔广森《补注》、王聘珍《解诂》焉。此诸新疏者，类皆撷取一代经说之菁华，加以别择结撰，殆可谓集大成。

其余为部分的研究之书，最著者则惠士奇之《礼说》，胡渭之《禹贡锥指》，惠栋之《易汉学》《古文尚书考》《明堂大道录》，焦循之《周易郑氏义》《荀氏九家义》《易义别录》，陈寿祺之《三家诗遗说考》，江永之《周礼疑义举要》，戴震之《考工记图》，段玉裁之《周礼仪礼汉读考》，张惠言之《仪礼图》，凌廷堪之《礼经释例》，金榜之《礼笺》，孔广森之《礼学卮言》，武亿之《三礼义证》，金鹗之《求古录礼说》，黄以周之《礼书通故》，王引之之《春秋名字解诂》，侯康之《梁礼证》，江永之《乡党图考》，王引之之《经义述闻》，陈寿祺之《左海经辨》，程瑶田之《通艺录》，焦循之《群经宫室图》等，其精粹者不下数百种。

清儒以小学为治经之途径，嗜之甚笃，附庸遂蔚为大国。其在《说文》，则有段玉裁之《说文注》（《说文解字注》），桂馥之《说文义证》，王筠之《说文释例》《说文句读》（书名当作《说文解字句读》，又有《句读补正》）。朱骏声之《说文通训定声》。其在《说文》以外之古字书，则有戴震之《方言疏证》，江声之《释名疏证》，宋翔凤之《小尔雅训纂》，胡承珙之《小尔雅义证》，王念孙之《广雅疏证》，此与《尔雅》之邵、郝二疏略同体例。得此而六朝以前之字书，差无疑滞矣。而以极严正之训诂家法贯穴群书而会其通者，则王念孙之《经传释词》，俞樾之《古书疑义举例》最精凿。近世则章炳麟之《小学答问》，益多新理解。而马建忠学之以著《文通》（书名当作《马氏文通》。实为马良（字相伯）、马建忠兄弟合著，出版时马良让名于幼弟）。严复学之以著《英文汉诂》，为"文典学"之椎轮焉。而梁启超著《国文语原解》，又往往以证社会学。

音韵学又小学之附庸也，而清代特盛。自顾炎武始著《音论》《古音表》《唐韵正》，而江永有《音学辨微》《古韵标准》，戴震有《声韵考》《声类表》，段玉裁有《六书音韵表》，姚文田有《说文声系》，苗夔有《说文声读表》，严可均有《说文声类》，陈澧有《切韵考》，而章炳麟《国故论衡》中论音韵诸篇，皆精绝。此学也，其动机本起于考证古音，而愈推愈密，遂能穷极人类发音官能之构造，推出声音变化之公例。刘献廷著《新韵谱》，创字母，其书不传。近世治此学者，积多数人之讨论折衷，遂有注音字母之颁定。

典章制度一科，在清代亦为绝学。其动机起于治三《礼》，后遂泛滥益广。惠栋著《明堂大道录》，对于古制度专考一事、渐成专书者始此。徐乾学编《读礼通考》，秦蕙田编《五礼通考》，多出一时名人之手。其后则胡匡衷有《仪礼释官》，戴震有《考工记图》，沈彤有《周官禄田考》，王鸣盛有《周礼军赋说》，洪颐煊有《礼经宫室答问》，任大椿有《弁服释例》《深衣释例》，皆专注《礼》，而焦循有《群经宫室图》，程瑶田有《通艺录》，贯通诸经焉。晚清则有黄以周之《礼书通故》，最博赡精审，盖清代礼学之后劲矣。而乐律一门，亦几蔚为大国。毛奇龄始著《竟山乐录》，次则江永著《律吕新论》《律吕阐微》，江藩著《乐县考》，凌廷堪著《燕乐考原》，而陈澧之《声律通考》，晚出最精善。此皆足为将来著中国音乐史最好之资料也。

焦循著《剧说》，专考今乐沿革，尤为切近有用矣。清初诸师皆治史学，欲以为经世之用。王夫之长于史论，其《读通鉴论》《宋论》皆有特识。而后之史学家不循斯轨。黄宗羲、万斯同以一代文献自任，实为史学嫡派。康熙间，清廷方开《明史》馆，欲藉以网罗遗逸；诸师既抱所学，且藉以寄故国之思，虽多不受职，而皆间接参与其事，相与讨论体例，别择事实。故唐以后官修诸史，独《明史》称完善焉。乾隆以后，传此派者，全祖望最著。

顾炎武治史，于典章制度风俗，多论列得失，然亦好为考证。乾嘉以还，考证学统一学界，其洪波自不得不及于史，则有赵翼之《廿二史札记》，王鸣盛之《十七史商榷》，钱大昕之《二十二史考异》，洪颐煊之《诸史考异》，皆汲其流。四书体例略同，其职志皆在考证史迹，订讹正谬。惟赵书于每代之后，常有多条胪列史中故实，用归纳法比较研究，以观盛衰治乱之原，此其特长也。其专考证一史者，则有惠栋之《后汉书补注》，梁玉绳之《史记志疑》《汉书人表考》（书名当作《汉书古今人表考》），钱大昕之《汉书辨疑》《后汉书辨疑》，《续汉书辨疑》，梁章钜之《三国志旁证》，周寿昌之《汉书注校补》《后汉书注补正》，杭世骏之《三国志补注》，其尤著也。

自万斯同力言表志之重要，自著《历代史表》，此后表志专书，可观者多。顾栋高有《春秋大事表》，钱大昭有《后汉书补表》，周嘉猷有《南北史表》（书名当作《补南北史表》）《三国纪年表》《五代纪年表》，洪饴孙有《三国职官表》，钱大昕有《元史氏族表》，齐召南有《历代帝王年表》。林春溥著《竹柏山房十五种》，皆考证古史，其中《战国纪年》、《孔孟年表》（有《孔门师弟年表》、附《孟子时事年表》，各一卷，又各有《后说》一卷）。诸篇最精审，而官书亦有《历代职官表》。洪亮吉有《三国疆域志》（书名当作《补三国疆域志》）《东晋疆域志》《十六国疆域志》，洪孙有《补梁疆域志》，钱仪吉有《补晋兵志》，侯康有《补三国艺文志》，倪灿有《宋史艺文志补》，《补辽金元三史艺文志》，顾櫰三有《补五代史艺文志》，钱大昕有《补元史艺文志》，郝懿行有《补宋书刑法志食货志》，皆称善本焉。

而对于古代别史杂史，亦多考证笺注，则有陈逢衡之《逸周书补注》，朱右曾之《周书集训校释》，丁宗洛之《逸周书管笺》，洪亮吉之《国语注疏》，顾广圻之《国语札记》《战国策札记》，程恩泽之《国策地名考》，郝懿行之《山海经笺疏》，陈逢衡之《竹书纪年集证》。

降及晚清，研究元史，忽成为一时风尚，则有何秋涛之《元圣武亲征录校正》，李文田之《元秘史注》。

凡此皆以经学考证之法，移以治史，只能谓之考证学，殆不可谓之史学。其专研究史法者，独有章学诚之《文史通义》，其价值可比刘知几《史通》。

自唐以后，罕能以私人独力著史，惟万斯同之《明史稿》，最称巨制。而魏源亦独力改著《元史》（魏氏所撰名《元史新编》）。柯劭忞之《新元史》，则近出之巨制也。源又有《圣武记》，记清一代大事，有条贯。而毕沅《续资治通鉴》亦称善本。

黄宗羲始著《明儒学案》，为学史之祖。其《宋元学案》，则其子百家与全祖望先后续成之。皆清代史学之光也。

史之缩本，则地志也。清之盛时，各省府州县皆以修志相尚，其志多出硕学之手。其在省志，《浙江通志》《广东通志》《云南通志》之总纂，则阮元也；《广西通志》，则谢启昆也；《湖北通志》，则章学诚原稿也。其在府县志，则《汾州府志》出戴震，《泾县志》《淳化县志》出洪亮吉，《三水县志》出孙星衍，《朝邑县志》出钱坫，《偃师志》《安阳志》出武亿，《富顺县志》出段玉裁，《和州志》《亳州志》《永清县志》《天门县志》出章学诚，《凤台县志》出李兆洛，《长沙志》出董祐诚，《遵义府志》出郑珍、莫友芝。凡作者皆一时之选，其书有别裁有断制，其讨论体例见于各家文集者甚周备。欲知清代史学家之特色，当于此求之。

第九讲
水地与天算

顾炎武、刘献廷皆酷嗜地理学，所著书皆未成，而顾祖禹之《读史方舆纪要》，言形势阨塞略尽，后人莫能尚，于是中清之地理学，亦偏于考古一途。

自戴震著《水地记》《校水经注》，而《水经》为一时研究之中心。孔广森有《水经释地》，全祖望有《新校水经注》（书名当作《水经注校正》），赵一清有《水经注释》，张匡学有《水经注释地》，而近人杨守敬为《水经注疏》，尤集斯学大成（未刻，刻者仅《注疏要删》）。而齐召南著《水道提纲》，则循水道治今地理也。洪颐煊有《汉志水道疏证》，陈澧有《汉书地理志水道图说》，亦以水道治汉地理。

阎若璩著《四书释地》，徐善著《春秋地名考略》（书名当作《春秋地名考》。清代有《春秋地名考略》一书，乃高士奇撰），江永著《春秋地名考实》（书名当作《春秋地理考实》），焦循著《毛诗地理释》，程恩泽著《国策地名考》，皆考证先秦地理。

其考证各史地理者，则吴卓信《汉书地理志补注》，杨守敬《隋书地理志考证》最精博。

其通考历代者，有陈芳绩之《历代地理沿革表》，李兆洛之《历代地理志韵编今释》，皆便检阅。而杨守敬之《历代疆域志》《历代地理沿革图》，极综核，惜制图术未精，难言正确矣。

自乾隆后边徼多事，嘉道间学者渐留意西北边新疆、青海、西藏、蒙古诸地理，而徐松、张穆、何秋涛最名家，松有《西域水道记》《汉书西域传补注》《新疆识略》，穆有《蒙古游牧记》，秋涛有《朔方备乘》，渐引起研究元史的兴味，至晚清尤盛。

外国地理，自徐继畬著《瀛寰志略》，魏源著《海国图志》，开始端绪，而其后竟不光大。近人丁谦于各史外夷传及《穆天子传》《佛国记》《大唐西域记》诸古籍，皆博加考证，成书二十余种（**无总名，最近浙江图书馆校刻**），颇精赡。要之清代地理学偏于考古，故活学变为死学，惟据全祖望著《刘献廷传》，知献廷有意治"人文地理"，惜其业不竞，而后亦无继也。

自明徐光启以后，士大夫渐好治天文算学。清初则王锡阐、梅文鼎最专精，而大师黄宗羲、江永辈皆提倡之。清圣祖尤笃嗜，召西士南怀仁等供奉内廷。风声所被，向慕尤众。圣祖著有《数理精蕴》《历象考成》，锡阐有《晓庵新法》，文鼎有《勿庵历算全书》二十九种，江永有《慎修数学》九种，戴震校《周髀》以后迄六朝唐人算书十种，命曰《算经》。

自尔而后，经学家十九兼治天算。尤专门者，李锐、董祐诚、焦循、罗士琳、张作楠、刘衡、徐有壬、邹伯奇、丁取忠、李善兰、华蘅芳。锐有《李氏遗书》，祐诚有《董方立遗书》，循有《里堂学算记》，作楠有《翠微山房数学》，衡有《六九轩算书》，有壬有《务民义斋算书》，伯奇有《邹征君遗书》，取忠有《白芙堂算学丛书》，善兰有《则古昔斋算学》。而曾国藩设江南制造局于上海，颇译泰西科学书，其算学名著多出善兰、蘅芳手，自是所谓"西学"者渐兴矣。阮元著《畴人传》，罗士琳续补之，清代斯学变迁略具焉。

兹学中国发源甚古，而光大之实在清代，学者精研虚受，各有创获，其于西来法，食而能化，足觇民族器量焉。

第十讲
金石学、校勘学和辑佚学

金石学之在清代又彪然成一科学也。自顾炎武著《金石文字记》，实为斯学滥觞。继此有钱大昕之《潜研堂金石文字跋尾》，武亿之《金石三跋》，洪颐煊之《平津馆读碑记》，严可均之《铁桥金石跋》，陈介祺之《金石文字释》，皆考证精彻，而王昶之《金石萃编》，荟录众说，颇似类书。其专举目录者，则孙星衍、邢澍之《寰宇访碑录》。其后碑版出土日多，故《萃编》《访碑录》等再三续补而不能尽。

顾、钱一派专务以金石为考证经史之资料，同时有黄宗羲一派，从此中研究文史义例。宗羲著《金石要例》，其后梁玉绳、王芑孙、郭麟、刘宝楠、李富孙、冯登府等皆庚续有作。别有翁方纲、黄易一派，专讲鉴别，则其考证非以助经史矣。包世臣一派专讲书势，则美术的研究也。而叶昌炽著《语石》，颇集诸派之长，此皆石学也。

其“金文学”则考证商周铜器。初，此等古物，惟集于内府，则有《西清古鉴》《宁寿鉴古》等官书，然其文字皆摹写，取姿媚，失原形，又无释文，有亦臆舛。自阮元、吴荣光以封疆大吏，嗜古而力足以副之，于是收藏富，遂有著录。阮有《积古斋钟鼎彝器款识》，吴有《筠清馆金石文字》，研究金文之端开矣。道咸以后益盛，名家者有刘喜海、吴式芬、陈介祺、王懿荣、潘祖荫、吴大澂、罗振玉。式芬有《古录金文》，祖荫有《攀古楼彝器款识》，大澂有《愙斋集古录》，皆称精博。其所以考证，多一时师友互相赏析所得，非必著者一人私言也。

自金文学兴，而小学起一革命。前此尊《说文》若六经，孔子以许慎。至是援古文籀文以难许者纷作。若庄述祖之《说文古籀疏证》，孙诒让之《古籀拾遗》，其著也。

诸器文字既可读，其事迹出古经以外者甚多，因此增无数史料，而其花文雕镂之研究，亦为美术史上可宝之资，惜今尚未有从事者耳。

最近复有龟甲文之学。龟甲文者，光绪己亥在河南汤阴县出土，殆数万片，而文字不可识，共不审为何时物。后罗振玉考定为殷文，著《贞卜文字》（书名当作《殷商贞卜文字考》）《殷虚书契考释》《殷虚书契待问篇》。而孙诒让著《名原》，亦多根据甲文。近更有人言其物质非龟甲乃竹简云。惜文至简，足供史材者希，然文字变迁异同之迹可稽焉。

清儒之有功于史学者，更一端焉，则校勘也。古书传习愈希者，其传钞踵刻，讹谬愈甚，驯至不可读，而其书以废。清儒则博征善本以校雠之，校勘遂成一专门学。其成绩可纪者，若汪中、毕沅之校《大戴礼记》，周廷寀、赵怀玉之校《韩诗外传》，卢文弨之校《逸周书》，汪中、毕沅、孙诒让之校《墨子》，谢墉之校《荀子》，孙星衍之校《孙子》《吴子》，汪继培、任大椿、秦恩复之校《列子》，顾广圻之校《国语》《战国策》《韩非子》，毕沅、梁玉绳之校《吕氏春秋》，严可均之校《慎子》《商君书》，毕沅之校《山海经》，洪颐煊之校《竹书纪年》《穆天子传》，丁谦之校《穆天子传》，戴震、卢文弨之校《春秋繁露》，汪中之校《贾谊新书》，戴震之校《算经十书》，戴震、全祖望之校《水经注》，顾广圻之校《华阳国志》。诸所校者，或遵善本，或据他书所征引，或以本文上下互证，或是正其文字，或厘定其句读，或疏证其义训，往往有前此不可索解之语句，一旦昭若发蒙。

其功尤钜者，则所校多属先秦诸子，因此引起研究诸子学之兴味。盖自汉武罢黜百家以后，直至清之中叶，诸子学可谓全废。若荀若墨，以得罪孟子之故，几莫敢齿及。及考证学兴，引据惟古是尚，学者始思及六经以外，尚有如许可珍之籍。故王念孙《读书杂志》，已推勘及于诸子。其后俞樾亦著《诸子平议》，与《群经平议》并列。而汪、戴、卢、孙、毕诸贤，乃遍取古籍而校之。

夫校其文必寻其义，寻其义则新理解出矣。故汪中之《荀卿子通论》《墨子序》《墨子后序》（见《述学》），孙星衍之《墨子·序》（平津馆丛书本《墨子》），我辈今日读之，诚觉甚平易，然在当日，固发人所未发，且言人所不敢言也。后此洪颐煊著《管子义证》，孙诒让著《墨子间诂》，王先慎著《韩非子集释》，则跻诸经而为之注矣。及今而稍明达之学者，皆以子与经并重。思想蜕变之枢机，有掞于彼而辟于此者，此类是已。

吾辈尤有一事当感谢清儒者，曰辑佚。

书籍经久必渐散亡，取各史艺文、经籍等志校其存佚易见也。肤芜之作，存亡固无足轻重；名著失坠，则国民之遗产损焉。乾隆中修《四库全书》，其书之采自《永乐大典》者以百计，实开辑佚之先声。此后兹业日昌，自周秦诸子，汉人经注，魏晋六朝逸史逸集，苟有片语留存，无不搜罗最录。其取材则唐宋间数种大类书，如《艺文类聚》《初学记》《太平御览》等最多，而诸经注疏及他书，凡可搜者无不遍。当时学者从事此业者甚多，不备举。而马国翰之《玉函山房辑佚书》，分经史子三部，集所辑至数百种，他可推矣。遂使《汉志》诸书、《隋唐志》久称已佚者，今乃累累现于吾辈之藏书目录中，虽复片鳞碎羽，而受赐则既多矣。

第十一讲
清代的"学者社会"

呜呼！自吾之生，而乾嘉学者已零落略尽，然十三岁肄业于广州之学海堂，堂则前总督阮元所创，以朴学教于吾乡者也。其规模矩矱，一循百年之旧。十六七岁游京师，亦获交当时耆宿数人，守先辈遗风不替者。中间涉览诸大师著述，参以所闻见，盖当时"学者社会"之状况，可仿佛一二焉。

大抵当时好学之士，每人必置一"札记册子"，每读书有心得则记焉。盖清学祖顾炎武，而炎武精神传于后者在其《日知录》。其自述曰："所著《日知录》三十余卷，平生之志与业皆在其中。"（《亭林文集·与友人论门人书》）又曰："承问《日知录》又成几卷，而某自别来一载，早夜诵读，反复寻觅，仅得十余条……"（见《与人书》十）其成之难而视之重也如此。

推原札记之性质，本非著书，不过储著书之资料，然清儒最戒轻率著书，非得有极满意之资料，不肯渑为定本，故往往有终其身在预备资料中者。又当时第一流学者所著书，恒不欲有一字余于己所心得之外。著专书或专篇，其范围必较广泛，则不免于所心得外摭拾冗词以相凑附。此非诸师所乐，故宁以札记体存之而已。

夫吾固屡言之矣，清儒之治学，纯用归纳法，纯用科学精神。此法此精神，果用何种程序始能表现耶？

第一步，必先留心观察事物，觑出某点某点有应特别注意之价值；

第二步，既注意于一事项，则凡与此事项同类者或相关系者，皆罗列比较以研究之；

第三步，比较研究的结果，立出自己一种意见；

第四步，根据此意见，更从正面旁面反面博求证据，证据备则渀为定说，遇有力之反证则弃之。

凡今世一切科学之成立，皆循此步骤，而清考证家之每立一说，亦必循此步骤也。

既已如此，则试思每一步骤进行中，所需资料几何，精力几何，非用极绵密之札记安能致者？训诂学之模范的名著，共推王引之《经传释词》，俞樾《古书疑义举例》。苟一察其内容，即可知其实先有数千条之札记，后乃组织而成书。又不惟专书为然耳，即在札记本身中，其精到者，亦必先之以初稿之札记，——例如钱大昕发明古书（古书，当为"古无"之误）轻唇音，试读《十驾斋养新录》本条，即知其必先有百数十条之初稿札记，乃能产出。——故顾氏谓一年仅能得十余条，非虚言也。

由此观之，则札记实为治此学者所最必要，而欲知清儒治学次第及其得力处，固当于此求之。

札记之书则伙矣，其最可观者，《日知录》外，则有阎若璩之《潜邱札记》，钱大昕之《十驾斋养新录》，臧琳之《经义杂记》，卢文弨之《钟山札记》《龙城札记》，孙志祖之《读书脞录》，王鸣盛之《蛾术编》，汪中之《知新记》（书名当作《晓读书斋杂录》，分初、二、三、四录，各二卷），洪亮吉之《晓读书斋四录》（书名当作《经义知新记》），赵翼之《陔余丛考》，王念孙之《读书杂志》，王引之之《经义述闻》，何焯之《义门读书记》，臧庸之《拜经日记》，梁玉绳之《瞥记》，俞正燮之《癸巳类稿》《癸巳存稿》，宋翔凤之《过庭录》，陈澧之《东塾读书记》等。其他不可殚举。各家札记，精粗之程度不同，即同一书中，每条价值亦有差别。有纯属原料性质者（对于一事项初下注意的观察者），有渐成为粗制品者（胪列比较而附以自己意见者），有已成精制品者（意见经反复引证后认为定说者），而原料与粗制品，皆足为后人精制所取资，此其所以可贵也。

要之当时学者喜用札记，实一种困知勉行功夫，其所以能绵密深入而有创获者，颇恃此，而今亡矣。

清儒既不喜效宋明人聚徒讲学，又非如今之欧美有种种学会学校为聚集讲习之所，则其交换知识之机会，自不免缺乏。其赖以补之者，则函札也。后辈之谒先辈，率以问学书为贽。——有著述者则媵以著述。——先辈视其可教者，必报书，释其疑滞而奖进之。平辈亦然。每得一义，辄驰书其共学之友相商榷，答者未尝不尽其词。凡著一书成，必经挚友数辈严勘得失，乃以问世，而其勘也皆以函札。此类函札，皆精心结撰，其实即著述也。此种风气，他时代亦间有之，而清为独盛。

第六章
鲁迅讲中国小说史（节选）

鲁迅（1881～1936年），原名周樟寿，后改名周树人，字豫山，后改豫才，"鲁迅"是他1918年发表《狂人日记》时所用笔名，也是他影响最为广泛的笔名，浙江绍兴人。著名文学家、思想家，五四新文化运动的重要参与者，中国现代文学的奠基人。鲁迅一生在文学创作、文学批评、思想研究、文学史研究、翻译、美术理论引进、基础科学介绍和古籍校勘与研究等多个领域具有重大贡献。他在国学研究方面的贡献突出在对中国古典小说的研究上，其代表作有《中国小说史略》《汉文学史纲要》《中国小说的历史的变迁》。

本书节选《中国小说史略》中明之人情小说、清之人情小说、清末之谴责小说。

第一讲
明之人情小说

　　当神魔小说盛行时，记人事者亦突起，其取材犹宋市人（市井之人，市民）小说之"银字儿"，大率为离合悲欢及发迹、变态之事，间杂因果报应，而不甚言灵怪，又缘描摹世态，见其炎凉，故或亦谓之"世情书"也。

　　诸"世情书"中，《金瓶梅》最有名。初惟钞本流传，袁宏道见数卷，即以配《水浒传》为"外典"，故声誉顿盛；世又益以《西游记》，称"三大奇书"。

　　万历庚戌（1610 年），吴中始有刻本，计一百回，其五十三至五十七回原阙，刻时所补也（见沈德符的《野获编》二十五）。作者不知何人，沈德符云是嘉靖间大名士（见沈德符的《野获编》），世因以拟太仓王世贞，或云其门人（见康熙乙亥谢颐序云）。由此复生谰言，谓世贞造作此书，乃置毒于纸，以杀其仇严世蕃，或云唐顺之者，故清康熙中彭城张竹坡评刻本，遂有《苦孝说》冠其首。

　　《金瓶梅》全书假《水浒传》之西门庆为线索，谓庆号四泉，清河人，"不甚读书，终日闲游浪荡"，有一妻三妾，又交"帮闲抹嘴不守本分的人"，结为十弟兄，复悦潘金莲，酖其夫武大，纳以为妾，武松来报仇，寻之不获，误杀李外傅，刺配孟州。而西门庆故无恙，于是日益放恣，通金莲婢春梅，复私李瓶儿，亦纳为妾，"又得两三场横财，家道营盛"。已而李瓶儿生子；庆则因赂蔡京得金吾卫副千户，乃愈肆，求药纵欲受赇枉法无不为。然潘金莲妒李有子，屡设计使受惊，子终以瘐瘵死；李痛子亦亡。潘则力媚西门庆，庆一夕饮药逾量，亦暴死。金莲春梅复通于庆婿陈敬济，事发被斥卖，金莲遂出居王婆家待嫁，而武松适遇赦归，因见杀；春梅则卖为周守备妾，有宠，又生子，竟册为夫人。会孙雪娥以遇拐复获发官卖，春梅憾其尝"唆打陈敬济"，则买而折辱之，旋卖于酒家为娼；又称敬济为弟，罗致府中，仍与通。已而守备征宋江有功，擢济南兵马制置，敬济亦列名军门，升为参谋。后金人入寇，守备阵亡，春梅夙通其前妻之子，因亦以淫纵暴卒。比金兵将至清河，庆妻携其遗腹子孝哥欲奔济南，途遇普净和尚，引至永福寺，以因果现梦化之，孝哥遂出家，法名明悟。

作者之于世情，盖诚极洞达，凡所形容，或条畅，或曲折，或刻露而尽相，或幽伏而含讥，或一时并写两面，使之相形，变幻之情，随在显见，同时说部，无以上之，故世以为非王世贞不能作。至谓此书之作，专以写市井间淫夫荡妇，则与本文殊不符，缘西门庆故称世家，为搢绅，不惟交通权贵，即士类亦与周旋，著此一家，即骂尽诸色，盖非独描摹下流言行，加以笔伐而已。

......

妇人（潘金莲）道："怪奴才，可可儿的来，想起一件事来，我要说又忘了。"因令春梅："你取那只鞋来与他瞧。""你认的这鞋是谁的鞋？"西门庆道："我不知是谁的鞋。"妇人道："你看他还打张鸡儿哩。瞒着我黄猫黑尾，你干得好茧儿。来旺媳妇子的一只臭蹄子，宝上珠也一般收藏在藏春坞雪洞儿里拜帖匣子内，搅着些字纸和香儿，一处放着。甚么罕稀物件，也不当家化化的，怪不得那贼淫妇死了随阿鼻地狱。"又指着秋菊骂道："这奴才当我的鞋，又翻出来，教我打了几下。"吩咐春梅，"趁早与我掠出去。"春梅把鞋掠在地下，看着秋菊说道："赏与你穿了罢。"那秋菊拾着鞋儿说道："娘这个鞋，只好盛我一个脚指头儿罢。"那妇人骂道："贼奴才，还叫甚么娘哩。他是你家主子前世的娘！不然，怎的把他的鞋这等收藏的娇贵？到明日好传代。没廉耻的货！"

秋菊拿着鞋就往外走，被妇人又叫回来，吩咐："取刀来，等我把淫妇鞋剁作几截子，掠到茅厕里去，叫贼淫妇阴山背后永世不得超生"。因向西门庆道："你看着越心疼，我越发偏剁个样儿你瞧。"西门庆笑道："怪奴才，丢开手罢了，我那里有这个心。"

……

(《金瓶梅》第二十八回)

……

掌灯时分，蔡御史便说："深扰一日，酒告止了罢。"因起身出席。左右便欲掌灯，西门庆道："且休掌灯。请老先生后边更衣。"于是……让至翡翠轩……关上角门，只见两个唱的，盛妆打扮，立于阶下，向前插烛也似磕了四个头……蔡御史看见，欲进不能，欲退不舍，便说道："四泉，你如何这等爱厚？恐使不得。"西门庆笑道："与昔日东山之游，又何异乎？"蔡御史道："恐我不如安石之才，而君有王右军之高致矣。"……因进入轩内，见文物依然，因索纸笔，就欲留题相赠。西门庆即令书童将端溪砚研的墨浓浓的，拂下锦笺。这蔡御史终是状元之才，拈笔在手，文不加点，字走龙蛇，灯下一挥而就，作诗一首。

……

(《金瓶梅》第四十九回)

明小说之宣扬秽德者，人物每有所指，盖借文字以报夙仇，而其是非，则殊难揣测。沈德符谓《金瓶梅》亦斥时事，"蔡京父子则指分宜，林灵素则指陶仲文，朱勔则指陆炳，其他亦各有所属。"则主要如西门庆，自当别有主名，即开篇所谓"有一处人家，先前怎地富贵，到后来煞甚凄凉，权谋术智，一毫也用不着，亲友兄弟，一个也靠不着，享不过几年的荣华，倒做了许多的话靶。内中又有几个斗宠争强迎奸卖俏的，起先好不妖娆妩媚，到后来也免不得尸横灯影，血染空房"(《金瓶梅》第一回)者是矣。结末稍进，用释家言，谓西门庆遗腹子孝哥方睡在永福寺方丈，普净引其母及众往，指以禅杖，孝哥"翻过身来，却是西门庆，项带沉枷，腰系铁索。复用禅杖只一点，依旧还是孝哥儿睡在床上……原来孝哥儿即是西门庆托生"(《金瓶梅》第一百回)。此之事状，固若玮奇，然亦第谓种业留遗，累世如一，出离之道，惟在"明悟"而已。若云孝子衔酷，用此复仇，虽奇谋至行，足为此书生色，而证佐盖阙，不能信也。

故就文辞与意象以观《金瓶梅》，则不外描写世情，尽其情伪，又缘衰世，万事不纲，爰发苦言，每极峻急，然亦时涉隐曲，猥黩者多。后或略其他文，专注此点，因予恶谥，谓之"淫书"；而在当时，实亦时尚。成化时，方士李孜僧、继晓已以献房中术骤贵，至嘉靖间，陶仲文以进红铅得幸于世宗，官至特进光禄大夫、柱国、少师、少傅、少保、礼部尚书、恭诚伯。于是颓风渐及士流，都御史盛端明、布政使参议顾可学皆以进士起家，而俱借"秋石方"致大位。瞬息显荣，世俗所企羡，侥幸者多竭智力以求奇方，世间乃渐不以纵谈闺帏方药之事为耻。风气既变，并及文林，故自方士进用以来，方药盛，妖心兴，而小说亦多神魔之谈，且每叙床笫之事也。

然《金瓶梅》作者能文，故虽间杂猥词，而其他佳处自在，至于末流，则著意所写，专在性交，又越常情，如有狂疾，惟《肉蒲团》意想颇似李渔，较为出类而已。其尤下者则意欲媒语，而未能文，乃作小书，刊布于世，中经禁断，今多不传。

万历时又有名《玉娇李》者，云亦出《金瓶梅》作者之手。袁宏道曾闻大略，谓"与前书各设报应因果，武大后世化为淫夫，上蒸下报；潘金莲亦作河间妇，终以极刑；西门庆则一骏憨男子，坐视妻妾外遇，以见轮回不爽"。后沈德符见首卷，以为"秽黩百端，背伦蔑理……其帝则称完颜大定，而贵溪（夏言）、分宜（严嵩）相构，亦暗寓焉。至嘉靖辛丑庶常诸公，则直书姓名，尤可骇怪……然笔锋恣横酣畅，似尤胜《金瓶梅》"（皆见《野获编》二十五）。今其书已佚，虽或偶有见者，而文章事迹，皆与袁沈之言不类，盖后人影撰，非当时所见本也。

《续金瓶梅》前后集共六十四回，题"紫阳道人编"。自言东汉时辽东三韩有仙人丁令威；后五百年而临安西湖有仙人丁野鹤，临化遗言，"说'五百年后又有一人名丁野鹤，是我后身，来此相访'。后至明末，果有东海一人，名姓相同，来此罢官而去，自称紫阳道人。"（见《续金瓶梅》第六十二回）卷首有《太上感应篇阴阳无字解》，署"鲁诸邑丁耀亢参解"，序有云，"自奸杞焚予《天史》于南都，海桑既变，不复讲因果事，今见圣天子钦颁《感应篇》，自制御序，戒谕臣工。"则《续金瓶梅》当成于清初，而丁耀亢即其撰人矣。

耀亢，字西生，号野鹤，山东诸城人，弱冠为诸生，走江南与诸名士联文社，既归，郁郁不得志，作《天史》十卷。清顺治四年入京，由顺天籍拔贡，充镶白旗教习，诗名甚盛。后为容城教谕，迁惠安知县，不赴，六十后病目，自称木鸡道人，年七十二卒，所著有诗集十余卷，传奇四种（见乾隆《诸城志》十三及三十六）。《天史》者，类历代吉凶诸事而成，焚于南都，未详其实，《诸城志》但云"以献益都钟羽正，羽正奇之"而已。

《续金瓶梅》立意殊单简，前集谓普净是地藏菩萨化身，一日施食，以轮回大簿指点众鬼，俾知将来恶报，后悉如言。

西门庆为汴京富室沈越子，名曰金哥，越之妻弟袁指挥居对门，有女常姐，则李瓶儿后身，尝在沈氏宅打秋千，为李师师所见，艳其美，矫旨取之，改名银瓶。金人陷汴，民众流离，金哥遂沦为乞丐；银瓶则为娼，通郑玉卿，后嫁为翟员外妾，又与郑偕遁至扬州，为苗青所赚，乃自经死。后集则叙东京孔千户女名梅玉者，以艳羡富贵，自甘为金人金哈木儿妾，而大妇"凶妒"，篡取虐使之，梅玉欲自裁，因梦自知是春梅后身，大妇则孙雪娥再世，遂长斋念佛，不生嗔恨，竟得脱离。至潘金莲则转生为山东黎指挥女，名金桂，夫曰刘瘸子，其前生实为陈敬济，以夙业故，体貌不全，金桂怨愤，因招妖蛊，又缘受惊，终成痼疾也。

余文俱述他人牵缠孽报，而以国家大事，穿插其间，又杂引佛典道经儒理，详加解释，动辄数百言，顾什九以《感应篇》为归宿，所谓"要说佛说道说理学，先从因果说起，因果无凭，又从《金瓶梅》说起"（《续金瓶梅》第一回）也。明之"淫书"作者，本好以阐明因果自解，至于此书，则因见"只有夫妇一伦，变故极多……造出许多冤业，世世偿还，真是爱河自溺，欲火自煎，一部《金瓶梅》说了个色字，一部《续金瓶梅》说了个空字，从色还空，即空是色，乃自果报，转入佛法"矣。然所谓佛法，复甚不纯，仍混儒道，与神魔小说诸作家意想无甚异，惟似较重力行，又欲无所执着，故亦颇讥当时空谈三教一致及妄分三教等差者之弊，如述李师师旧宅收没入官，立为大觉尼寺，儒道又出面纷争，即其例也：

……

这里大觉寺兴隆佛事不题。后因天坛道官并阖学生员争这块地，上司断决不开，各在兀术太子营里上了一本，说道"这李师师府地宽大，僧妓杂居，单给尼姑盖寺，恐久生事端，宜作公所。其后半花园，应分割一半，作三教堂，为儒释道三教讲堂。"王爷准了，才息了三处争讼。那道官见自己不独得，又是三分四裂的，不来照管。这开封府秀才吴蹈理卜守分两个无耻生员，借此为名，也就贴了公帖，每人三钱，倒敛了三四百两分资。不日盖起三间大殿，原是释迦佛居中，老子居左，孔子居右，只因不肯倒了自家门面，便把孔夫子居中，佛老分为左右，以见贬黜异端外道的意思。把那园中台榭池塘，和那两间妆阁，当日银瓶做过卧房的，改作书房。

……

这些风流秀士，有趣文人，和那浮浪子弟们，也不讲禅，也不讲道，每日在三教堂饮酒赋诗，倒讲了个色字，好个快活所在。题日三空书院，无非说三教俱空之意。

……

（《续金瓶梅》第三十七回上《三教堂青楼成净土》）

又有《隔帘花影》（全称《三世报隔帘花影》）四十八回，世亦以为《金瓶梅》后本，而实乃改易《续金瓶梅》中人名（如以西门庆为南宫吉之类）及回目，并删略其絮说因果语而成，书末不完，盖将续作，然未出。一名《三世报》，殆包举将来拟续之事；或并以武大被酖，亦为夙业，合数之得三世也。

《金瓶梅》《玉娇李》等既为世所艳称，学步者纷起，而一面又生异流，人物事状皆不同，惟书名尚多蹈袭，如《玉娇梨》《平山冷燕》等皆是也。至所叙述，则大率才子佳人之事，而以文雅风流缀其间，功名遇合为之主，始或乖违，终多如意，故当时或亦称为"佳话"。察其意旨，每有与唐人传奇近似者，而又不相关，盖缘所述人物，多为才人，故时代虽殊，事迹辄类，因而偶合，非必出于仿效矣。《玉娇梨》《平山冷燕》有法文译，又有名《好逑传》者则有法德文译，故在外国特有名，远过于其在中国。

《玉娇梨》今或改题《双美奇缘》，无撰人名氏。全书仅二十回，叙明正统间有太常卿白玄者,无子,晚年得一女曰红玉,甚有文才,以代父作菊花诗为客所知,御史杨廷诏因求为子杨芳妇,玄招芳至家,嘱妻弟翰林吴珪试之。

......

吴翰林陪杨芳在轩子边立着。杨芳抬头,忽见上面横着一个匾额,题的是"弗告轩"三字。杨芳自恃认得这三个字,便只管注目而视。吴翰林见杨芳细看,便说道:"此三字乃是聘君吴与弼所书,点画遒劲,可称名笔。"杨芳要卖弄识字,因答道:"果是名笔,这轩字也还平常,这弗告二字写得入神。"却将告字读了去声,不知弗告二字,盖取《诗经》上"弗谖弗告"之义,这"告"字当读与"谷"字同音。吴翰林听了,心下明白,便模糊答应。

......

(《玉娇梨》第二回)

白玄遂不允。杨以为怨,乃荐玄赴乜先营中迎上皇,玄托其女于吴翰林而去。吴珪即挈红玉归金陵,偶见苏友白题壁诗,爱其才,欲以红玉嫁之。友白误相新妇,竟不从。珪怒,嘱学官革友白秀才,学官方踌躇,而白玄还朝加官归乡之报适至,即依黜之。友白被革,将入京就其叔,于道中见数少年苦吟,乃方和白红玉新柳诗;谓有能步韵者,即嫁之也。友白亦和两首,而张轨如遽窃以献白玄,玄留之为西宾。

已而有苏有德者又冒为友白,请婚于白氏,席上见张,互相攻讦,俱败。友白见红玉新柳诗,慕之,遂渡江而北,欲托吴珪求婚;途次遇盗,暂舍于李氏,偶遇一少年曰卢梦梨,甚服友白之才,因以其妹之终身相托。友白遂入京以监生应试,中第二名;再访卢,则已以避祸远徙,乃大失望。不知卢实白红玉之中表,已先赴金陵依白氏也。白玄难于得婿,易姓名游山阴,于禹迹寺见一少年姓柳,才识非常,次日往访,即字以己女及甥女,归而说其故云:……

......

忽遇一个少年,姓柳,也是金陵人。他人物风流,真个是"谢家玉树"……我看他神清骨秀,学博才高,旦暮间便当飞腾翰苑……意欲将红玉嫁他,又恐甥女说我偏心;欲要配了甥女,又恐红玉说我矫情。

除了柳生，若要再寻一个，却万万不能。我想娥皇女英同事一舜，古圣人已有行之者；我又见你姊妹二人互相爱慕，不啻良友，我也不忍分开：故当面一口就都许他了。这件事我做得甚是快意。

……

（《玉娇梨》第十九回）

而二女皆慕友白，闻之甚快快。已而柳至白氏，自言实苏友白，盖尔时亦变姓名游山阴也。玄亦告以真姓名，皆大惊喜出意外，遂成婚。而卢梦梨实女子，其先乃改装自托于友白者云。

《平山冷燕》亦二十回，题云"荻岸山人编次"。清盛百二（《柚堂续笔谈》）以为嘉兴张博山十四五时作，其父执某续成之。博山名劭，清康熙时人，"少有成童之目，九龄作《梅花赋》惊其师。"（阮元《两浙轖轩录》七引李方湛语）盖早慧，故世人并以此书附著于彼，然文意陈腐，殊不类童子所为。书叙"先朝"隆盛时事，而又不云何时作，故亦莫详"先朝"为何帝也。其时钦天监正堂官奏奎壁流光，散满天下，天子则大悦，诏求真才，又适见白燕盘旋，乃命百官赋白燕诗，众谢不能，大学士山显仁乃献其女山黛之作，诗云：

夕阳凭吊素心稀，遁入梨花无是非，淡去羞从鸦借色，瘦来只许雪添肥，飞回夜黑还留影，衔尽春红不浣衣，多少朱门夸富贵，终能容我洁身归。

（《平山冷燕》第一回）

天子即召见，令献策，称旨，赐玉尺一条，"以此量天下之才"；金如意一执，"文可以指挥翰墨，武可以扞御强暴，长成择婿，有妄人强求，即以此击其首，击死勿论"；又赐御书匾额一方曰"弘文才女"。时黛方十岁；其父筑楼以贮玉尺，谓之玉尺楼，亦即为黛读书之所，于是才女之名大著，求诗文者云集矣。后黛以诗嘲一贵介子弟，被怨，托人诬以诗文皆非己出，又奉旨令文臣赴玉尺楼与黛较试，文臣不能及，诬者获罪而黛之名益扬。其时又有村女冷绛雪者，亦幼即能诗，忤山人宋信，信以计陷之，俾官买送山氏为侍婢。绛雪于道中题诗而遇洛阳才人平如衡，然指顾间又相失；既至山氏，自显其才，则大得敬爱，且亦以题诗为天子所知也。平如衡至云间访才士，得燕白颔，家世富贵而有大才，能诗。长官俱荐于朝，二人不欲以荐举出身，乃皆入都应试，且改姓名求见山黛。黛早见其讥刺诗，因与绛雪易装为青衣，试以诗，唱和再三，二人竟屈，辞去。又有张寅者，亦以求婚至山氏，受试于玉尺楼下，张不能文，大受愚弄，复因奔突登楼，几被如意击死，至拜祷始免。张乃嘱礼官奏于朝，谓黛与少年唱和调笑，有伤风化。天子即拘讯；张又告发二人实平燕托名，而适榜发，平中会元，燕会魁。于是天子大喜，谕山显仁择之为婿，遂以山黛嫁燕白颔，冷绛雪嫁平如衡。成婚之日，凡事无不美满：

……

二女上轿，随妆侍妾足有上百，一路火炮与鼓乐喧天，彩旗共花灯夺目，真个是天子赐婚，宰相嫁女，状元探花娶妻：一时富贵，占尽人间之盛……若非真正有才，安能如此？至今京城中俱传平山冷燕为四才子；闲窗阅史，不胜欣慕而为之立传云。

（《平山冷燕》第二十回）

二书大旨，皆显扬女子，颂其异能，又颇薄制艺而尚词华，重俊髦而嗤俗士，然所谓才者，惟在能诗，所举佳篇，复多鄙倍，如乡曲学究之为；又凡求偶必经考试，成婚待于诏旨，则当时科举思想之所牢笼，倘作者无不羁之才，固不能冲决而高骞矣。

《好逑传》十八回，一名《侠义风月传》，题云"名教中人编次"。其立意亦略如前二书，惟文辞较佳，人物之性格亦稍异，所谓"既美且才，美而又侠"者也。书言有秀才铁中玉者，北直隶大名府人……生得丰姿俊秀，就像一个美人，因此里中起个诨名，叫做"铁美人"。若论他人品秀美，性格就该温存。不料他人虽生得秀美，性子就似生铁一般，十分执拗；又有几分膂力，动不动就要使气动粗；等闲也不轻易见他言笑……更有一段好处，人若缓急求他……慨然周济；若是谀言谄媚，指望邀惠，他却只当不曾听见：所以人都感激他，又都不敢无故亲近他……（《好逑传》第一回）

其父铁英为御史，中玉虑以戆直得祸，入都谏之。会大夬侯沙利夺韩愿妻，即施智计夺以还愿，大得义侠之称。然中玉亦惧祸，不敢留都，乃至山东游学。历城退职兵部侍郎水居一有一女曰冰心，甚美，而才识胜男子。同县有过其祖者，大学士之子，强来求婚，水居一不敢拒，然以侄女易冰心嫁之，婚后始觉，其祖大恨，计陷居一，复百方图女，而冰心皆以智免。过其祖又托县令假传朝旨逼冰心，而中玉适在历城，遇之，斥其伪，计又败。冰心因此甚服铁中玉，当中玉暴病，乃邀寓其家护视，历五日始去。此后过其祖仍再三图娶冰心，皆不得。而中玉卒与冰心成婚，然不合卺，已而过学士托御史万谔奏二氏婚媾，先以"孤男寡女，共处一室，不无暧昧之情，今父母循私，招摇道路而纵成之，实有伤于名教"。有旨查复。后皇帝知二人虽成礼而未同居，乃召冰心令皇后验试，果为贞女，于是诬蔑者皆被诘责，而誉水铁为"真好逑中出类拔萃者"，令重结花烛，以光名教，且云"汝归宜益懋后德以彰风化"也。

又有《铁花仙史》二十六回。题"云封山人编次"。言钱塘蔡其志与好友王悦共游于祖遗之埋剑园，赏芙蓉，至花落方别。后入都又相遇，已各有儿女在襁褓，乃约为婚姻，往来愈密。王悦子曰儒珍，七岁能诗，与同窗陈秋麟皆十三四入泮，尝借寓埋剑园，邀友赏花赋诗。秋麟夜遇女子，自称符剑花，后屡至，一夕暴风雨拔去玉芙蓉，乃绝。后王氏衰落，儒珍又不第，蔡嫌其穷困，欲以女改适夏元虚，时秋麟已中解元，急谋于密友苏紫宸，托媒得之，拟临时归儒珍，而蔡女若兰竟逸去，为紫宸之叔诚斋所收养。夏元虚为世家子而无行，怒其妹瑶枝时加讥讪，因荐之应点选；瑶枝被征入都，中途舟破，亦为诚斋所救。诚斋又招儒珍为西宾，而蔡其志晚年孤寂，亦屡来迎王，养以为子，亦发解，娶诚斋之女馨如。秋麟求婚夏瑶枝，诚斋未许，一夕女自来，乃偕遁。

时紫宸已平海寇，成神仙，忽遗王陈二人书，言真瑶枝故在苏氏，偕遁者实花妖，教二人以五雷法治之，妖即逸去，诚斋亦终以真瑶枝许之。一日儒珍至苏氏，忽睹若兰旧婢，甚惊；诚斋乃确知所收蔡女，故为儒珍聘妇，亦以归儒珍。后来两家夫妇皆年逾八十，以服紫宸所赠金丹，一夕无疾而终，世以为尸解云。

（出自《铁花仙史》）

《铁花仙史》较后出，似欲脱旧来窠臼，故设事力求其奇。作者亦颇自负，序言有云，"传奇家摹绘才子佳人之悲欢离合，以供人娱目悦心者也。然其成书而命之名也，往往略不加意。如《平山冷燕》则皆才子佳人之姓为颜，而《玉娇梨》者又至各摘其人名之一字以传之，草率若此，非真有心唐突才子佳人，实图便于随意扭捏成书而无所难耳。此书则有特异焉者……令人以为铁为花为仙者读之，而才子佳人之事掩映乎其间。"然文笔拙涩，事状纷繁，又混入战争及神仙妖异事，已轶出于人情小说范围之外矣。

第二讲
清之人情小说

　　乾隆中（1765 年），有小说曰《石头记》者忽出于北京，历五六年而盛行，然皆写本，以数十金鬻于庙市。其本止八十回，开篇即叙本书之由来，谓女娲补天，独留一石未用，石甚自悼叹，俄见一僧一道，以为"形体倒也是个宝物了，还只没有实在好处，须得再镌上数字，使人一见便知是奇物方妙。然后好携你到隆盛昌明之邦，诗礼簪缨之族，花柳繁华之地，温柔富贵之乡，去安身乐业"。于是袖之而去。

　　不知更历几劫，有空空道人见此大石，上镌文辞，从石之请，钞以问世。道人亦"因空见色，由色生情，传情入色，自色悟空，遂易名为情僧，改《石头记》为《情僧录》；东鲁孔梅溪则题曰《风月宝鉴》；后因曹雪芹于悼红轩中披阅十载，增删五次，纂成目录，分出章回，则题曰《金陵十二钗》，并题一绝云：'满纸荒唐言，一把辛酸泪。都云作者痴，谁解其中味？'"（戚蓼生所序八十回本《红楼梦》之第一回）

　　本文所叙事则在石头城（非即金陵）之贾府，为宁国荣国二公后。宁公长孙曰敷，早死；次敬袭爵，而性好道，又让爵于子珍，弃家学仙；珍遂纵恣，有子蓉，娶秦可卿。荣公长孙曰赦，子琏，娶王熙凤；次曰政；女曰敏，适林海，中年而亡，仅遗一女曰黛玉。贾政娶于王，生子珠，早卒；次生女曰元春，后选为妃；次复得子，则衔玉而生，玉又有字，因名宝玉，人皆以为"来历不小"，而政母史太君尤钟爱之。

　　宝玉既七八岁，聪明绝人，然性爱女子，常说，"女儿是水做的骨肉，男人是泥做的骨肉"。人于是又以为将来且为"色鬼"；贾政亦不甚爱惜，驭之极严，盖缘"不知道这人来历……若非多读书识字，加以致知格物之功，悟道参玄之力者，不能知也"（戚本《红楼梦》第二回贾雨村云）。而贾氏实亦"闺阁中历历有人"，主从之外，姻连亦众，如黛玉宝钗，皆来寄寓，史湘云亦时至，尼妙玉则习静于后园。右即贾氏谱大要，用虚线者其姻连，著×者夫妇，著 G 者在"金陵十二钗"之数者也。

事即始于林夫人（贾敏）之死，黛玉失恃，又善病，遂来依外家，时与宝玉同年，为十一岁。已而王夫人女弟所生女亦至，即薛宝钗，较长一年，颇极端丽。宝玉纯朴，并爱二人无偏心，宝钗浑然不觉，而黛玉稍恚。

一日，宝玉倦卧秦可卿室，遽梦入太虚境，遇警幻仙，阅《金陵十二钗正册》及《副册》，有图有诗，然不解。警幻命奏新制《红楼梦》十二支，其末阕为《飞鸟各投林》，词有云：

"为官的，家业凋零；富贵的，金银散尽。有恩的，死里逃生；无情的，分明报应。欠命的命已还，欠泪的泪已尽！……看破的，遁入空门；痴迷的，枉送了性命。好一似，食尽鸟投林：落了片白茫茫大地真干净！"

（戚本《红楼梦》第五回）

然宝玉又不解，更历他梦而寤。迨元春被选为妃，荣公府愈贵盛，及其归省，则辟大观园以宴之，情亲毕至，极天伦之乐。宝玉亦渐长，于外昵秦钟蒋玉函，归则周旋于姊妹中表以及侍儿如袭人、晴雯、平儿、紫鹃辈之间，昵而敬之，恐拂其意，爱博而心劳，而忧患亦日甚矣。

这日，宝玉因见湘云渐愈，然后去看黛玉。正值黛玉才歇午觉，宝玉不敢惊动。因紫鹃正在回廊上手里做针线，便上来问她："昨日夜里咳嗽得可好些？"紫鹃道："好些了。"（宝玉道："阿弥陀佛，宁可好了罢。"紫鹃笑道："你也念起佛来，真是新闻。"）宝玉笑道："所谓'病笃乱投医'了。"一面说，一面见她穿着弹墨绫子薄棉袄，外面只穿着青缎子夹背心，宝玉便伸手向她身上抹（摸）了一抹，说："穿得这样单薄，还在风口里坐着。春风才至，时气最不好。你再病了，越发难了。"紫鹃便说道："从此，咱们只可说话，别动手动脚的。一年大二年小的，叫人看着不尊重；又打着那起混账行子们背地里说你。你总不留心，还只管合小时一般行为，如何使得？姑娘常常吩咐我们，不叫和你说笑。你近来瞧她，远着你，还恐远不及呢！"说着，便起身，携了针线，进别房去了。

宝玉见了这般景况，心中忽觉浇了一盆冷水一般，只看着竹子发了回呆。因祝妈正来挖笋修竿，便忙忙走了出来，一时魂魄失守，心无所知，随便坐在一块石上出神，不觉滴下泪来。直呆了五六顿饭工夫，千思万想，总不知如何是好。偶值雪雁从王夫人房中取了人参来，从此经过……便走过来，蹲下笑道："你在这里做什么呢？"

宝玉忽见了雪雁，便说道："你又作什么来招我？你难道不是女儿？她既防嫌，总不许你们理我，你又来寻我，倘被人看见，岂不又生口舌？你快家去罢。"雪雁听了，只当他又受了黛玉的委屈，只得回至房中。黛玉未醒，将人参交与紫鹃……雪雁道："姑娘还没醒呢，是谁给了宝玉气受？坐在那里哭呢。"……紫鹃听说，忙放下针线……一直来寻宝玉。走到宝玉跟前，含笑说道："我不过说了两句话，为的是大家好。你就赌气，跑了这风地里来哭，作出病来唬我。"宝玉忙笑道："谁赌气了？我因为听你说得有理，我想你们既这样说，自然别人也是这样说，将来渐渐的都不理我了。我所以想着自己伤心。"

……

（戚本《红楼梦》第五十七回，括弧中句据程本补。）

然荣公府虽煊赫，而"生齿日繁，事务日盛，主仆上下，安富尊荣者尽多，运筹谋画者无一，其日用排场，又不能将就省俭"，故"外面的架子虽未甚倒，内囊却也尽上来了。"（戚本《红楼梦》第二回）颓运方至，变故渐多；宝玉在繁华丰厚中，且亦屡与"无常"觌面，先有可卿自经；秦钟天逝；自又中父妾厌胜之术，几死；继以金钏投井；尤二姐吞金；而所爱之侍儿晴雯又被遣，随殁。悲凉之雾，遍被华林，然呼吸而领会之者，独宝玉而已。

……

他便带了两个小丫头到一石后，也不怎么样，只问二人道："自我去了，你袭人姐姐可打发人瞧晴雯姐姐去了不曾？"这一个答道："打发宋妈妈瞧去了。"宝玉道："回来说什么？"小丫头道："回来说晴雯姐姐直着脖子叫了一夜，今儿早起就闭了眼，住了口，人事不知，也出不得一声儿了，只有倒气的分儿了。"宝玉忙问道："一夜叫的是谁？"小丫头子道："没有听见叫别人。"（"一夜叫的是娘。"宝玉拭泪道，"还叫谁？"小丫头说。）

宝玉道："你糊涂，想必没听真。"（……因又想:）"虽然临终未见，如今且去灵前一拜，也算尽这五六年的情肠。"

……

遂一径出园，往前日之处来，意为停枢在内。谁知他哥嫂见他一咽气，便回了进去，希图得几两发送例银。

王夫人闻知，便赏了十两银子，又命"即刻送到外头焚化了罢。'女儿痨'死的，断不可留！"他哥嫂听了这话，一面就雇了人来入殓，抬往城外化人厂去了……宝玉走来扑了个空……自立了半天，别没法儿，只得翻身进入园中，待回自房，甚觉无趣，因乃顺路来找黛玉，偏她不在房中……又到蘅芜院中，只见寂静无人。

……

仍往潇湘馆来，偏黛玉尚未回来……正在不知所以之际，忽见王夫人的丫头进来找他，说："老爷回来了，找你呢。又得了好题目来了，快走快走！"宝玉听了，只得跟了出来……彼时贾政正与众幕友谈论寻秋之胜，又说："临散时忽然谈及一事，最是千古佳谈，'风流俊逸忠义慷慨'八字皆备。倒是个好题目，大家都要作一首挽词。"众人听了，都忙请教是何等妙题。贾政乃说："近日有一位恒王，出镇青州。这恒王最喜女色，且公余好武，因选了许多美女，日习武事……其姬中有一姓林行四者，姿色既冠，且武艺更精，皆呼为林四娘，恒王最得意，遂超拔林四娘统辖诸姬，又呼为姽婳将军。"众清客都称："妙极神奇！竟以'姽婳'下加'将军'二字，更觉妖媚风流，真绝世奇文！想这恒王也是第一风流人物了。"

……

（戚本《红楼梦》第七十八回，括弧中句据程本补。）

《石头记》结局，虽早隐现于宝玉幻梦中，而八十回仅露"悲音"，殊难毕其究竟。比乾隆五十七年（1792 年），乃有百二十回之排印本出，改名《红楼梦》，字句亦时有不同，程伟元序其前云"……然原本目录百二十卷……爰为竭力搜罗，自藏书家甚至故纸堆中，无不留心。数年以来，仅积有二十余卷。一日，偶于鼓担上得十余卷，遂重价购之……然漶漫不可收拾，乃同友人细加厘剔，截长补短，钞成全部，复为镌板以公同好。《石头记》全书至是始告成矣。"友人盖谓高鹗，亦有序，末题"乾隆辛亥冬至后一日"，先于程序者一年。

后四十回虽数量止初本之半，而大故迭起，破败死亡相继，与所谓"食尽鸟飞独存白地"者颇符，惟结末又稍振。宝玉先失其通灵玉，状类失神。会贾政将赴外任，欲于宝玉娶妇后始就道，以黛玉羸弱，乃迎宝钗。姻事由王熙凤谋画，运行甚密，而卒为黛玉所知，咯血，病日甚，至宝玉成婚之日遂卒。宝玉知将婚，自以为必黛玉，欣然临席，比见新妇为宝钗，乃悲叹复病。时元妃先薨；贾赦以"交通外官倚势凌弱"革职查抄，累及荣府；史太君又寻亡；妙玉则遭盗劫，不知所终；王熙凤既失势，亦郁郁死。宝玉病亦加，一日垂绝，忽有一僧持玉来，遂苏，见僧复气绝，历噩梦而觉；乃忽改行，发愤欲振家声，次年应乡试，以第七名中式。宝钗亦有孕，而宝玉忽亡去。贾政既葬母于金陵，将归京师，雪夜泊舟毗陵驿，见一人光头赤足，披大红猩猩毡斗篷，向之下拜，审视知为宝玉。方欲就语，忽来一僧一道，挟以俱去，且不知何人作歌，云"归大荒"，追之无有，"只见白茫茫一片旷野"而已。"后人见了这本传奇，亦曾题过四句，为作者缘起之言更进一竿云：'说到酸辛事，荒唐愈可悲，由来同一梦，休笑世人痴。'"（戚本《红楼梦》第一百二十回）

全书所写，虽不外悲喜之情，聚散之迹，而人物事故，则摆脱旧套，与在先之人情小说甚不同。如开篇所说：

空空道人遂向石头说道："石兄，你这一段故事……据我看来：第一件，无朝代年纪可考；第二件，并无大贤大忠，理朝廷治风俗的善政，其中只不过几个异样女子——或情，或痴，或小才微善——亦无班姑蔡女之德能。我纵钞去，恐世人不爱看呢。"

石头笑曰："我师何太痴也！若云无朝代可考，今我师竟假借汉唐等年纪添缀，又有何难？但我想历来野史，皆蹈一辙；莫如我不借此套，反到新鲜别致，不过只取其事体情理罢了……历来野史，或讪谤君相，或贬人妻女，奸淫凶恶，不可胜数……至若才子佳人等书，则又千部共出一套，且其中终不能不涉于淫滥，以致满纸'潘安子建'，'西子文君'……且环婢开口，即'者也之乎'，非文即理，故逐一看去，悉皆自相矛盾，大不近情理之说。竟不如我半世亲睹亲闻的这几个女子，虽不敢说强似前代所有书中之人，但事迹原委，亦可以消愁破闷也……至若离合悲欢，兴衰际遇，则又追踪蹑迹，不敢稍加穿凿，徒为哄人之目，而反失其真传者。"

……

（戚本《红楼梦》第一回）

盖叙述皆存本真，闻见悉所亲历，正因写实，转成新鲜。而世人忽略此言，每欲别求深义，揣测之说，久而遂多。今汰去悠谬不足辩，如谓是刺和珅（《谭瀛室笔记》）、藏谶纬（《寄蜗残赘》）、明易象（《金玉缘》评语）之类，而著其世所广传者于下：

一、纳兰成德（纳兰性德）家事说：自来信此者甚多。陈康祺（《燕下乡脞录》五）记姜宸英典康熙已卯顺天乡试获咎事，因及其师徐时栋（号柳泉）之说云："小说《红楼梦》一书，即记故相明珠家事，金钗十二，皆纳兰侍御所奉为上客者也，宝钗影高澹人；妙玉即影西溟先生：'妙'为'少女'，'姜'亦妇人之美称；'如玉''如英'，义可通假……""侍御谓明珠之子成德，后改名性德，字容若。"张维屏云，"贾宝玉盖即容若也；《红楼梦》所云，乃其髫龄时事。"（见《诗人征略》）

俞樾亦谓其"中举人止十五岁，于书中所述颇合"（《小浮梅闲话》）。然其他事迹，乃皆不符；胡适作《红楼梦考证》（《文存》三），已厘正其失。最有力者，一为姜宸英有《祭纳兰成德文》，相契之深，非妙玉于宝玉可比；一为成德死时年三十一，时明珠方贵盛也。

二、清世祖与董鄂妃故事说：王梦阮沈瓶庵合著之《红楼梦索隐》为此说。其提要有云，"盖尝闻之京师故老云，是书全为清世祖与董鄂妃而作，兼及当时诸名王奇女也……"而又指董鄂妃即秦淮旧妓嫁为冒襄妾之董小宛，清兵下江南，掠以北，有宠于清世祖，封贵妃，已而夭逝；世祖哀痛，乃遁迹五台山为僧云。孟森作《董小宛考》（见《心史丛刊》三集），则历摘此说之谬，最有力者为小宛生于明天启甲子，若以顺治七年入宫，已二十八岁矣，而其时清世祖方十四岁。

三、康熙朝政治状态说：此说即发端于徐时栋，而大备于蔡元培之《石头记索隐》。开卷即云："《石头记》者，清康熙朝政治小说也。作者持民族主义甚挚，书中本事，在吊明之亡，揭清之失，而尤于汉族名士仕清者寓痛惜之意……"于是比拟引申，以求其合，以"红"为影"朱"字；以"石头"为指金陵；以"贾"为斥伪朝；以"金陵十二钗"为拟清初江南之名士：如林黛玉影朱彝尊，王熙凤影余国柱，史湘云影陈维崧，宝钗妙玉则从徐说，旁征博引，用力甚勤。然胡适既考得作者生平，而此说遂不立，最有力者即曹雪芹为汉军，而《石头记》实其自叙也。

然谓《红楼梦》乃作者自叙，与本书开篇契合者，其说之出实最先，而确定反最后。嘉庆初，袁枚已云，"康熙中，曹练亭为江宁织造……其子雪芹撰《红楼梦》一书，备记风月繁华之盛。中有所谓大观园者，即余之随园也。"（《随园诗话》二）末二语盖夸，余亦有小误（如以栋为练，以孙为子），但已明言雪芹之书，所记者其闻见矣。而世间信者特少，王国维且诘难此类，以为"所谓'亲见亲闻'者，亦可自旁观者之口言之，未必躬为剧中之人物"也（见《静庵文集》），迨胡适作考证，乃较然彰明，知曹雪芹实生于荣华，终于零落，半生经历，绝似"石头"，著书西郊，未就而没。

晚出全书，乃高鹗续成之者矣。

雪芹，名霑，字芹溪，一字芹圃，正白旗汉军。祖寅，字子清，号楝亭，康熙中为江宁织造。清世祖南巡时，五次以织造署为行宫，后四次皆寅在任。然颇嗜风雅，尝刻古书十余种，为时所称；亦能文，所著有《楝亭诗钞》五卷，《词钞》一卷（见《四库书目》），传奇二种（《在园杂志》）。寅子，即雪芹父，亦为江宁织造，故雪芹生于南京。时盖康熙末。雍正六年，卸任，雪芹亦归北京，时约十岁。然不知何因，是后曹氏似遭巨变，家顿落，雪芹至中年，乃至贫居西郊，啜饘粥，但犹傲兀，时复纵酒赋诗，而作《石头记》盖亦此际。乾隆二十七年，子殇，雪芹伤感成疾，至除夕，卒，年四十余（1719～1763年）。其《石头记》尚未就，今所传者止八十回（《胡适文选》）。

言后四十回为高鹗作者，俞樾云，"《船山诗草》有《赠高兰墅鹗同年》一首云，'艳情人自说《红楼》。'注云，'《红楼梦》八十回以后，俱兰墅所补。'然则此书非出一手。按乡会试增五言八韵诗，始乾隆朝，而书中叙科场事已有诗，则其为高君所补可证矣（《小浮梅闲话》）。"然鹗所作序，仅言"友人程子小泉过予，以其所购全书见示，且曰：'此仆数年铢积寸累之辛心，将付剞劂，公同好。子闲且惫矣，盍分任之。'予以是书……尚不背于名教……遂襄其役。"盖不欲明言己出，而寮友则颇有知之者。鹗，字兰墅，镶黄旗汉军，乾隆戊申举人，乙卯进士，旋入翰林，官侍读，又尝为嘉庆辛酉顺天乡试同考官。其补《红楼梦》当在乾隆辛亥时，未成进士，"闲且惫矣"，故于雪芹萧条之感，偶或相通。

然心志未灰，则与所谓"暮年之人，贫病交攻，渐渐地露出那下世光景来"（戚本《红楼梦》第一回）者又绝异。是以续书虽亦悲凉，而贾氏终于"兰桂齐芳"，家业复起，殊不类茫茫白地，真成干净者矣。

续《红楼梦》八十回本者，尚不止一高鹗。俞平伯从戚蓼生所序之八十回本旧评中抉剔，知先有续书三十回，似叙贾氏子孙流散，宝玉贫寒不堪，"悬崖撒手"，终于为僧；然其详不可考（《红楼梦辨》下有专论）。或谓"戴君诚夫见一旧时真本，八十回之后，皆与今本不同，荣宁籍没后，皆极萧条；宝钗亦早卒，宝玉无以作家，至沦于击柝之流。史湘云则为乞丐，后乃与宝玉仍成夫妇……闻吴润生中丞家尚藏有其本。"（蒋瑞藻《小说考证》七引《续阅微草堂笔记》）

此又一本，盖亦续书。二书所补，或俱未契于作者本怀，然长夜无晨，则与前书之伏线亦不背。

此他续作，纷纭尚多，如《后红楼梦》《红楼后梦》《续红楼梦》《红楼复梦》《红楼梦补》《红楼补梦》《红楼重梦》《红楼再梦》《红楼幻梦》《红楼圆梦》《增补红楼》《鬼红楼》《红楼梦影》等。大率承高鹗续书而更补其缺陷，结以"团圆"；甚或谓作者本以为书中无一好人，因而钻刺吹求，大加笔伐。但据本书自说，则仅乃如实抒写，绝无讥弹，独于自身，深所忏悔。此固常情所嘉，故《红楼梦》至今为人爱重，然亦常情所怪，故复有人不满，奋起而补订圆满之。此足见人之度量相去之远，亦曹雪芹之所以不可及也。

仍录彼语，以结此篇：

……

作者自云：因曾历过一番梦幻之后，故将真事隐去，而借"通灵"之说，撰此《石头记》一书也。

……

自又云：今风尘碌碌，一事无成，忽念及当日所有之女子，一一细考较去，觉其行止见识，皆出于我之上。何我堂堂须眉，诚不若彼裙钗女子？实愧则有余，悔又无益，是大无可如何之日也。当此，则自欲将已往所赖天恩祖德，锦衣纨袴之时，饫甘餍肥之日，背父兄教育之恩，负师友规训之德，以致今日一技无成，半生潦倒之罪，编述一集，以告天下人。我之罪固不免，然闺阁中本自历历有人，万不可因我之不肖，自己护短，一并使其泯灭。虽今日之茅椽蓬牖，瓦灶绳床，其晨夕风露，阶柳庭花，亦未有妨我之襟怀，束笔阁墨；虽我末学，下笔无文，又何妨用俚语村言，敷衍出一段故事来，亦可使闺阁照传，复可悦世之目，破人愁闷，不亦宜乎？……

（戚本《红楼梦》第一回）

第三讲
清末之谴责小说

　　光绪庚子（1900 年）后，谴责小说之出特盛。盖嘉庆以来，虽屡平内乱（白莲教起义，太平天国运动，捻军起义，回民起义），亦屡挫于外敌（英国，法国，日本），细民暗昧，尚啜茗听平逆武功，有识者则已翻然思改革，凭敌忾之心，呼维新与爱国，而于"富强"尤致意焉。戊戌变政既不成，越二年即庚子岁而有义和团之变，群乃知政府不足与图治，顿有掊击之意矣。其在小说，则揭发伏藏，显其弊恶，而于时政，严加纠弹，或更扩充，并及风俗。虽命意在于匡世，似与讽刺小说同伦，而辞气浮露，笔无藏锋，甚且过甚其辞，以合时人嗜好，则其度量技术之相去亦远矣，故别谓之谴责小说。其作者，则南亭亭长与我佛山人名最著。

　　南亭亭长为李宝嘉，字伯元，江苏武进人，少擅制艺及诗赋，以第一名入学，累举不第，乃赴上海办《指南报》，旋辍，别办《游戏报》，为俳谐嘲骂之文，后以"铺底"售之商人，又别办《海上繁华报》，记注倡优起居，并载诗词小说，殊盛行。所著有《庚子国变弹词》若干卷，《海天鸿雪记》六本，《李莲英》一本，《繁华梦》《活地狱》各若干本。又有专意斥责时弊者曰《文明小史》，分刊于《绣像小说》中，尤有名。

　　时正庚子，政令倒行，海内失望，多欲索祸患之由，责其罪人以自快，宝嘉亦应商人之托，撰《官场现形记》，拟为十编，编十二回，自光绪二十七至二十九年中成三编，后二年又成二编，三十二年三月以瘵卒，年四十（1867～1906年），书遂不完；亦无子，伶人孙菊仙为理其丧，酬《繁华报》之揄扬也。尝被荐应经济特科，不赴，时以为高；又工篆刻，有《芋香印谱》行于世（见周桂笙《新庵笔记》三，李祖杰致胡适书及顾颉刚《读书杂记》等）。

《官场现形记》已成者六十回，为前半部，第三编印行时（1903年）有自序，略谓"亦尝见夫官矣，送迎之外无治绩，供张之外无材能，忍饥渴，冒寒暑，行香则天明而往，禀见则日昃而归，卒不知其何所为而来，亦卒不知其何所为而去。"

岁或有凶灾，行赈恤，又"皆得援救助之例，邀奖励之恩，而所谓官者，乃日出而未有穷期"。及朝廷议汰除，则"上下蒙蔽，一如故旧，尤其甚者，假手宵小，授意私人，因苞苴而通融，缘贿赂而解释：是欲除弊而转滋之弊也"。于是群官搜括，小民困穷，民不敢言，官乃愈肆，"南亭亭长有东方之谐谑，与淳于之滑稽，又熟知夫官之龌龊卑鄙之要凡，昏聩糊涂之大旨"，爰"以含蓄蕴酿存其忠厚，以酣畅淋漓阐其隐微……穷年累月，殚精竭诚，成书一帙，名曰《官场现形记》……凡神禹所不能铸之于鼎，温峤所不能烛之以犀者，无不毕备也"。故凡所叙述，皆迎合，钻营，朦混，罗掘，倾轧等故事，兼及士人之热心于作吏，及官吏闺中之隐情。头绪既繁，脚色复夥，其记事遂率与一人俱起，亦即与其人俱讫，若断若续，与《儒林外史》略同。然臆说颇多，难云实录，无自序所谓"含蓄蕴酿"之实，殊不足望文木老人后尘。况所搜罗，又仅"话柄"，联缀此等，以成类书；官场伎俩，本小异大同，汇为长编，即千篇一律。特缘时势要求，得此为快，故《官场现形记》，乃骤享大名；而袭用"现形"名目，描写他事，如商界学界女界者亦接踵也。

今录南亭亭长之作八百余言为例，并以概余子：

……

却说贾大少爷……看看已到了引见之期，头天赴部演礼，一切照例仪注，不庸细述。这天贾大少爷起了一个半夜，坐车进城……一直等到八点钟，才有带领引见的司官老爷把他带了进去，不知走到一个甚么殿上，司官把袖一摔，他们一班几个人在台阶上一溜跪下，离着上头约摸（大约）有二丈远，晓得坐在上头的就是"当今"了……他是道班，又是明保的人员，当天就有旨，叫他第二天预备召见……贾大少爷虽是世家子弟，然而今番乃是第一遭见皇上，虽然请教过多少人，究竟放心不下。当时引见了下来，先看见华中堂。华中堂是收过他一万银子古董的，见了面问长问短，甚是关切。后来贾大少爷请教他道："明日朝见，门生的父亲是现任臬司，门生见了上头，要碰头不要碰头？"华中堂没有听见上文，只听得"碰头"二字，连连回答道："多碰头，少说话：是做官的秘诀。"贾大少爷忙分辨道："门生说的是上头问着门生的父亲，自然要碰头；倘不问，也要碰头不要碰头？"华中堂道："上头不问你，你千万不要多说话；应该碰头的地方，又万万不要忘记不碰，就是不该碰，你多磕头，总没有处分的。"一席话说得贾大少爷格外糊涂，意思还要问，中堂已起身送客了。贾大少爷只好出来，心想华中堂事情忙，不便烦他，不如去找黄大军机……或者肯赐教一二。谁知见了面，贾大少爷把话才说完，黄大人先问"你见过中堂没有？他怎么说的？"贾大少爷照述一遍，黄大人道："华中堂阅历深，他叫你多碰头少说话，老成人之见，这是一点儿不错的。"

……

贾大少爷无法，只得又去找徐大军机。这位徐大人，上了年纪，两耳重听，就是有时候听得两句，也装作不知。他平生最讲究养心之学，有两个诀窍：一个是"不动心"，一个是"不操心"……后来他这个诀窍被同寅中都看穿了，大家就送他一个外号，叫他做"琉璃蛋"。

……

这日贾大少爷……去求教他，见面之后，寒暄了几句，便题到此事。徐大人道："本来多碰头是顶好的事。就是不碰头，也使得。你还是应得碰头的时候，你碰头；不必碰的时候，还是不必碰的为妙。"贾大少爷又把华黄二位的话述了一遍，徐大人道："他两位说的话都不错。你便照他二位的话，看事行事，最妥。"说了半天，仍旧说不出一毫道理，只得又退了下来。后来一直找到一位小军机，也是他老人家的好友，才把仪注说清。第二天召见上去，居然没有出岔子。

……

（《官场现形记》第二十六回）

我佛山人为吴沃尧，字茧人，后改趼人，广东南海人也，居佛山镇，故自称"我佛山人"。年二十余至上海，常为日报撰文，皆小品；光绪二十八年新会梁启超印行《新小说》于日本之横滨，月一册，次年（1903 年），沃尧乃始学为长篇，即以寄之，先后凡数种，曰《电术奇谈》，曰《九命奇冤》，曰《二十年目睹之怪现状》，名于是日盛，而末一种尤为世间所称。后客山东，游日本，皆不得意，终复居上海；三十二年，为《月月小说》主笔，撰《劫余灰》《发财秘诀》《上海游骖录》；又为《指南报》作《新石头记》。又一年，则主持广志小学校，甚尽力于学务，所作遂不多。宣统纪元，始成《近十年之怪现状》二十回，二年九月遽卒，年四十五（1866～1910 年）。别有《恨海》《胡宝玉》二种，先皆单行；又尝应商人之托，以三百金为撰《还我灵魂记》颂其药，一时颇被訾议，而文亦不传（见《新庵笔记》三，《近十年之怪现状·自序》，《我佛山人笔记·汪维甫序》）。短文非所长，后因名重，亦有人缀集为《趼廛笔记》《趼人十三种》《我佛山人笔记四种》《我佛山人滑稽谈》《我佛山人札记小说》等。

《二十年目睹之怪现状》本连载于《新小说》中，后亦与《新小说》俱辍，光绪三十三年乃有单行本甲至丁四卷，宣统元年又出戊至辛四卷，共一百八回。全书以自号"九死一生"者为线索，历记二十年中所遇，所见所闻天地间惊听之事，缀为一书，始自童年，末无结束，杂集"话柄"，与《官场现形记》同。而作者经历较多，故所叙之族类亦较多，官师士商，皆著于录，搜罗当时传说而外，亦贩旧作（如《钟馗捉鬼传》之类），以为新闻。自云："只因我出来应世的二十年中，回头想来，所遇见的只有三种东西：第一种是蛇虫鼠蚁；第二种是豺狼虎豹；第三种是魑魅魍魉。"（《二十年目睹之怪现状》第一回）则通本所述，不离此类人物之言行可知也。相传，吴沃尧性强毅，不欲下于人，遂坎坷没世，故其言殊慨然。惜描写失之张皇，时或伤于溢恶，言违真实，则感人之力顿微，终不过连篇"话柄"，仅足供闲散者谈笑之资而已。

其叙北京同寓人符弥轩之虐待其祖云：

……

到了晚上，各人都已安歇，我在枕上隐隐听得一阵喧嚷的声音出在东院里……嚷了一阵，又静了一阵，静了一阵，又嚷一阵，虽是听不出所说的话来，却只觉得耳根不清净，睡不安稳……直等到自鸣钟报了三点之后，方才朦胧睡去；等到一觉醒来，已是九点多钟了。连忙起来，穿好衣服，走出客堂，只见吴亮臣李在兹和两个学徒，一个厨子，两个打杂，围在一起窃窃私议。我忙问是甚么事……亮臣正要开言，在兹道："叫王三说罢，省了我们费嘴。"打杂王三便道："是东院符老爷家的事。昨天晚上半夜里我起来解手，听见东院里有人吵嘴……就摸到后院里……往里面偷看：原来符老爷和符太太对坐在上面，那一个到我们家里讨饭的老头儿坐在下面，两口子正骂那老头子呢。那老头子低着头哭，只不做声。符太太骂得最出奇，说道：'一个人活到五六十岁，就应该死的了，从来没见过八十多岁人还活着的。'符老爷道：'活着倒也罢了。无论是粥是饭，有得吃吃点，安分守己也罢了；今天嫌粥了，明天嫌饭了，你可知道要吃得好，喝得好，穿得好，是要自己本事挣来的呢。'那老头子道：'可怜我并不求好吃好喝，只求一点儿咸菜罢了。'符老爷听了，便直跳起来，说道：'今日要咸菜，明日便要咸肉，后日便要鸡鹅鱼鸭，再过些时，便燕窝鱼翅都要起来了。我是个没补缺的穷官儿，供应不起！'说到那里，拍桌子打板凳的大骂……

骂够了一回，老妈子开上酒菜来，摆在当中一张独脚圆桌上。符老爷两口子对坐着喝酒，却是有说有笑的。那老头子坐在底下，只管抽抽咽咽地哭。符老爷喝两杯，骂两句；符太太只管拿骨头来逗叭儿狗顽。那老头子哭丧着脸，不知说了一句甚么话，符老爷登时大发雷霆起来，把那独脚桌子一掀，匉訇一声，桌上的东西翻了个满地，大声喝道："你便吃去！'那老头子也太不要脸，认真就爬在地下拾来吃。符老爷忽的站了起来，提起坐的凳子，对准了那老头子摔去。幸亏站着的老妈子抢着过来接了一接，虽然接不住，却挡去势子不少。那凳子虽然还摔在那老头子的头上，却只摔破了一点头皮。倘不是那一挡，只怕脑子也磕出来了。"我听了这一番话，不觉吓了一身大汗，默默自己打主意。到了吃饭时，我便叫李在兹赶紧去找房子，我们要搬家了。

……

（《二十年目睹之怪现状》第七十四回）

吴沃尧之所撰著，惟《恨海》《劫余灰》，及演述译本之《电术奇谈》等三种，自云是写情小说，其他悉此类，而谴责之度稍不同。至于本旨，则缘借笔墨为生，故如周桂笙言，亦"因人，因地，因时，各有变态"，但其大要，则在"主张恢复旧道德"云（见《新庵笔记》）。

又有《老残游记》二十章，题"洪都百炼生"著，实刘鹗之作也，有光绪丙午（1906 年）之秋于海上所作序；或云本未完，末数回乃其子续作之。

鹗，字铁云，江苏丹徒人，少精算学，能读书，而放旷不守绳墨，后忽自悔，闭户岁余，乃行医于上海，旋又弃而学贾，尽丧其资。光绪十四年河决郑州，鹗以同知投效于吴大澂，治河有功，声誉大起，渐至以知府用。在北京二年，上书请敷铁道；又主张开山西矿，既成，世俗交谪，称为"汉奸"。庚子之乱，鹗以贱值购太仓储粟于欧人，或云实以赈饥困者，全活甚众；后数年，政府即以私售仓粟罪之，流新疆死（约 1850～1910 年，详见罗振玉《五十日梦痕录》）。

其书即借铁英号老残者之游行，而历记其言论闻见，叙景状物，时有可观，作者信仰，并见于内，而攻击官吏之处亦多。其记刚弼误认魏氏父女为谋毙一家十三命重犯，魏氏仆行贿求免，而刚弼即以此证实之，则摘发所谓清官者之可恨，或尤甚于赃官，言人所未尝言，虽作者亦甚自憙，以为"赃官可恨，人人知之，清官尤可恨，人多不知。盖赃官自知有病，不敢公然为非；清官则自以为不要钱，何所不可？刚愎自用，小则杀人，大则误国，吾人亲目所见，不知凡几矣。试观徐桐李秉衡，其显然者也……历来小说，皆揭赃官之恶。有揭清官之恶者，自《老残游记》始"也。

……

那衙役们早将魏家父女带到，却都是死了一半的样子。两人跪到堂上，刚弼便从怀里摸出那个一千两银票并那五千五百两凭据，……叫差役送与他父女们看，他父女回说："不懂，这是甚么缘故？"……刚弼哈哈大笑道："你不知道，等我来告诉你，你就知道了。昨儿有个胡举人来拜我，先送一千两银子，道，你们这案，叫我设法儿开脱；又说，如果开脱，银子再要多些也肯……我再详细告诉你，倘若人命不是你谋害的，你家为甚么肯拿几千两银子出来打点呢？这是第一据……倘人不是你害的，我告诉他，'照五百两一条命计算，也应该六千五百两。'你那管事的就应该说，'人命实不是我家害的，如蒙委员代为昭雪，七千八千俱可，六千五百两的数目却不敢答应。'怎么他毫无疑义，就照五百两一条命算账呢？这是第二据。我劝你们，早迟总得招认，免得饶上许多刑具的苦楚。"

那父女两个连连叩头说："青天大老爷。实在是冤枉。"刚弼把桌子一拍，大怒道："我这样开导，你们还是不招？再替我夹拶起来！"底下差役炸雷似的答应了一声"嗄！"……正要动刑。刚弼又道："慢着。行刑的差役上来，我对你说……你们伎俩，我全知道。你们看那案子是不要紧的呢，你们得了钱，用刑就轻；让犯人不甚吃苦。你们看那案情重大，是翻不过来的了，你们得了钱，就猛一紧，把犯人当堂治死，成全他个整尸首，本官又有个严刑毙命的处分。我是全晓得的。今日替我先拶贾魏氏，只不许拶得他发昏，但看神色不好就松刑，等他回过气来再拶。预备十天工夫，无论你甚么好汉，也不怕你不招！"

……

（见《老残游记》第十六章）

《孽海花》以光绪三十三年载于《小说林》，称"历史小说"，署"爱自由者发起，东亚病夫编述"。相传实常熟举人曾朴字孟朴者所为。第一回犹楔子，有六十回全目，自金沟抢元起，即用为线索，杂叙清季三十年间遗闻逸事；后似欲以豫想之革命收场，而忽中止，旋合辑为书十卷，仅二十回。金沟谓吴县洪钧，尝典试江西，丁忧归，过上海，纳名妓傅彩云为妾，后使英，携以俱去，称夫人，颇多话柄。比洪殁于北京，傅复赴上海为妓，称曹梦兰，又至天津，称赛金花，庚子之乱，为联军统帅所眷，势甚张。书于洪傅特多恶谑，并写当时达官名士模样，亦极淋漓，而时复张大其词，如凡谴责小说通病；惟结构工巧，文采斐然，则其所长也。书中人物，几无不有所影射；使撰人诚如所传，则改称李纯客者实其师李慈铭字莼客（见曾之撰《越缦堂骈体文集序》），亲炙者久，描写当能近实，而形容时复过度，亦失自然，盖尚增饰而贱白描，当日之作风固如此矣。即引为例：

……

却说小燕便服轻车，叫车夫径到城南保安寺街而来。那时秋高气爽，尘软蹄轻，不一会，已到了门口。

把车停在门前两棵大榆树阴下。家人方要通报，小燕摇手说"不必"，自己轻跳下车。正跨进门，瞥见门上新贴一副淡红朱砂笺的门对，写得英秀瘦削，历落倾斜的两行字，道："保安寺街藏书十万卷，户部员外补阙一千年"。

小燕一笑。进门一个影壁；绕影壁而东，朝北三间倒厅；沿倒厅廊下一直进去，一个秋叶式的洞门；洞门里面，方方一个小院落。庭前一架紫藤，绿叶森森，满院种着木芙蓉，红艳娇酣，正是开花时候。三间静室，垂着湘帘，悄无人声。那当儿恰好一阵微风，小燕觉得在帘缝里透出一股药烟，清香沁鼻。掀帘进去，却见一个椎结小童，正拿着把破蒲扇，在中堂东壁边煮药哩。见小燕进来，正要起立。只听房里高吟道："淡墨罗巾灯畔字，小风铃佩梦中人。"小燕一脚跨进去，笑道："'梦中人'是谁呢？"一面说，一面看，只见纯客穿着件半旧熟罗半截衫，踏着草鞋，本来好好儿，一手捋着短须，坐在一张旧竹榻上看书。看见小燕进来，连忙和身倒下，伏在一部破书上发喘，颤声道，"呀，怎么小翁来，老夫病体竟不能起迓，怎好怎好？"小燕道："纯老清恙，几时起的？怎么兄弟连影儿也不知？"纯客道："就是诸公定议替老夫做寿那天起的。可见老夫福薄，不克当诸公盛意。云卧园一集，只怕今天去不成了。"小燕道："风寒小疾，服药后当可小痊。还望先生速驾，以慰诸君渴望。"

小燕说话时，却把眼偷瞧，只见榻上枕边拖出一幅长笺，满纸都是些抬头。那抬头却奇怪，不是"阁下""台端"，也非"长者""左右"，一迭连三，全是"妄人"两字。小燕觉得诧异，想要留心看他一两行，忽听秋叶门外有两个人，一路谈话，一路蹑手蹑脚地进来。那时纯客正要开口，只听竹帘子啪的一声。正是：十丈红尘埋侠骨，一帘秋色养诗魂。不知来者何人，且听下回分解。

（《孽海花》第十九回）

《孽海花》亦有他人续书，如《碧血幕》《续孽海花》，皆不称。

x

　　此外，以抉摘社会弊恶自命，撰作此类小说者尚多，顾什九学步前数书，而甚不逮，徒作谯呵之文，转无感人之力，旋生旋灭，亦多不完。其下者乃至丑诋私敌，等于谤书；又或有嫚骂之志而无抒写之才，则遂堕落而为"黑幕小说"。

第七章
朱自清经典常谈（节选）

朱自清（1898～1948年），原名自华，号秋实，后改名自清，字佩弦，江苏省东海县人（今连云港市东海县平明镇）。现代杰出的散文家、诗人、学者、民主战士。朱自清虽然以文学著名，但其对国学也有过人的见解。其著作《经典常谈》自出版以来一直是普及中国传统文化的启蒙经典。

《经典常谈》包括"序言""说文解字""周易""尚书""诗经""三礼""春秋三传""四书""战国策""史记汉书""诸子""辞赋""诗"以及"文"共计14部分。本书选取"说文解字""周易"以及"尚书"部分，以展现朱自清国学学识的精华。

第一讲
说文解字

　　中国文字相传是黄帝的史官叫仓颉的造的。这仓颉据说有四只眼睛，他看见了地上的兽蹄儿、鸟爪儿印着的痕迹，灵感涌上心头，便造起文字来。文字的作用太伟大了，太奇妙了，造字真是一件神圣的工作。但是文字可以增进人的能力，也可以增进人的巧诈。仓颉泄漏了天机，却将人教坏了。所以他造字的时候，"天雨粟，鬼夜哭"。人有了文字，会变机灵了，会争着去做那容易赚钱的商人，辛辛苦苦去种地的便少了。天怕人不够吃的，所以降下米来让他们存着救急。鬼也怕这些机灵人用文字来制他们，所以夜里嚎哭（参见《淮南子·本经训》及高诱注）；文字原是有巫术的作用的。但仓颉造字的传说，战国末期才有。那时人并不都相信，如《易·系辞》里就只说文字是"后世圣人"造出来的。这"后世圣人"不止一人，是许多人。我们知道，文字不断地在演变着；说是一人独创，是不可能的。《系辞》的话自然合理得多。

　　"仓颉造字说"也不是凭空起来的。秦以前是文字发生与演化的时代，字体因世、因国而不同，官书虽是系统相承，民间书却极为庞杂。到了战国末期，政治方面，学术方面，都感到统一的需要了，鼓吹的也有人了；文字统一的需要，自然也在一般意识之中。这时候抬出一个造字的圣人，实在是统一文字的预备工夫，好教人知道"一个"圣人造的字当然是该一致的。《荀子·解蔽》说，"好书者众矣，而仓颉独传者，一也"，"一"是"专一"的意思，这儿只说仓颉是个整理文字的专家，并不曾说他是造字的人，可见得那时"仓颉造字说"还没有凝成定型。

但是，仓颉究竟是什么人呢？照近人的解释，"仓颉"的字音近于"商契"，造字的也许指的是商契。商契是商民族的祖宗。"契"有"刀刻"的义；古代用刀笔刻字，文字有"书契"的名称。可能的因为这点联系，商契便传为造字的圣人。事实上商契也许和造字全然无涉，但这个传说却暗示着文字起于夏商之间。这个暗示也许是值得相信的。至于仓颉是黄帝的史官，始见于《说文·序》（《说文解字·序》）。"仓颉造字说"大概凝定于汉初，那时还没有定出他是哪一代的人；《说文·序》所称，显然是后来加添的枝叶了。

识字是教育的初步。《周礼·保氏》说贵族子弟八岁入小学，先生教给他们识字。秦以前字体非常庞杂，贵族子弟所学的，大约只是官书罢了。秦始皇统一了天下，他也统一了文字；小篆成了国书，别体渐归淘汰，识字便简易多了。这时候贵族阶级已经没有了，所以渐渐注重一般的识字教育。

到了汉代，考试史、尚书史（书记秘书）等官儿，都只凭识字的程度；识字教育更注重了。识字需要字书。相传，最古的字书是《史籀篇》，是周宣王的太史籀作的。这部书已经佚去，但许慎《说文解字》里收了好些"籀文"，又称为"大篆"，字体和小篆差不多，和始皇以前三百年的碑碣器物上的秦篆简直一样。所以，现在相信这只是始皇以前秦国的字书。"史籀"是"书记必读"的意思，只是书名。不是人名。

始皇为了统一文字，教李斯作了《仓颉篇》七章，赵高作了《爰历篇》六章，胡毋敬作了《博学篇》七章。所选的字，大部分还是《史籀篇》里的，但字体以当时通用的小篆为准，便与"籀文"略有不同。这些是当时官定的标准字书。有了标准字书，文字统一就容易进行了。汉初，教书先生将这三篇合为一书，单称为《仓颉篇》。秦代那三种字书都不传；汉代这个《仓颉篇》，现在残存着一部分。西汉时期，还有些人作了些字书，所选的字大致和这个《仓颉篇》差不多。就中只有史游的《急就篇》还存留着。《仓颉》残篇四字一句，两句一韵。《急就篇》不分章而分部，前半三字一句，后半七字一句，两句一韵；所收的都是名姓、器物、官名等日常用字，没有说解。这些书和后世"日用杂字"相似，按事类收字——所谓分章或分部，都据事类而言。这些一面供教授学童用，一面供民众检阅用，所收约三千三百字，是通俗的字书。

东汉和帝时，有个许慎，作了一部《说文解字》。这是一部划时代的字书。经典和别的字书里的字，他都搜罗在他的书里，所以有九千字。而且小篆之外，兼收籀文"古文"；"古文"是鲁恭王所得孔子宅"壁中书"及张仓所献《春秋左氏传》的字体，大概是晚周民间的别体字。许氏（许慎）又分析偏旁，定出部首，将九千字分属五百四十部首。书中每字都有说解，用晚周人作的《尔雅》，扬雄的《方言》，以及经典的注文的体例。这部书意在帮助人通读古书，并非只供通俗之用，和秦代及西汉的字书是大不相同的。它保存了小篆和一些晚周文字，让后人可以溯源沿流；现在我们要认识商周文字，探寻汉以来字体演变的轨迹，都得凭这部书。而且，不但研究字形得靠它，研究字音、字义也得靠它。研究文字的形、音、义的，以前叫"小学"，现在叫文字学。从前学问限于经典，所以说研究学问必须从小学入手；现在学问的范围是广了，但要研究古典、古史、古文化，也还得从文字学入手。《说文解字》是文字学的古典，又是一切古典的工具或门径。

《说文·序》提起出土的古器物，说是书里也搜罗了古器物铭的文字，便是"古文"的一部分，但是汉代出土的古器物很少；而拓墨的法子到南北朝才有，当时也不会有拓本，那些铭文，许慎能见到的怕是更少。所以他的书里还只有秦篆和一些晚周民间书，再古的可以说是没有。到了宋代，古器物出土的多了，拓本也流行了，那时有了好些金石图录考释的书。

"金"是铜器，铜器的铭文称为金文。铜器里钟鼎最是重器，所以也称为钟鼎文。这些铭文都是记事的。而宋以来发现的铜器大都是周代所作，所以金文多是两周的文字。清代古器物出土的更多，而光绪二十五年（公元1899年）河南安阳发现了商代的甲骨，尤其是划时代的。

甲是龟的腹甲，骨是牛胛骨。商人钻灼甲骨，以卜吉凶，卜完了就在上面刻字纪录。这称为甲骨文，又称为卜辞，是盘庚（约公元前1300年）以后的商代文字。这大概是最古的文字了。甲骨文、金文，以及《说文》（《说文解字》）里所谓"古文"，还有籀文，现在统统算作古文字，这些大部分是文字统一以前的官书。

甲骨文是"契"的；金文是"铸"的。铸是先在模子上刻字，再倒铜。古代书写文字的方法除"契"和"铸"外，还有"书"和"印"，因用的材料而异。"书"用笔，竹木简以及帛和纸上用"书"。"印"是在模子上刻字，印在陶器或封泥上（古代简牍用泥封口，在泥上盖印）。古代用竹木简最多，战国才有帛；纸是汉代才有的。笔出现于商代，却只用竹木削成。竹木简、帛、纸，都容易坏，汉以前的，已经荡然无存了。

造字和用字有六个条例，称为"六书"。"六书"这个总名初见于《周礼》，但六书的各个的名字到汉人的书里才见。

一是"象形"，象物形的大概，如"日""月"等字。

二是"指事"，用抽象的符号，指示那无形的事类，如"二"（上）"二"（下）两个字，短画和长画都是抽象的符号，各代表着一个物类。"二"指示甲物在乙物之上，"二"指示甲物在乙物之下。这"上"和"下"两种关系便是无形的事类。又如"刃"字，在"刀"形上加一点，指示刃之所在，也是的。

三是"会意"，会合两个或两个以上的字为一个字，这一个字的意义是那几个字的意义积成的，如"止""戈"为"武"，"人""言"为"信"等。

四是"形声"，也是两个字合成一个字，但一个字是形，一个字是声；形是意符，声是音标。如"江""河"两字，"氵"（水）是形，"工""可"是声。但声也有兼义的。如"浅""钱""贱"三字，"水""金""贝"是形，同以"戋"为声；但水小为"浅"，金小为"钱"，贝小为"贱"，三字共有的这个"小"的意义，正是从"戋"字来的。象形、指事、会意、形声，都是造字的条例；形声最便，用处最大，所以我们的形声字最多。

五是"转注"，就是互训。两个字或两个以上的字，意义全部相同或一部相同，可以互相解释的，便是转注字，也可以叫做同义字。如"考""老"等字，又如"初""哉""首""基"等字；前者同形同部，后者不同形不同部，却都可以"转注"。同义字的孳生，大概是各地方言不同和古今语言演变的缘故。

　　六是"假借"，语言里有许多有音无形的字，借了别的同音的字，当作那个意义用。如代名词，"予""汝""彼"等，形况字"犹豫""孟浪""关关""突如"等，虚助字"于""以""与""而""则""然""也""乎""哉"等，都是假借字。又如"令"，本义是"发号"，借为县令的"令"；"长"本义是"久远"，借为县长的"长"。"县令""县长"是"令""长"的引申义。假借本因有音无字，但以后本来有字的也借用别的字。所以我们现在所用的字，本义的少，引申义的多，一字数义，便是这样来的。这可见假借的用处也很广大。但一字借成数义，颇不容易分别。晋以来通行了四声，这才将同一字分读几个音，让意义分得开些。如"久远"的"长"平声，"县长"的"长"读上声之类。这样，一个字便变成几个字了。转注假借都是用字的条例。

　　象形字本于图画。初民常以画记名，以画记事；这便是象形的源头。但文字本于语言，语言发于声音，以某声命物，某声便是那物的名字。这是"名"；"名"该只指声音而言。画出那物形的大概，是象形字。"文字"与"字"都是通称；分析地说，象形的字该叫做"文"，"文"是"错画"的意思。"文"本于"名"，如先有"日"名，才会有"日"这个"文"，"名"就是"文"的声音。但物类无穷，不能一一造"文"，便只得用假借字。

　　假借字以声为主，也可以叫做"名"。一字借为数字，后世用四声分别，古代却用偏旁分别，这便是形声字。如"𠀠"本象箕形，是"文"，它的"名"是"𠃋"。而日期的"期"，旗帜的"旗"，麒麟的"麒"等，在语言中与"𠀠"同声，却无专字，便都借用"𠀠"字。后来才加"月"为"期"，加"㫃"为"旗"，加"鹿"为"麒"，一个字变成了几个字。严格地说，形声字才该叫做"字"，"字"是"孳乳而渐多"的意思。象形有抽象作用，如一画可以代表任何一物，"二"（上）"二"（下）"一""二""三"其实都可以说是象形。象形又有指示作用，如"刀"字上加一点，表明刃在那里。这样，旧时所谓指事字其实都可以归入象形字。象形还有会合作用，会合两个或两个以上的分子，表示一个意义；那么，旧时所谓会意字其实也可以归入象形字。但会合成功的不是"文"，也该是"字"。象形字、假借字、形声字，是文字发展的逻辑的程序，但甲骨文里三种字都已经有了。这里所说的程序，是近人新说，和"六书说"颇有出入。"六书说"原有些不完备不清楚的地方，新说加以补充修正，似乎更可信些。

秦以后只是书体演变的时代。演变的主因是应用，演变的方向是简易。始皇用小篆统一了文字，不久便又有了"隶书"。当时公事忙，文书多，书记虽遵用小篆，有些下行文书，却不免写得草率些。日子长了，这样写的人多了，便自然而然成了一体，称为"隶书"；因为是给徒隶等下级办公人看的。这种字体究竟和小篆差不多。

到了汉末，才渐渐变了，椭圆的变为扁方的，"敛笔"变为"挑笔"。这是所谓汉隶，是隶书的标准。晋唐之间，又称为"八分书"。汉初还有草书，从隶书变化，更为简便。这从清末以来在新疆和敦煌发现的汉晋间的木简里最能见出。

这种草书，各字分开，还带着挑笔，称为"章草"。魏晋之际，又嫌挑笔费事，改为敛笔，字字连书，以一行或一节为单位。这称为"今草"。

隶书方整，去了挑笔，又变为"正书"。这起于魏代。晋唐之间，却称为"隶书"，而称汉隶为"八分书"。晋代也称为"楷书"。宋代又改称为"真书"。正书本也是扁方的，到陈隋的时候，渐渐变方了。到了唐代，又渐渐变长了。这是为了好看。

正书简化，便成"行书"，起于晋代。大概正书不免于拘，草书不免于放，行书介乎两者之间，最为适用。但现在还通用着正书，而辅以行草。一方面却提倡民间的"简笔字"，将正书、行书再行简化；这也还是求应用便利的缘故。

第二讲
周易

　　在人家门头上，在小孩的帽饰上，我们常见到八卦那种东西。八卦是圣物，放在门头上，放在帽饰里，是可以辟邪的。辟邪还只是它的小神通，它的大神通在能够因往知来，预言吉凶。算命的、看相的、卜课的，都用得着它。他们普通只用五行生克的道理就够了，但要详细推算，就得用阴阳和八卦的道理。

　　八卦及阴阳五行和我们非常熟习，这些道理直到现在还是我们大部分人的信仰，我们大部分人的日常生活不知不觉之中教这些道理支配着。行人不至、谋事未成、财运欠通、婚姻待决、子息不旺，乃至种种疾病疑难，许多人都会去求签问卜、算命看相，可见影响之大。讲五行的经典，现在有《尚书·洪范》（"洪"的意思是"大"，"范"的意思是"法"。"洪范"即统治大法）；讲八卦的便是《周易》。

　　八卦相传是伏羲氏画的。另一个传说却说不是他自出心裁画的。那时候有匹龙马从黄河里出来，背着一幅图，上面便是八卦，伏羲只照着描下来罢了。但因为伏羲是圣人，那时代是"圣世"，天才派了龙马赐给他这件圣物。所谓"河图"，便是这个。

　　那讲五行的《洪范》，据说也是大禹治水时在洛水中从一只神龟背上得着的，也出于天赐。所谓"洛书"，便是那个。但这些神怪的故事显然是八卦和五行的宣传家造出来抬高这两种学说的地位的。伏羲氏恐怕压根儿就没有这个人，他只是秦汉间儒家假托的圣王。至于八卦，大概是有了筮法以后才有的。

268

商民族是用龟的腹甲或牛的胛骨卜吉凶，他们先在甲骨上钻一下，再用火灼；甲骨经火，有裂痕，便是兆象，卜官细看兆象，断定吉凶；然后便将卜的人、卜的日子、卜的问句等用刀笔刻在甲骨上。这便是卜辞。卜辞里并没有阴阳的观念，也没有八卦的痕迹。

卜法用牛骨最多，用龟甲是很少的。商代农业刚起头，游猎和畜牧还是主要的生活方式。那时牛骨头不缺少，到了周代，渐渐脱离游牧时代，进到农业社会了。牛骨头便没有那么容易得的了。这时候却有了筮法，作为卜法的辅助。

筮法只用些蓍草，那是不难得的。蓍草是一种长寿草，古人觉得这草和老年人一样，阅历多了，知道的也就多了，所以用它来占吉凶。筮的时候用它的杆子，方法已不能详知，大概是数的。取一把蓍草，数一下看是什么数目，看是奇数还是偶数，也许这便可以断定吉凶。古代人看见数目整齐而又有变化，认为是神秘的东西。数目的连续、循环以及奇偶，都引起人们的惊奇。那时候相信数目是有魔力的，所以巫术里用得着它。我们一般人直到现在，还嫌恶奇数，喜欢偶数，该是那些巫术的遗迹。那时候又相信数目是有道理的，所以哲学里用得着它。我们现在还说，凡事都有定数，这就是前定的意思；这是很古的信仰了。

人生有数，世界也有数，数是算好了的一笔账；用现在的话说，便是机械的。数又是宇宙的架子，如说太极生两仪，两仪生四象（见《易·系辞》。太极是混沌的元气，两仪是天地，四象是日月星辰），就是一生二、二生四的意思。筮法可以说是一种巫术，是靠了数目来判断吉凶的。

八卦的基础便是一二三的数目。整画"——"是一；断画"— —"是二，三画叠而成卦是三。这样配出八个卦，便是☰☱☲☳☶☵☴☷；乾、兑、离、震、艮、坎、巽、坤，是这些卦的名字。那整画断画的排列，也许是在排列着蓍草时触悟出来的。八卦到底太简单了，后来便将这些卦重起来，两卦重作一个，按照算学里错列与组合的必然，成了六十四卦，就是《周易》里的卦数。

蓍草的应用，也许起于民间；但八卦的创制，六十四卦的推演，巫与卜官大约是重要的角色。古代巫与卜官同时也就是史官，一切的记载，

第七章　朱自清经典常谈（节选）

一切的档案，都掌管在他们手里。他们是当时知识的权威，参加创卦或重卦的工作是可能的。筮法比卜法简便得多，但起初人们并不十分信任它。直到春秋时候，还有"筮短龟长"（筮占所言理短，龟卜所言理长）的话。那些时代，大概小事才用筮，大事还得用卜的。

筮法袭用卜法的地方不少。卜法里的兆象，据说有一百二十体，每一体都有十条断定吉凶的"颂"辞（占兆之词）。这些是现成的辞。但兆象是自然地灼出来的，有时不能凑合到那一百二十体里去，便得另造新辞。筮法里的六十四卦，就相当于一百二十体的兆象。

那断定吉凶的辞，原叫做繇辞，"繇"是"抽出来"的意思。《周易》里一卦有六画，每画叫做一爻——六爻的次序是由下向上数的。繇辞有属于卦的总体的，有属于各爻的；所以后来分称为卦辞和爻辞。这种卦爻辞也是卜筮官的占筮纪录，但和甲骨卜辞的性质不一样。

从卦爻辞里的历史故事和风俗制度看，我们知道这些是西周初叶的纪录，纪录里好些是不联贯的，大概是几次筮辞并列在一起的缘故。那时卜筮官将这些卦、爻辞按着卦、爻的顺序编辑起来，便成了《周易》这部书。

"易"是"简易"的意思，是说筮法比卜法简易的意思。本来呢，卦数既然是一定的，每卦、每爻的辞又是一定的，检查起来，引申推论起来，自然就"简易"了。不过这只在当时的卜筮官如此。他们熟习当时的背景，卦爻辞虽"简"，他们却觉得"易"。到了后世就不然了，筮法久已失传，有些卦爻辞简直就看不懂了。《周易》原只是当时一部切用的筮书。

《周易》现在已经变成了儒家经典的第一部，但早期的儒家还没注意这部书。孔子是不讲怪、力、乱、神的。《论语》里虽有"五十以学《易》，可以无大过矣"的话，但另一个本子作"五十以学，亦可以无大过矣"（《古论语》作"易"，《鲁论语》作"亦"）；所以这句话是很可疑的。孔子只教学生读《诗》、《书》和《春秋》，确没有教读《周易》。《孟子》称引《诗》、《书》，也没说到《周易》。

《周易》变成儒家的经典，是在战国末期。那时候阴阳家的学说盛行，儒家大约受了他们的影响，才研究起这部书来。

那时候道家的学说也盛行，也从另一面影响了儒家。儒家就在这两家学说的影响之下，给《周易》的卦爻辞作了种种新解释。这些新解释并非在忠实地确切地解释卦爻辞，其实倒是藉着卦爻辞发挥他们的哲学。这种新解释存下来的，便是所谓《易传》。

《易传》中间较有系统的是彖辞和象辞。彖辞断定一卦的涵义——"彖"就是"断"的意思。象辞推演卦和爻的象，这个"象"字相当于现在所谓"观念"。这个字后来成为解释《周易》的专门名词。但彖辞断定的涵义，象辞推演的观念，其实不是真正从卦、爻里探究出来的；那些只是作传的人附会在卦、爻上面的。这里面包含着多量的儒家伦理思想和政治哲学；象辞的话更有许多和《论语》相近的。但说到"天"的时候，不当作有人格的上帝，而只当作自然的道，却是道家的色彩了。这两种传似乎是编纂起来的，并非一人所作。

此外有《文言》和《系辞》。《文言》解释乾坤两卦；《系辞》发挥宇宙观、人生观，偶然也有分别解释卦、爻的话。这些似乎都是抱残守阙，汇集众说而成。

到了汉代，又新发现了《说卦》《序卦》《杂卦》三种传。《说卦》推演卦象，说明某卦的观念象征着自然界和人世间的某些事物，譬如乾卦象征着天，又象征着父之类。《序卦》说明六十四卦排列先后的道理。《杂卦》比较各卦意义的同异之处。这三种传据说是河内一个女子在什么地方找着的，后来称为《逸易》；其实也许就是汉代人作的。

八卦原只是数目的巫术，这时候却变成数目的哲学了。那整画"—"是奇数，代表天，那断画"——"是偶数，代表地。奇数是阳数，偶数是阴数；阴阳的观念是从男女来的。有天地，不能没有万物，正和有男女就有子息一样，所以三画才能成一卦。卦是表示阴阳变化的，《周易》的"易"，也便是变化的意思。

为什么要八个卦呢？这原是算学里错列与组合的必然，但这时候却想着是万象的分类。乾是天，是父等；坤是地，是母等；震是雷，是长子等；巽是风，是长女等；坎是水，是心病等；离是火，是中女等；艮是山，是太监等；兑是泽，是少女等。这样，八卦便象征着也支配着整个的大自然，整个的人间世了。八卦重为六十四卦，卦是复合的，卦象也是复合的，作用便更复杂更具体了。

据说，伏羲、神农、黄帝、尧、舜一班圣人看了六十四卦的象，悟出了种种道理，这才制造了器物，建立了制度、耒耜以及文字等等东西，"日中为市"等制度，都是他们从六十四卦推演出来的。

这个观象制器的故事，见于《系辞》。《系辞》是最重要的一部《易传》。这传里借着八卦和卦爻辞发挥着的融合儒、道的哲学，和观象制器的故事，都大大地增加了《周易》的价值，抬高了它的地位。《周易》的地位抬高了，关于它的传说也就多了。《系辞》里只说伏羲作八卦；后来的传说却将重卦的、作卦爻辞的、作《易传》的人，都补出来了。但这些传说都比较晚，所以有些参差，不尽能像"伏羲画卦说"那样成为定论。重卦的人，有说是伏羲的，有说是神农的，有说是文王的。卦爻辞有说全是文王作的，有说爻辞是周公作的；有说全是孔子作的。《易传》却都说是孔子作的。这些都是圣人。

《周易》的经传都出于圣人之手，所以和儒家所谓道统，关系特别深切；这成了他们一部传道的书。所以到了汉代，便已跳到"六经"（《诗》《书》《礼》《乐》《易》《春秋》）之首了。但另一面阴阳八卦与五行结合起来，三位一体地演变出后来医卜、星相种种迷信、种种花样，支配着一般民众，势力也非常雄厚。这里面儒家的影响却很少了，大部分还是《周易》原来的卜筮传统的力量。儒家的《周易》是哲学化了的；民众的《周易》倒是巫术的本来面目。

第三讲
尚书

　　《尚书》是中国最古的记言的历史。"尚","上"也,《尚书》据说就是"上古帝王的书"。

　　《尚书》是中国最古的记言的历史。所谓记言,其实也是记事,不过是一种特别的方式罢了。记事比较的是间接的,记言比较的是直接的。记言大部分照说的话写下来,虽然也须略加剪裁,但是尽可以不必多费心思。记事需要化自称为他称,剪裁也难,费的心思自然要多得多。

　　中国的记言文是在记事文之先发展的。商代甲骨卜辞大部分是些问句,记事的话不多见。两周金文也还多以记言为主。直到战国时代,记事文才有了长足的进展。古代言文大概是合一的,说出的、写下的都可以叫做"辞"。卜辞我们称为"辞",《尚书》的大部分其实也是"辞"。我们相信这些辞都是当时的"雅言"(中国最早的古代通用语),就是当时的官话或普通话。但传到后世,这种官话或普通话却变成诘屈聱牙的古语了。

　　《尚书》包括虞、夏、商、周四代,大部分是号令,就是向大众宣布的话,小部分是君臣相告的话。也有记事的,可是照近人的说数,那记事的几篇,大都是战国末年人的制作,应该分别地看。那些号令多称为"誓"或"诰",后人便用"誓""诰"的名字来代表这一类。平时的号令叫"诰",有关军事的叫"誓"。君告臣的话多称为"命";臣告君的话却似乎并无定名,偶然有称为"谟"(《说文》言部:"谟,议谋也。")的。这些辞有的是当代史官所记,有的是后代史官追记。当代史官也许根据亲闻，后代史官便只能根据传闻了。这些辞原来似乎只是说的话，并非写出的文告；史官记录，意在存作档案，备后来查考之用。这种古代的档案，想来很多，留下来的却很少。

汉代传有《书序》，来历不详，也许是周秦间人所作。有人说，孔子删《书》为百篇，每篇有序，说明作意。这却缺乏可信的证据。孔子教学生的典籍里有《书》，倒是真的。那时代的《书》是个什么样子，已经无从知道。

"书"原是记录的意思，大约那所谓"书"只是指当时留存着的一些古代的档案而言；那些档案恐怕还是一件件的，并未结集成书。成书也许是在汉人手里。那时候这些档案留存着的更少了，也更古了，更稀罕了，汉人便将它们编辑起来，改称《尚书》。"尚"，"上"也，《尚书》据说就是"上古帝王的书"。"书"上（旧时书为竖排，所以这里用"上"）加一"尚"字，无疑的是表示着尊信的意味。至于《书》称为"经"，始于《荀子》，不过也是到汉代才普遍罢了。

儒家所传的"五经"中，《尚书》残缺最多，因而问题也最多。秦始皇烧天下诗书及诸侯史记，并禁止民间私藏一切书。到汉惠帝时，才开了书禁；文帝接着更鼓励人民献书。书才渐渐见得着了。那时传《尚书》的只有一个济南伏生。

伏生本是秦博士。始皇下诏烧诗书的时候，他将《书》藏在墙壁里。后来兵乱，他流亡在外。汉定天下，才回家；检查所藏的《书》，已失去数十篇，剩下的只二十九篇了。他就守着这一些，私自教授于齐鲁之间。文帝知道了他的名字，想召他入朝。那时他已九十多岁，不能远行到京师去。文帝便派掌故官晁错来从他学。

伏生私人的教授，加上朝廷的提倡，使《尚书》流传开去。伏生所藏的本子是用"古文"写的，还是用秦篆写的，不得而知，他的学生却只用当时的隶书钞录流布。这就是东汉以来所谓《今尚书》或《今文尚书》。汉武帝提倡儒学，立"五经"博士；宣帝时每经又都分家数立官，共立了十四博士。每一博士各有弟子员若干人。每家有所谓"师法"或"家法"，从学者必须严守。这时候经学已成利禄的途径，治经学的自然就多起来了。

《尚书》也立下欧阳（欧阳和伯）、大小夏侯（夏侯胜、夏侯建）三博士，却都是伏生一派分出来的。当时去伏生已久，传经的儒者为使人尊信的缘故，竟有硬说《尚书》完整无缺的。他们说，二十九篇是取法天象的，一座北斗星加上二十八宿，不正是二十九吗！这二十九篇，东汉经学大师马融、郑玄都给作过注，可是那些注现在差不多亡失干净了。

汉景帝时，鲁恭王为了扩展自己的宫殿，去拆毁孔子的旧宅。在墙壁里得着"古文"经传数十篇，其中有《书》。这些经传都是用"古文"写的，所谓"古文"，其实只是晚周民间别体字。那时恭王肃然起敬，不敢再拆房子，并且将这些书都交还孔家的主人孔子的后人叫孔安国的。安国加以整理，发见其中的《书》比通行本多出十六篇，这称为《古文尚书》。

武帝时，安国将这部书献上去。因为语言和字体的两重困难，一时竟无人能通读那些"逸书"，所以便一直压在皇家图书馆里。成帝时，刘向、刘歆父子先后领校皇家藏书。刘向开始用《古文尚书》校勘今文本子，校出今文脱简及异文各若干。哀帝时，刘歆想将《左氏春秋》《毛诗》《逸礼》及《古文尚书》立博士，这些都是所谓"古文"经典。当时的"五经"博士不以为然，刘歆写了长信和他们争辩。这便是后来所谓今古文之争。

今古文之争是西汉经学一大史迹。所争的虽然只在几种经书，他们却以为关系孔子之道即古代圣帝明王之道甚大。"道"其实也是幌子，骨子里所争的还在禄位与声势，当时今古文派在这一点上是一致的。不过两派的学风确也有不同处。大致今文派继承先秦诸子的风气，"思以其道易天下"，所以主张通经致用。他们解经，只重微言大义；而所谓微言大义，其实只是他们自己的历史哲学和政治哲学。古文派不重哲学而重历史，他们要负起保存和传布文献的责任，所留心的是在章句、训诂、典礼、名物之间。他们各得了孔子的一端，各有偏畸的地方。

到了东汉，书籍流传渐多，民间私学日盛。私学压倒了官学，古文经学压倒了今文经学；学者也以兼通为贵，不再专注一家。但是这时候"古文"经典中《逸礼》即《礼》古经已经亡佚，《尚书》之学，也不昌盛。

东汉初，杜林曾在西州（今新疆境）得漆书《古文尚书》一卷，非常宝爱，流离兵乱中，老是随身带着。他是怕"《古文尚书》学"会绝传，所以这般珍惜。当时经师贾逵、马融、郑玄都给那一卷《古文尚书》作注，从此《古文尚书》才显于世。原来"《古文尚书》学"直到贾逵才真正开始，从前是没有什么师说的。而杜林所得只一卷，决不如孔壁所出的多。

学者竟爱重到那般地步。大约孔安国献的那部《古文尚书》，一直埋没在皇家图书馆里，民间也始终没有盛行，经过西汉末年的兵乱，便无声无息地亡失了罢。杜林的那一卷，虽经诸大师作注，却也没传到后世，这许又是三国兵乱的缘故。

《古文尚书》的运气真够坏的，不但没有能够露头角，还一而再地遭到了些冒名顶替的事儿。这在西汉就有。汉成帝时，因孔安国所献的《古文尚书》无人通晓，下诏征求能够通晓的人。东莱有个张霸，不知孔壁的书还在，便根据《书序》，将伏生二十九篇分为数十，作为中段，又采《左氏传》及《书序》所说，补作首尾，共成《古文尚书百二篇》。每篇都很简短，文意又浅陋。他将这伪书献上去。成帝教用皇家图书馆藏着的孔壁《尚书》对看，满不是的。成帝便将张霸下在狱里，却还存着他的书，并且听它流传世间。后来，张霸的再传弟子樊并谋反，朝廷才将那书毁废，这第一部伪《古文尚书》就从此失传了。

到了三国末年，魏国出了个王肃，是个博学而有野心的人。他伪作了《孔子家语》《孔丛子》（《家语》托名孔安国，《孔丛子》托名孔鲋），又伪作了一部孔安国的《古文尚书》，还带着孔安国的传。他是个聪明人，伪造这部《古文尚书·孔安国传》，是很费了心思的。他采辑群籍中所引"逸书"，以及历代嘉言，改头换面，巧为联缀，成功了这部书。他是参照汉儒的成法，先将伏生二十九篇分割为三十三篇，另增多二十五篇，共五十八篇（桓谭《新论》作五十八，《汉书·艺文志》自注作五十七），以合于东汉儒者如桓谭、班固所记的《古文尚书》篇数。所增各篇，用力阐明儒家的"德治主义"，满纸都是仁义道德的格言。这是汉武帝罢黜百家、专崇儒学以来的正统思想，所谓大经大法，足以取信于人。只看宋以来儒者所口诵心维的"十六字心传"（人心惟危，道心惟微；惟精惟一，允执厥中），正在他伪作的《大禹谟》里，便见出这部伪书影响之大。

其实，《尚书》里的主要思想，该是"鬼治主义"，像《尚书·盘庚》等篇所表现的。"原来西周以前，君主即教主，可以为所欲为，不受什么政治道德的约束。逢到臣民不听话的时候，只要抬出上帝和先祖来，自然一切解决。"这叫做"鬼治主义"。"西周以后，因疆域的开拓，交通的便利，富力的增加，文化大开。自孔子以至荀卿、韩非，他们的政治学说都建筑在人性上面。尤其是儒家，把人性扩张得极大。他们觉得政治的良好只在诚信的感应，只要君主的道德好，臣民自然风从，用不到威力和鬼神的压迫。"这叫做"德治主义"。看古代的档案，包含着"鬼治主义"思想的，自然比包含着"德治主义"思想的可信得多。但是王肃的时代早已是"德治主义"的时代，他的伪书所以专从这里下手。他果然成功了。只是词旨坦明，毫无诘屈聱牙之处，却不免露出了马脚。

晋武帝时候，孔安国的《古文尚书》曾立过博士，这《古文尚书》大概就是王肃伪造的。王肃是武帝的外祖父，当时即使有怀疑的人，也不敢说话。可是，后来经过怀帝永嘉之乱，这部伪书也散失了，知道的人很少。

东晋元帝时，豫章内史梅赜发见了它，便拿来献到朝廷上去。这时候伪《古文尚书》孔传便和马、郑注的《尚书》并行起来了。大约北方的学者还是信马、郑的多，南方的学者才是信伪孔的多。

等到隋统一了天下，南学压倒了北学，马、郑《尚书》，习者渐少。唐太宗时，因章句繁杂，诏令孔颖达等编撰《五经正义》；高宗永徽四年（公元653年），颁行天下，考试必用此本。《正义》成了标准的官书，经学从此大统一。那《尚书正义》便用的伪《古文尚书》孔传。伪孔定于一尊，马、郑便更没人理睬了；日子一久，自然就残缺了，宋以来差不多就算亡了。伪《古文尚书》孔传如此这般冒名顶替了一千年，直到清初的时候。

这一千年中间，却也有怀疑伪《古文尚书》孔传的人。南宋的吴棫首先发难。他有《书稗传》十三卷，可惜不传了。朱子因孔安国的"古文"字句皆完整，又平顺易读，也觉得可疑。但是，他们似乎都还没有去找出确切的证据。至少朱子还不免疑信参半，他还采取伪《大禹谟》里"人心""道心"的话解释四书，建立道统呢。

元代的吴澄才断然地将伏生今文从伪古文分出，他的《尚书纂言》只注解今文，将伪古文除外。明代梅鷟著《尚书考异》，更力排伪孔，并找出了相当的证据。但是，严密钩稽决疑定谳的人，还得等待清代的学者。

这里该提出三个可尊敬的名字：第一是清初的阎若璩，著《古文尚书疏证》；第二是惠栋，著《古文尚书考》，两书辨析详明，证据确凿，教伪孔体无完肤，真相毕露，但将作伪的罪名加在梅赜头上，还不免未达一间；第三是清中叶的丁晏，著《尚书余论》，才将真正的罪人王肃指出。千年公案，从此可以定论。

这以后等着动手的，便是搜辑汉人的伏生《尚书》说和马、郑注。这方面努力的不少，成绩也斐然可观；不过所能做到的，也只是抱残守阙的工作罢了。伏生《尚书》从千年迷雾中重露出真面目，清代诸大师的劳绩是不朽的。但二十九篇固是真本，其中也还该分别地看。

照近人的意见，《周书》大都是当时史官所记，只有一二篇像是战国时人托古之作。《商书》究竟是当时史官所记，还是周史官追记，尚在然疑之间。《虞书》《夏书》大约多是战国末年人托古之作，只《甘誓》那一篇许是后代史官追记的。这么着，《今文尚书》里便也有了真伪之分了。